오빠 이상, 누이 옥희

─천재 작가 이상 사후의 가족비사

오빠 이상, 누이 옥희

천재 작가 이상 사후의 가족비사

정철훈 지음

푸른역사

책머리에
−이상에게서 온 기이한 발신음

이상李箱에게서는 두 가지 발신음이 들린다. 천재 이상과 인간 김해경 사이에서 들려오는 이중모순의 발신음이 그것이다. 시간을 거슬러 올라가면 2010년은 '이상 탄생 100주년'이었다. 일간지 문화부장으로 재직하던 나는 〈굿모닝! 이상李箱〉을 기획했다. 그렇게 하지 않으면 한국 현대문학 100년을 뒤흔들었던 모던 보이 이상에 대한 예의가 아닌 것 같았다. 데스크를 지켜야 했기에 후배 기자를 도쿄로 특파했고 이상이 1936년 11월부터 1937년 4월까지 머물렀던 도쿄 간다神田 진보초神保町 산초메三丁目 101-4번지 이시카와石川 씨네 2층 4호방을 탐사할 것을 후배에게 주문했다.

그곳은 이상의 하숙방이었다. 며칠 뒤 후배로부터 그 자리에 센슈專修대학이 들어서 있다는 1신이 왔다. 센슈대학 설계 도면에 따르면 하숙방 자리엔 12층 높이의 센슈대학 대학원 7호관이 들어서 있었고, 4호방 공간은 이 건물 1층과 2층을 연결하는 계단으로 변해 있었다. 김기림이 〈고故 이상李箱의 추억〉에서 "상의 숙소는 구단九段 아래 꼬부라진 뒷골목 2층 골방"이라고 언급한 하숙방은 계단 9개를 밟고 내려간 저지대에 있었다.

이상은 틈만 나면 진보초 일대의 고서점가를 돌면서 외국문학을 접하거나 한상직, 장서언, 유연옥 등 경성에서부터 알고 지낸 '삼사문학' 동인들을 만나 대화를 나누기도 했고 일본 작가들이 드나드는 술집과 다방을 선전했다. 하지만 그가 기대했던 일본 작가들은 만날 수 없었다. 싸늘한 다다미방으로 돌아온 그는 하숙집 딸이 가져다준 화로 고다츠脚爐를 이불 속에 넣고 다리를 오그린 채 잠들곤 했다.

마루노우치 빌딩, 신주쿠 거리, 스키지 소극장, 여관이 즐비한 뒷골목, 요시하라 유곽촌 등 도쿄의 지리를 대충 익힌 이상은 하숙방에 배를 깔고 누워 쓰다만 〈봉별기〉를 완성해 경성으로 보냈고 수필 〈19세기식〉, 〈권태〉, 〈공포의 기록〉, 〈슬픈 이야기〉 등을 써내려갔다. 마지막 여행이 되리라고는 꿈에도 생각하지 못했던 그 여정은 '도쿄로의 탈출'을 의미했다.

하지만 도쿄에서 그가 발견한 것은 모조된 근대와 이식된 서양 문화였다.

1998년 11월 일본의 문학평론가 가라타니 고진과의 대담을 위해 《창작과비평》 주간인 최원식 교수와 함께 도쿄에 갔을 때 이상의 마지막 소설 〈실화〉의 무대인 진보초 고서점가를 돌아본 적이 있다. 〈실화〉는 "사람이 비밀이 없다는 것은 재산 없는 것처럼 가난하고 허전한 일이다"로 시작된다. 이 문장에서 '비밀'이란 말은 이상 문학 전체를 개관하는 부호처럼 유별나다. 〈실화〉에서 이 문장은 네 번이나 반복되고 있다. 그만큼 이상은 '비밀'이라는 단어의 아우라에 경도되어 있었다. 그건 절대로 밝혀서는 안 되는 자신의 내면 풍경이어야 했다. 예컨대 이상은 도쿄에서 일제 파시즘과 동거할 수밖에 없는 비애를 느끼는 순간 '잃어버린 꽃'의 이미지를 떠올렸던 것이다.

식민지 수도였던 경성을 떠나 진정한 모더니즘을 찾으러 도쿄에 왔지만 그가 발견한 것은 가짜 모더니즘이었다. 도쿄는 모조된 근대 도시였다. 그렇기에 그는 도쿄 거리를 배회하는 노정 사이사이에 경성의 풍경을 〈실화〉에 끼워 넣었다. "표피적 지구의 악취만 풍기는 도쿄에 비해 서울은 얼마나 한적한 농촌과 같은가"라고 말이다. 근대성의 냄새가 짙게 번지고 있던 신주쿠 거리에서 그는 일본의 근대와 식민지 조선의 근대를 한꺼번에 가로지르려 했으나 돌아온 것은 환멸뿐이었을 것이다. 그는 서구 근대의 상징인 뉴욕 브로드웨이에 갔어도 환멸을 느꼈을 것이다.

　나는 도쿄의 후배 기자에게 전화를 걸어 취재를 격려한 바로 그날 이상이 누이 옥희와 옥희의 애인 K를 전송하기 위해 갔다가 쓸쓸히 발길을 돌린 서울역 대합실을 찾아갔다. 지금은 전시관으로 변한 서울역 대합실의 문을 열고 들어가자 1936년 8월 초하루, 개찰구 쪽을 지켜보며 옥희와 K가 나타나길 기다리고 있는 이상이 그려졌다. 그때는 우기여서 이상은 어쩌면 빗물 뚝뚝 떨어지는 우산을 접어 든 채 습기 때문에 뿌옇게 흐려진 대합실 유리창을 넌지시 손으로 문질러 보았을지도 모른다.

　경성 신당리 버티고개 너머 빈민굴에서 조모와 부모 그리고 작은오빠 운경과 함께 기거하던 옥희에게 빈궁을 탈출할 방도는 K와 함께 만주에서 새로운 삶을 시작하는 것 외에는 달리 없었다. 그러나 이상은 옥희에게 따돌림을 당한 채 쓸쓸하게 발길을 돌리고 만다. 그 쓸쓸한 발길에 묻어 있을 이상의 자의식에 저절로 몸서리가 쳐졌다. 그로부터 석 달 뒤 도쿄로 가기 위해 아내 변동림, 문우 정인택 등의 배웅을 받으며 다시 서울역 대합실에 들어서는 이상의 유령을 얼핏 본 것도 같았다.

　문청이라면 대개 그러하듯 나 역시 고교 시절인 1970년대 중반, 이상에 빠져 있었다. 그건 이상 따라 하기의 한 시절이었다. 고교 1학년 혹은 2학년, 둘 중 어느 쪽이라고 해도 차이는 없을 것이다. 내게 1975년과 1976년은 청춘이라는 하나의 심장을 공유한 샴쌍둥이나 마찬가지였다. 고교에 진학하면서 탐독한 〈날개〉는 아버지가 주문한 정가 300원짜리 문고판이었다. 추가분이 출간될 때마다 판매원은 책을 가져와 구독카드에 도장을 찍어주었다. 어느 날 한 아름의 문고판을 건네받은 나는 그 가운데 〈날개〉를 발견하고 말았다.

그날 이후 "박제가 되어버린 천재를 아시오? 나는 유쾌하오. 이럴 때 연애까지가 유쾌하오"로 시작되는 〈날개〉를 나는 줄줄 외우고 다녔다. 얼마나 외웠는지, 쉬는 시간에 친구들 앞에서 암송을 하다가 수업종이 울릴 정도였다. 나는 이상에게서 데카당스와 허무를 읽었고 몰락한 가문의 상처를 읽었다. 그의 문장들은 암송을 넘어 어느덧 나와 한몸이 되어버렸다. 이상이 성장기를 보낸 통인동 일대를 무던히 서성거렸던 것 같다.

지금도 통인동에 가면 두 개의 표석이 눈길을 끈다. 통인시장 근처 '세종대왕 나신 곳'이라고 적힌 표석엔 "서울 북부 준수방에서 겨레의 성군이신 세종대왕이 태조 6년(1397) 태종의 셋째 아드님으로 태어나셨다"라고 적혀 있다. 거기서 그리 멀지 않은 곳에 '이상 집터'라는 표석이 있다. 한

글을 창제한 세종대왕의 생가와 이상이 성장한 통인동 154번지가 그토록 가깝다는 사실은 자못 흥미롭다.

통인동 일대는 이상에게 문학적 상상력의 공간이다. "13인의 아해가 도로로 질주하오(길은 막다른 골목이 적당하오)"로 시작되는 시 〈오감도 제1호〉의 배경인 통인동 골목길은 모더니스트 이상의 고뇌가 일렁이고 있는 문학적 공포의 현장이다. 모국어에 기댈 수밖에 없는 시인이 일어로 서류를 작성하고 일어로 시를 써야 했으니 그의 자의식은 식민지 현실의 부조리로 뒤틀리지 않을 수 없었을 것이다.

이상의 인간적 고뇌를 적나라하게 보여주는 텍스트 가운데 하나가 만주로 떠난 누이에게 쓴 〈옥희 보아라–세상의 오빠들도 보시오〉이다. 그는 "이 글이 실리거든《중앙》한 권 사 보내주마"라고 썼다. 과연 그는 잡지를 옥희에게 부쳤을까. 옥희는 만주에서 K와 함께 이 글을 읽었을까. 이상 바깥의 인간 김해경은 과연 누구인가. 아니, 이상 바깥의 이상은 누군가.

이상과 김해경은 분리될 수 없는 하나의 몸체를 가진 인격체이다. 그럼에도 한국문학은 그동안 이상이라는 천재에 너무 경도되어 있었던 것 같다. 2015년 2월 이상의 생질이자 누이 김옥희의 아들인 문유성 씨를 만나 이상 사후의 가족비사를 들었을 때 그런 생각은 더욱 굳어졌다. 나는 천재라는 베일을 걷어내고 이상의 참 얼굴을 보고 싶었다.

일찍이 누이 김옥희가 되짚어낸 오빠 이상은 이상이 아니라 여전히 김해경이었다. 김옥희는 천재 이상에게 따라붙는 비운의 수식어를 떼어내고 평범하고도 효성 깊은 인간 김해경을 우리에게 들려주었다. 그건 이상의 생질인 문유성 씨도 마찬가지였다. 문유성 씨는 수차례에 걸친 인터뷰 과정에서 늘 낮은 목소리의 겸손을 보여주었다. 그 겸손은 천재를 낳은 가문의 보이지 않는 예의이자 본능에 가까운 자기 연민의 태도였다.

객혈의 고통 속에서 훼손되어가는 육체를 통과한 이상의 자기 몰입은 한 국문학사를 뒤흔든 희대의 천재예술가를 낳았지만 그것을 지켜보아야 했던 가족은 말없는 연민의 세월을 보내야 했다. 가족과 혈연을 초극할 수 없었던 인간 김해경의 비애야말로 이상 문학의 또 다른 육체성이기도 하다. 그의 자의식은 김해경이라는 자아에서 벗어난 적이 없는 것이다.

글을 쓰는 내내 머릿속을 떠나지 않는 이미지가 있었다. 그건 이상과 김해경이 서로 끊임없이 공을 주고받는 기이한 장면이었다. 하지만 공은 왼손에서 오른손으로, 또는 오른손에서 왼손으로 이동했을 뿐이다. 나는 공이 떨어지길 은근히 기다렸지만 공은 한 번도 떨어진 적이 없었다. 공이 현란한 게 아니라 두 개의 손, 혹은 네 개의 손이 현란했던 것이다. 이 글은 그 현란한 공놀이에 현혹된 한 구경꾼의 감상기이다.

이 자리를 빌려 수차례에 걸친 인터뷰에 선뜻 응해준 문유성 씨 부부, 2016년 1월부터 2017년 3월까지 〈이상 바깥의 이상〉의 연재 지면을 내준 문학사상사, 그리고 이상에 대한 수많은 논문과 저술에도 불구하고 인간 김해경에게 접근하고자 했던 저자의 의도를 함께 공감해준 도서출판 푸른 역사에 감사의 말을 전한다.

2017년 12월

우이동 글방에서 싱칠훈 씀

01

천재작가 이상 사후의 가족비사

|
감나무 집 1

2015년 2월 20일 금요일 오후 3시. 구정 다음날이어서 고향을 다녀오는 귀성 인파가 고속도로 양 방향에 꽉 들어차 주차장을 방불케 한다는 TV 아나운서의 판에 박힌 코멘트를 귓등으로 흘리며 나는 현관문을 밀쳤다. 문 틈으로 아나운서의 목소리가 들려왔다. 2015년 을미乙未년, '을乙'은 사물로는 꽃나무이고 '미未'는 흙으로 간주되기에 한 해의 운이 땅에 뿌리를 내린 꽃나무처럼 활짝 피어날 수 있다는 코멘트였다. 게다가 꽃은 오행五行에서 동쪽을 상징하고 있어 동방의 나라 한국의 국운은 올해 대박을 칠 것이라는 호사가들의 덕담까지 곁들여졌다.

1936년 6월 변동림과 결혼할 당시의 이상.
훗날 김향안으로 개명한 변동림의 증언에 따르면
이상은 밤색 두루마기의 한복 차림이었고
결혼 후에도 쭉 한복을 입었다.

2월인데 기온은 영상 4도를 유지하고 있었다. 삼한사온의 겨울 날씨 가운데 사온의 나날 속 화사한 날씨여서 나의 걸음은 더욱 탄력을 얻는다. 아파트 입구를 벗어나 횡단보도를 건너자마자 걸음은 빨라지기 시작한다.

나는 이내 창경초등학교 정문과 백운중학교 정문을 스치듯 지나간다. 늘 다니던 출퇴근길이었는데 내가 살고 있는 쌍문동에 학교가 이렇게 촘촘하게 들어서 있다는 게 새삼스러웠다. 목적지는 일단 창림초등학교 앞이다. 하지만 초행길이다.

나는 엉거주춤하게 선 채 스마트폰으로 인터넷 검색을 해본다. 초등학교만 해도 무려 23개나 된다. 한 학교에 500명만 잡아도 족히 1만 명이 넘는 아이들이 내가 사는 동네와 이웃하며 살아가고 있었다. '창' 자가 들어간 학교만 해도 창경, 창도, 창동, 창원, 창일, 그리고 창림까지 모두 한 블록을 사이에 두고 아파트 사이사이에 자리 잡고 있었다.

나는 쌍문 사거리에서 횡단보도를 건너 골목길로 접어든다. 가로등 기둥에 광고쪽지가 덕지덕지 붙어 있다. 가로등이야 어디에 가도 있는 것이지만 오늘따라 내 동반자 같다는 생각이 든다. 길가엔 새로 생긴 연립주택들이 저마다 '분양' 현수막을 달고 있다. 헝겊 조각에 불과한 현수막까지도 문자행위를 하고 있는 것이다. 창림초등학교 담장에 흰 글씨로 '어린이 보호구역'이라고 쓰여 있다. '분양'과 '어린이'라는 두 단어의 조합에서 나는 유괴를 떠올린다. 동네 아이들은 다들 어디로 간 것일까. 부모의 손에 이끌려 고향이나 외가에 갔을 것이다. 아니면 돌아오는 중이든지. 그러나 돌아오면 또 무얼 하나. 돌아와서는 다람쥐 쳇바퀴 돌듯 학교 아니면 학원이다. 돌아온다는 것은 장소의 문제가 아니다. 아무도 예전의 그 자신으로 돌아오지는 못한다. 예전의 자신은 이미 상실되고 없는 것이다.

그때 어디서 나타났는지 아이들 셋이 학교를 빠져나와 도로를 질주한다. 첫 번째 아이, 두 번째 아이, 세 번째 아이. 그 뒤를 천천히 따라 걷는다. 질주하는 아이들을 보자니 내가 언제 도로를 질주했는지 기억이 가물가물하다. 나는 멀어지는 아이들을 눈으로 좇으며 130-15번지를 찾아간다. 멀지 않은 곳에 아파트 경로당이 있다. 경로당에 가서 물어봐야겠다, 라고 작정을 하며 걸음을 옮기는데 아파트 앞 상가 쪽에 내가 찾던 입간판이 눈에 띈다.

감나무 집. 인근 음식점 가운데서도 제법 큰 터를 잡고 있는 막국수 전문점이다. 따로 대문을 달지 않아 입구가 개방되어 있다. 음식점 2층 시멘트 베란다엔 크고 작은 장독이 즐비하다. 음식점 주인이 직접 된장이나 고추장을 담가 사용하고 있는 모양이다. 음식 맛은 손맛이라는데 주인장의 손맛도 맵고 짤 것이라는 생각이 스친다. 안마당으로 가만히 발을 들여놓는다.

음식점 안엔 형광등이 켜져 있지만 구정 다음날이라 영업은 하지 않는 듯 손님이 없다. 앞마당을 둘러보는 인기척을 느꼈는지 안에서 문이 열린다. 정갈한 용모를 한 초로의 남자가 "오늘은 영업을 안 합니다"라고 짧게 말한다. 나는 슬그머니 다가가 입을 뗀다.

―여기가 시인 이상의 조카분이 운영하는 가게입니까?

"그렇소만, 어떻게 알고 찾아왔소?"

남자는 잠시 망설이다가 대꾸한다. 망설임. 내가 느끼기엔 그랬다.

―방해가 되지 않으면 잠시 안으로 들어가도 되겠습니까?

"들어오세요."

망설임은 내게 전도된다. 하지만 망설일 이유가 없었다. 신발을 벗으면서 이상의 조카가 사는 내실에 발을 들여놓는 그 순간을 오래도록 기억하고 싶었다. 천재작가 이상, 이 문학적 천재의 조카를 그가 작고한 지 78년 만에 만난다는 게 어떤 의미인지 나는 음미해본다.

독일의 저명한 전기 작가 슈테판 츠바이크는 《천재와 광기》의 '휠덜린 편' 서두에 이렇게 썼다. "성스러운 청년들―지상은 어두워지고 차가워지며, 인간의 영혼은 고난으로 쇠약해지리라. 서량한 신들이 이런 청년들을 이따금 씩 지상에 보내어 주름진 인간의 삶에 활력을 불어넣을 수만 있다면."

19세기가 끝나고 새로 시작된 20세기는 이때 태어난 천재들을 거칠게 다루었다. 제국주의의 대지 위에 울려 퍼지는 정신적 혁명의 팡파르를 듣고 일단의 천재들은 불길처럼 눈을 떴다.

그중의 한 청년은 27세의 나이에 결핵으로 숨진 영국의 천재시인 존 키츠이다. 또 한 청년은 24세에 그만 신경열에 목숨을 빼앗기고 만 독일의 천재작가 게오르크 뷔히너이다. 뿐만 아니다. 독일의 시인 빌헬름 하우프는 천재성을 다 발휘하지도 못하고 25세에 그만 세상을 뜬다. 이들의 공통점은 내면적 고양의 시기에 때 이른 죽음을 맞이했다는 것이다. 요절한 천재들은 그 요절로 인해 어느 시대에서나 성스러운 청년이 되는 것이다.

—

김옥희 여사의 둘째 아들 문유성(왼쪽) 씨와 부인 박영분 씨.
서울 도봉구 창동에서 메밀전문 음식점
'감나무 집'을 운영하고 있다.

독일의 가장 온화한 지역인 슈바젠에서 태어난 횔덜린의 경우 일생 동안 자신의 고향을 마음의 천국으로 그리워했지만 유년의 시대가 끝나자 그의 목가牧歌도 끝났다. 14세에 튀빙겐의 신학교에 진학해 10여 년을 지내는 동안 그에게는 검은 색 수도원 복장이 강요되었고 엄격히 규정된 일과를 보내야 했다. 이때 그의 내면은 상처와 좌절로 영원히 회복할 수 없게 된다. 감수성이 예민한 성장기에 이미 현실 세계와 내면 세계 사이에는 결코 메워질 수 없는 틈이 벌어진 것이다. 이 균열은 이후에도 결코 좁혀지지 않았다.

마찬가지로 일제 강점기에 태어난 이상도 겨우 걸음마를 하던 세 살 때 백부의 집에 들어가 성장함으로써 부모 곁을 떠나게 된다. 백부에 집에 들어가 살게 된 이상의 첫 시련은 부모의 세계로부터 추방이다. 추방은 천재가 감내해야 할 또 다른 숭고함일지 모른다. 하지만 그는 조카가 태어나기도 전에 요절했으니, 나를 맞아들이는 이상의 조카에게서 사신으로 본 이상과 어느 만큼 닮은 데가 있는지 몰래 눈이 분주했다.

음식점으로 쓰고 있는 널따란 홀은 어림잡아 25평 정도의 크기였다. 왼쪽에 주방이 있었고 오른쪽엔 교자상이 여러 개 놓여 있었다. 작은 키에 단아해 보이는 감나무 집 여주인이 난로 옆에 앉아 TV를 보고 있다가 내가 들어가자 자리를 권했다. 나는 TV가 정면으로 보이는 교자상 앞에 앉자마자 주인장에게 물었다.

−주인장 성함은 어떻게 되십니까?

"제 이름은 문유성입니다."

−아버님 존함은요?

"문 자 병 자 준 자, 문병준입니다. 학창 시절에는 글도 좀 쓰셨다고 하는데 사업을 하다가 실패하셨지요."

−그러면 어머니가 김옥희 여사 맞습니까? 일제 때 김옥희 여사와 함께 만주로 갔다고 알려진 분이 문병준 씨 맞나요?

"네, 김옥희는 제 어머니입니다."

이 말을 듣는 순간, 뜨거운 숨이 새어나왔다. 이상의 산문 〈옥희 보아라〉에 등장하는 '여동생 옥희와 함께 만주로 간 K'가 문유성의 아버지 병준이라는 사실이 나에겐 그토록 절박한 팩트였다. 만약 문유성의 아버지가 K가 아니었다면 큰 낭패에 직면했을지도 모른다. 안도의 숨을 쉬고 있을 때 여주인이 대뜸 물었다.

"어떻게 알고 찾아왔는지요."

─제가 알고 지내는 문단 후배가 우연히 이 집에 들러서 막국수를 먹고 간 적이 있다고 하더군요. 그때는 벽에 이상의 작품 구절이 적혀 있어서 주인장에게 물었더니 "이상의 조카"라고 하셨다더군요. 그래서 알게 된 것입니다. 그 구절을 지금은 찾아볼 수 없는데 새로 도배를 하셨나 봅니다.

"2010년에 보수공사를 하면서 떼어냈지요. 그 전에는 현관에 〈실화〉의 한 구절인 '사람이 비밀이 없다는 것은 재산 없는 것처럼 가난하고 허전한 일이다'는 구절을 붙여놓았지요."

김옥희라는 존재는 그가 《현대문학》 1962년 6월호와 《신동아》 1964년 12월호에 〈오빠 이상〉이라는, 같은 제목의 회고기를 발표하면서 알려지기 시작했다. 김옥희를 찾아가 만난 사람들은 1950년대에 《이상 전집》(1956)의

만주 봉천 시절의
김옥희 여사.

저자 임종국, 1970년대에 《이상 평전》(1974)의 저자인 시인 고은, 1980년대에 서강대 국문과 강사 김승희와 《레이디 경향》 황광해 기자 등 극소수였다. 1990년대 이후 그녀는 언론에 모습을 드러내지 않았다.

1916년생 김옥희 여사가 살아있다면 2015년 기준 만 99세가 된다. 하지만 과문한 탓에 나는 그의 부고를 접한 적이 없었다. 그러다 문득 그의 생사가 궁금해 인터넷 검색을 하던 중 쓴웃음을 머금어야 했다. 그건 2013년 2월 5일자 《한국일보》에 실린 신해욱 시인의 컬럼 〈길 위의 이야기〉였다.

"감나무 집에서 점심을 먹었다. 감나무 집에서는 삼겹살과 막국수를 판다. 김옥희 여사의 아들 내외가 운영하는 식당이다. 김옥희. 요절한 천재 시인 이상이 애지중지하던 여동생. 1936년, 이상은 애인을 따라 몰래 만주로 떠난 스무 살의 맹랑한 옥희에게 편지를 썼다. 네가 이렇게 떠나다니, '망치로 골통을 얻어맞은 것처럼 어찔어찔'하다고. (중략) 김옥희 할머니는 안녕하시냐고 물었더니 치매를 좀 앓으시다 2008년에 아흔셋의 나이로 돌아가셨다고 한다."

글을 접한 순간, 나 역시 망치로 머리를 얻어맞은 것처럼 어찔어찔했다. 세상은 감춰진 어떤 것이었다. 신해욱 시인은 내가 알고 있는 시인 겸 소설가 이장욱의 아내라는 사실과 함께 이 부부가 한때 창동역 근처에서 살았다는 기억이 떠올랐다. 나는 이장욱 시인에게 감나무 집 위치를 묻는 문자를 보냈고 그는 즉시 답신을 보내왔다. 감나무 집은 내가 살고 있는 서울 도봉구 쌍문동에서 도보로 20여 분 거리에 있었다. 기막힌 우연으로 인해 어질머리가 일었다. 마침 구정 다음날이어서 무작정 찾아간다면 결례일 거라는 생각이 들었으나 한편으로 생각하면 지체할 이유가 없었다.

'김옥희의 아들'이라면 과연 그녀가 만주행을 결행했을 때 함께 간 K와의 사이에 태어난 아들일까. 혹시 그게 아니라면? 만약 그렇더라도 감나무 집을 찾지 않을 이유는 없었다. 이상은 그 존재 자체로 한국 현대문학의 특수한 임상실험을 지속하게 하는 '증상들의 사례집'이지 않은가. 그가 앓았던 증상은 아직 도래하지 않은 한국문학의 징후가 될 수 있다는 믿음으로 나는 길을 나섰던 것이다.

 −문유성 선생님은 어디서 태어나셨나요?

 "북한에서 태어났어요. 1943년생이지요. 아버지 고향이 평북 선천입니다. 아버지가 어머니와 만주에서 큰아들을 낳은 뒤 선천으로 넘어와 나를 낳았지요."

 −안주인 성함은 어떻게 되십니까?

 "박영분이에요. 1946년생."

 −이 집에서 얼마나 사셨습니까? 몇 년도에 결혼을 하셨습니까?

 "내가 시집온 게 스물일곱 살이던 1973년인데 이 집으로 이사온 건 서른 살 무렵이었을 거예요. 그때부터 쭉 살았으니 벌써 40여 년째 한자리에 살고 있지요. 그때는 수도도 없었고 마당에 펌프가 하나 있었는데 겨울에 물질을 하고 나면 손등이 쩍쩍 갈라졌지요. 땅 밑으로 꺼진 재래식 부엌이 있었는데 한겨울에도 물을 길어 날랐지요."

 −문유성 선생님은 형제가 몇 분입니까?

 "우리 형제는 모두 오남매예요. 4남 1녀. 내가 그중 둘째지요."

 −오남매 성함은요.

 "1939년생 문완성이 맏이고 다음이 나 문유성, 문창성, 문미성, 문내성 이렇게 다섯이지요. 그 가운데 미성은 여동생이지요. 형(완성)과 막내(내성)은 세상을 떴습니다."

 −김옥희 여사는 언제 돌아가셨나요?

 "2008년 12월 9일에 돌아가셨어요. 어머니 돌아가시고 나서 2년 뒤에 보수공사를 했지요. 제가 시집살이를 좀 했어요. 김옥희, 우리 시어머니와 시어머니의 친정어머니인 박세창 할머니를 모시고 살았어요. 박세창 할머니는 이 집에서 함께 사시다가 1979년에 돌아가셨지요. 우리 큰딸이 태어난 지 7일 만에 돌아가셨으니까."

"근데 무슨 일을 하는 분이신지요."

나는 잠시 미적거리다 말한다.

─얼마 전까지 신문사에서 문학전문기자로 일했지요. 지금은 전업작가인데 오래전부터 이 동네에서 살고 있어요."

"어디 사세요?"

─쌍문동에 삽니다. 그런데 혹시 시어머니 김옥희 여사 사진은 있습니까?"

"그건 어디에 쓰려고 하나요? 찾아온 목적이 무엇인지요?"

─지금으로선 딱히 목적이라고 말할 게 없는 것 같네요. 우선 이렇게 인사를 드리고 이상에 대한 새로운 이야기나 이상의 가계사 같은 게 구체적으로 나오면 전기를 쓸 수도 있을 겁니다. 하지만 당장은 무슨 목적이 있어서 온 건 아닙니다. 한동네에 사는 글 쓰는 사람으로서 인사차 찾아온 겁니다.

주인장 내외는 마뜩치 않은 표정이다. 곤혹스럽고 민망한 시간 속에서 먼저 말문을 연 것은 초면의 경계심을 감추지 않으면서도 영민한 인상을 풍기는 박영분 씨다. 문유성 씨는 먼저 말하는 법 없이 아내의 뒷전에서 귀를 열어둔 채 우리의 대화를 빠짐없이 듣고 있었다.

"오늘은 우리 가계가 그렇다는 것만 알고 가세요. 어머니 사진을 찾으려면 한참 걸려요. 우리 어머니가 이상의 여동생이지만 우리 아버님도 그리 나쁘지는 않으셨거든요. 저는 여기서만 43년을 살았어요. 여기서 남매를 낳았는데 큰딸 도희는 지금 독일에 가서 살고 있어요. 서울대 기악과에 진학해 피아노를 전공했는데 미국에서 석박사를 했어요. 미국 미시간대학에서 현대음악과 컴퓨터음악을 전공했지요. 노르웨이 콩쿠르에서 1등한 아이에요. 서초동 예술의전당에서도 공연을 했지요. 그때는 스탠포드대학

연주팀이 미국 현지에서 아이패드 가지고 동시에 연주했어요. 한국에선 현악 사중주단과 협연을 했고요. 미국에서 광케이블로 동시에 연주했지요. 세계적으로 잘 나가는 아이에요. 그런데 지금 시인 이상에 대한 것은 우리가 음식 장사를 하니까, 아직 공개하지 않고 있지요."(박영분)

　말은 이내 끊기고 만다. 낯선 방문자인 나는 본능적으로 절박해진다. 뭔가 말을 이어가지 않으면 자리는 어색해질 것이고 그 어색함을 지우기 위해 나는 몇 마디 건넨다.

　—2009년에 네 권짜리 《이상 전집》이 나왔어요. 서울대 권영민 교수가 집대성을 했지요. 그런데 이런 일이 있어요. 1956년 임종국이 《이상 전집》을 펴낼 때 이상의 어머니 박세창 씨가 소장하고 있던 이상의 일어 노트를 빌려가 '미발표 유고 9편'을 번역해 실었지요. 이후 문학사상사가 미발표 일어 유고를 발굴 공개함으로써 지금은 이상이 생전에 발표한 작품보다 그 분량이 월등히 많아졌지요. 이 점이 아주 흥미롭다고 할 수 있어요. 이상은 1937년 27세의 나이로 요절했지만 마치 살아 있는 것처럼 미공개 일어 유고가 발굴되어 발표되는 이상한 문학적 현상의 주인공이지요.

　"지금 기억이 나는데 6·25전쟁이 끝나고 누가 어머니를 찾아와서 자료를 받아간 기억이 납니다. 그 사람이 임종국인 모양이군요. 그이가 자주 집에 왔었어요. 그때는 어머니와 외할머니(박세창)가 고려대 앞 제기동에 살고 있었지요. 그런데 그이가 와서 무얼 물어보고 자료도 가져가고 했는데 외할머니나 어머니가 잘 내주지 않으려고 했지요."(문유성)

　—임종국 씨는 고려대 정치외교학과를 졸업하던 1956년, 27세의 나이에 3권짜리 《이상 전집》을 펴냈지요. 박세창 여사가 임종국 씨에게 자료 일부를 내주었는데 그게 《이상 전집》에 추가된 9편의 시이지요. 이상이 일어로 쓴 시들을 임종국이 번역해 실은 것이죠.

"아, 그랬군요. 원래는 우리 집에 자료가 좀 남아 있었어요."

그렇게 말한 문유성 씨는 두 손으로 한 보따리쯤 되는 분량을 허공에 만들어 보였다.

옆에 앉은 박영분 씨가 말을 받았다.

"그게 없어졌어요. 나도 집에서 본 적이 있는데. 그렇다면 그걸 그때 다 내주었다는 건가요?"

"여보, 그게 아니에요. 어머니는 내주지 않았어. 다만 빌려 주었을 뿐, 나중에 돌려받으셨어."

"맞아요. 내가 시집왔을 때에도 자료 보따리와 이상이 그린 자화상, 그리고 그림 몇 점이 있었는데 시아버님이 '이게 천재시인 이상의 그림'이라고 들려주셨지요. 하지만 시아버님은 시어머니와 사이가 좋지 않았어요. 시아버님은 박세창 할머니가 이 집에 얹혀사는 걸 못마땅해 하셨어요. 술만 자시면 가끔 주사를 부렸지요. 시어머니도 미안해하는 눈치였지요. 박세창 할머니는 그런 사위를 무서워했지요. 기가 죽어서 지냈지요. 내가 뒷방에 밥상을 차려다 드리곤 했지요. 한때 이상이 일어로 쓴 노트들도 보관하고 있었던 것 같은데 그런 자료 뭉치도 시아버님의 눈에는 거슬렸던 모양이에요. 어쩌면 시아버님이 내다버렸을 수도 있어요. 한때 이상의 자화상도 있었는데 지금은 행방을 모르겠어요."

–김옥희 여사가 생전에 어디에 기증을 한 건 아닌지요?

"아니에요. 제 기억으로는 기증하지 않았어요. 자화상은 A4 크기 만한 종이에 그려진 것이었는데 보관을 잘못해서 그런지 그 종이의 3분의 1가량이 길쭉하게 잘려나갔으니 온전한 그림은 아니었지만 지금은 행방을 모르지요."

–《신동아》 1964년 12월호에 김옥희 여사가 기고한 〈오빠 이상〉이란 글이 실렸는데 읽어본 적이 있나요?

"이상의 가족사가 쭉 나오는 회고기 말이지요? 나도 읽어본 적 있어요. 내가 해방 후 북한에서 넘어왔는데 6·25 전까지는 대구에서 살았지요. 박세창 할머니는 완성이 형과 함께 그 당시 후암동에 살고 있었지요. 나는 대구에서 어머니(김옥희)와 살고 있었고. 6·25가 나자 어머니가 서울로 가서 박세창 할머니를 모시고 대구로 내려왔지요. 그때도 자료 보따리가 있었던 것으로 기억합니다."

─그런데 이상, 즉 김해경 밑으로 남동생 운경이 있었는데 6·25 전에 통신사 기자로 있다가 전쟁 통에 월북했지요. 이건 김옥희 여사가 〈오빠 이상〉에 털어놓은 고백인데, 운경에 대해서는 알고 있나요?

"내가 어렸을 때 본 적이 있어요. 막내 외삼촌이니까요."

─

김옥희 여사와 자녀들.
오른쪽부터 맏아들 문완성, 유성, 창성, 미성, 내성, 김옥희.

−이상의 아내였던 변동림이란 분도 아시나요?

"네, 이름은 알고 있어요. 하지만 만나본 적은 없어요."

−내가 궁금한 건 변동림 여사가 1937년 4월에 동경에 가서 이상의 장례를 치른 뒤에 이상의 하숙방에 남아 있던 상당한 분량의 유고를 가져왔다고 하는데 혹시 김옥희 여사가 생전에 보관하고 있던 자료가 그중의 일부인지요. 아니면 그 자료와는 별도로 박세창 할머니나 김옥희 여사가 원래 보관하고 있던 자료인지요?

"그건 모르겠어요. 들은 바가 없어요."(박영분)

"어머니가 처녀 때 아버님을 만나서 만주로 떠나갔는데 거기서 완성이 형을 낳았지요. 그때 만주에서 찍은 사진도 있어요. 장소는 잘 모르겠는데 아버지가 생전에 '중국 만주에서 찍었다'고 하시더군요. '네 형이다'라면서 말이죠. 아버지는 해방 전인 1942년 어머니와 형을 데리고 고향인 평북 선천으로 돌아오셨는데 이후 북한이 공산주의 사회가 되니까 1946년 월남하셨지요. 그때는 남과 북을 어느 정도 왔다 갔다 할 때인데 7월 장마철 한밤중에 넘어오다가 붙들려서 경기도 전곡에 있는 수용소에 들어갔지요. 내가 선천에서 1943년에 태어났으니 그 과정을 어렴풋이 기억하고 있지요."(문유성)

−형 완성 씨에 대해 알려주세요.

"제 형(완성)은 월계동에 살 때 폐병으로 돌아가셨는데, 서울사대를 나왔고 머리가 아주 좋았어요. 살아 있을 때 한국유리에서 무역을 담당하다가 나와서 교사 생활을 했는데 술로 건강이 악화되어 1982년에 돌아가셨어요. 장조카가 올해로 마흔 살인데 그 아이가 초등학교 1학년 때 아버지를 잃었죠."

박영분 씨가 말을 이었다.

"김옥희 어머니는 우리와 떨어져 한때 신반포에서도 살았고 나중엔 압구정동 현대아파트에도 사셨어요. 그때 이상을 연구하는 어떤 여자 분이 찾아와 '미국 이민 간 줄 알았다'고 말했다고 하더군요."

  −그 여자 분은 서강대에서 이상 연구로 박사학위를 받은 김승희 씨가 맞을 겁니다. 1987년《문학사상》4월호에 김옥희 여사 인터뷰를 실었는데 신반포아파트로 찾아갔다는 기록이 있지요.

  −김옥희 여사 사진 좀 보여주세요. 존영이라도 뵙고 가게.

박영분 씨가 잠시 망설이는가 싶더니 이내 음식점 한 귀퉁이에 있는 철제 캐비닛에서 앨범과 스크랩북을 꺼내 탁자 위에 올려놓았다. 앨범 속에 파란색 스웨터를 입고 소파에 앉아 환하게 웃고 있는 김옥희 여사와 한복 저고리 차림에 카메라를 응시하는 이상의 어머니 박세창의 사진이 있었다.

  −드디어 김옥희 여사의 사진을 뵙네요. 감개무량합니다. 김옥희 여사는 어디에 묻히셨나요?

"양수리 무궁화공원묘지이지요. 오늘 아침 나절에 성묘를 드리고 왔어요. 어제가 실이었잖아요."

  −그런데 이상이 묻힌 미아리 공동묘지에는 가본 적이 있습니까?

"제가 초등학교 4학년 때 전쟁이 끝나고 대구에서 서울로 어머니가 이사

—
말년의 김옥희 여사.

를 왔지요. 그해에 어머니가 미아리 공동묘지에 갔는데 묘소를 못 찾겠다고 하시더군요. 전쟁 때 폭격을 맞아 손실됐을 수도 있어요. 도무지 지형이 바뀌어 못 찾겠다고 하셨지요."(문유성)

"그런데 우리 시아버님 문병준 씨와 시인 이상은 학교는 다르지만 서로 친구로 지낸 사이라고 했어요. 시아버님은 이상의 통인동 집에도 가봤다고 하셨는데, 한번은 그 집에 갔다가 이상의 여동생을 보고 점을 찍어뒀던 모양이에요. 그렇게 시어머니를 만나서 만주로 도망을 갔다고 하더군요. 이상이 엄청 반대했는데, 우리 어머니도 인텔리였지요. 그때는 배화학당 학생이었으니 얼마나 예뻤겠어요. 시어머니가 이런 이야기를 하시더군요. '내가 오빠(이상)에게 속옷도 갖다 주고 심부름도 했다'고 말이지요."

"어머니가 이런 얘기는 했어요. 바로 위 오빠인 운경 씨에게 여자가 있었는데 그 여자가 사회주의에 물는 사람이라고 했어요. 아니도 그 여자외 어떻게 돼서 월북을 하게 된 것 같아요. 박세창 할머니도 살아생전에 둘째 아들인 운경 씨에 대해서는 일절 말을 하지 않았지요. 다만 어머니가 가끔 말을 하셨지요. 한국전쟁 전, 후암동에 살 때 한번은 둘째오빠가 여자친구와 함께 왔다고 하더군요."(문유성)

이 대목에서 박영분 씨는 언젠가 통인동 동사무소에서 떼었다는 154번지 건물대장을 파일에서 꺼내 보여주었다. 소유권이 수없이 넘어간 흔적이 고스란히 적혀 있었으나 복사본이어서 글자는 잘 식별할 수 없었다.

─지금은 통인동 154번지에 '이상의 집'이라는 찻집이 문을 열었지요. 문선생님이 이상의 외조카라는 연고자임은 틀림없지만 그 집을 되찾기는 불가능할지도 몰라요. 그럴 바에야 이건 순전히 제 생각인데 지금 이 집의 한 귀퉁이에 이상의 방을 꾸미는 게 더 현실적이라는 생각이 드네요. 이상의 유품이나 유적이 남아 있지 않다고 해도 이상의 어머니 박세창 할머니와 여동생 옥희 씨가 한때 이 집에 살았으니 그것도 의미가 있을 겁니다. 이상

은 통인동 154번지에서 지낼 때 이부자리에 배를 깔고 누워 독서도 하고 글도 쓰고 공상도 했으니 그냥 방 한 칸 크기의 공간만 있으면 이상의 방을 얼마든지 꾸밀 수 있겠지요. 이상의 생가라는 집 개념보다는 이상의 방이 더 현실적이고 구체적인 체취가 묻어날 수 있다는 생각이 듭니다.

밖은 이미 어둑발이 내리고 있었다. 저녁식사 시간이 다 되었기에 나는 다시 만날 것을 기약하고 일어섰다. 문 씨 내외가 현관 밖까지 나와서 배웅했다. 발걸음이 쉽게 떨어지지 않았지만 나는 이들의 배웅을 뒤로하고 골목길로 접어들었다. 목이 탔다. 내가 30년 가까이 출퇴근을 하며 이용했던 쌍문역에서 도보로 20분 거리, 마을버스로 서너 정거장 거리에 이상의 어머니 박세창과 여동생 김옥희 여사가 살았으며 이제 조카 문유성 부부가 살고 있다는 이 믿을 수 없는 사실 앞에서 머리가 욱신거렸다. 이상 작고 78년 만의 일이었다.

|

감나무 집 2

2015년 2월 28일 토요일. 나는 다시 감나무 집으로 향했다. 음식점이라 아무래도 토요일 점심 때는 분주할 것 같아 부러 오후 3시에 방문키로 한 것은 전날 박영분 씨가 전화를 걸어와서다. 박 씨는 "전에 우리 집에 이상 삭품이 수록된 책이 좀 있었는데 지금은 어디 갔는지 찾을 길이 없다"면서 "다시 읽고 싶은데 책을 좀 구해줄 수 있냐"고 부탁을 해왔다. 나 역시 첫 만남 이후 문유성 부부에게 어떤 감흥이나 변화가 있었는지 궁금했다.

문 씨는 이상의 생질이긴 하지만 이상 작고 6년 후 평북 선천에서 태어났기에 실제로 외삼촌 이상을 대면할 수 없었겠지만 바로 그렇기에 이상에 관한 어떤 편린이라도 붙들고 싶었을 것이다. 현관문을 열고 들어가니 박영분 씨가 혼자 난로 앞에 앉아 있다가 반갑게 맞이했다. 처음 만날 때의 경계심은 풀어지고 한결 편한 얼굴이었다. 교자상 앞에 방석을 깔아준 그는 "나이가 드니 관절이 좋지 않아 의자가 편하다"면서 난로 쪽에 자리를 잡았다.

나는 그들 부부가 살아온 내력을 더 알고 싶었지만 먼저 내색은 못한 채 실내를 둘러보고 있던 참에 박 씨가 먼저 입을 열었다.

"책을 쓰려고 하나요?"

단도직입적인 말투에서 내가 찾아온 목적을 분명히 알고 싶다는 의도가 묻어났다.

　-그럴 수도 있겠지요. 하지만 아직 결정된 건 없습니다. 질문이 좀 더 남아 있지요. 그런데 바깥어른은 안 보이시네요.

　"이층에서 잠깐 낮잠을 주무시는가 봅니다."

　-이 집에서는 언제부터 사셨는지요?

　"내가 시집오기 전인 1969년부터 살았다고 들었어요. 내가 시집온 후 김옥희 어머니는 자식들을 데리고 나가 사셨지요. 셋째아들 창성 씨와 딸 미성 그리고 박세창 할머니하고 따로 살림을 차리셨지요. 시어머니는 신반포와 압구정동을 거쳐 잠원동에서 오래 사시다가 돌아가셨어요."

　-잠원동 자택에서 돌아가셨나요?

　"아니에요. 말년엔 치매가 와서 요양병원으로 옮겨 3개월 동안 계시다가 돌아가셨어요. 경기도 이천에 있는 요양병원이지요. 내가 음식점을 하니까 시어머니를 못 모셨지요. 창성 시동생이 마지막 수발을 들었는데 목욕도 시켜드리고 했지요."

　-김옥희 여사와 문병준 씨가 어떤 경위로 만주로 떠났는지 들은 적이 있으신가요?

서울 제기동 시절, 이상의 모친 박세창 여사.
이상은 수필 〈슬픈 이야기〉에서 "우리 어머니도
우리 아버지도 다 얽으셨습니다"라고 썼으나
박세창은 얼금뱅이가 아니었다.

"명륜동 할아버지라는 분이 일제 때 경찰에 계셨어요. 그분이 만주에서 근무한 적이 있다고 하더군요. 나중에 경성에 돌아와서도 경찰에 있었고요. 그분이 문병준 시아버지의 작은아버지니까 저로서는 사촌 시조부 되는 분이지요. 시조부의 형제분이니까요. 시아버지는 이 집안의 장손이었는데 수첩이 필요 없을 정도로 암기력이 좋았어요. 내가 시집와서 보니 친척이며 친구 분 전화번호를 다 외우고 계셨지요. 이북에서 살 때 어느 분이 누구고, 어느 분이 어떤 인척이고, 라고 족보도 다 꿰고 있었지요. 통일 되면 가서 만나신다고 죄다 적어놓기도 했어요. 그러면서 저한테 말씀하셨지요. '우리 어머니가 독실한 기독교인인데 평북 선천에서 모태신앙으로 나를 낳았다'라고요. 내가 시집올 때 친정에서는 불교를 믿었는데 한번은 천수경 테이프를 틀었더니 시아버지가 호통을 치셨어요. 내가 모태신앙인인데 천수경이 웬 말인가, 그러셨지요. 이북에서는 기독교를 믿었는데 남한에 내려와서는 교회에 다니지는 않으셨지요.

시어머니는 인텔리에 신여성이셨어요. 한번 마음먹으면 칼이지요. 성격이 대쪽 같았어요. 옷도 잘 차려 입고, 아주 멋쟁이셨지요. 내가 이 집안에 시집을 오니까 시아버지가 그러시더군요. 네 시어머니가 천재시인 이상의 여동생이라고. 깜짝 놀랐어요. 그러면서 시아버지가 집에 있던 사진이고 뭐고 다 보여주셨지요. 그래서 내가 이런 집안에 시집왔구나, 하고 생각했지요. 내가 한때 이 집 현관에 이상의 시를 써 붙이자 시어머니는 '왜 그런 걸 써 붙이냐'고 싫어하셨어요. 과거엔 천재라고 하면 미치광이라는 이미지가 있었잖아요. 적어도 1970년까지는 그런 분위기였지요. 먹고 살기 힘든 때였으니까. 그러다가 70년대 이후 예술이란 것에 눈을 뜨면서 이화여대 이어령 교수란 분이 이상을 천재로 명명하면서 쫙 퍼지기 시작했다고 들었어요. 나도 그때 〈오감도〉니 〈날개〉니 하는 작품을 문고판으로 사다 읽었는데 지금은 다 없어졌지요. 시어머니는 오빠 이상에 대해 쉬쉬했는데 시아버지가 약주를 좋아해 여기 사실 때도 사람들에게 이상에 대한 말을 할까봐 전전긍긍했지요. 그런데 김운경에 대해서는 저 역시 '한국전쟁 이후 없어졌다'고만 들었지 월북했다는 말은 처음 들어요. 그때는 빨갱이로 찍히면 살아남지 못했잖아요. 연좌제로 얼마나 고생을 했습니까. 아무 일도 못했지요. 이승만 정권 때 엄청 피해를 봤잖아요. 연좌제가 있던 시절이니 얼마나 무서웠겠어요. 그러니 박세창 할머니도, 제 시어머니도 김운경에 대해서는 쉬쉬했던 것이죠."

박 씨가 이어령이라는 이름을 거명한 것은 뜻밖이었다. 꼽추 화가 구본웅이 그린 이상의 초상화를 표지에 걸고 1972년 10월 창간된 월간 《문학사상》의 초대 주간이 이어령이지 않은가. 당시 정치적으로 유신 선포와 함께 우상숭배가 본격적으로 시작될 때 문단에서는 우상파괴를 내건 비평가 이어령은 "문단의 문학을 철저히 파괴하여 만인의 문학이 될 수 있게 하겠다"고 선언하며 《문학사상》을 창간했다. 그의 뜻대로 《문학사상》은 1970년대 중후반에 매월 5만 부 이상이 팔리며 '만인의 잡지'로 기록되기도 했다. 아니, 이어령은 약관 21세인 1955년 9월 서울대 《문리대 학보》 3권 2호에 〈이상론–순수의식의 완성과 그 파벽破壁〉이라는 제목의 논문을 발표하면서 이상 문학에 대한 세간의 관심을 촉발했던 장본인이지 않은가.

박 씨는 바로 그 시절을 기억하고 있었다. 그만큼 그는 이상의 질부로서 이상에 대한 남다른 관심과 자부심의 소유자였다. 또 하나, 이상 사후 그의 집안에도 남동생 운경의 월북으로 인한 연좌제의 그늘이 아주 느린 탁류처럼 흘러갔음을 박 씨는 에둘러 얘기하고 있었다.

이 대목에서 나는 김옥희의 〈오빠 이상〉 복사본을 건넸다. 박 씨는 돋보기를 쓴 채 잠시 들여다본 후 "운경 씨가 납북됐다는 대목이 어디냐"고 물었다. 나는 김옥희 여사가 괄호 안에 묶어 둔 부분을 손가락으로 짚어 보였다.

박 씨가 돋보기를 벗어든 채 물었다. "통신사라면 지금의 옛날 체신부를 말하는 건가요? 옛날엔 전신전화국을 통신사라고 부르기도 했잖아요."

－통신사 기자라고 적혀 있으니까 체신부 쪽은 아니고 언론사 계통일 겁니다. 그러니까 해방 직후부터 한국전쟁 발발 전까지 통신사 기자로 일했을 겁니다. 해방 직후부터 1946년 5월까지는 누구나 등록만 하면 언론사를 차릴 수 있던 '신문·통신 전국시대'였지요. 그때 설립된 통신사를 연도 순으로 보면 '해방통신' '조선통신' '합동통신'이 있었지요. 그러니까 운경 씨는 이 셋 중의 한 군데에서 근무를 했던 것으로 짐작됩니다.

이때 이층에서 내려온 문유성 씨가 아내 옆자리에 앉아 가만히 귀를 기울이더니 나지막하게 말했다.

"내가 들기론 이상이 조선총독부에서 일하게 된 게 백부 때문이라고 하더군요. 백부가 이상을 공부시켰으니까 말을 듣긴 해야겠고 총독부에 억지로 근무하면서 백부와 트러블이 있었던 게 아닌가 싶어요."

그건 대화의 맥락에서 다소 벗어난 말이었지만 한편으로 문 씨가 외삼촌 이상에 대한 소회를 나름 피력하기 위해 생각을 굴리고 있었다는 반증이기도 했다. 그의 마음엔 아직 타지 않은 무엇인가가 남아 있었다.

서울 창동 시절의 문병준·김옥희 부부.

—이 집을 사서 들어올 당시 이야기를 좀 해주세요.

"아버지의 사촌 동생이 계셨지요. 내가 작은아버지라고 부르는 분이지요. 자수성가하신 그분이 1969년에 아버지에게 '영등포구 난곡으로 갈래, 아니면 창동으로 갈래' 하고 물어온 것인데 아버지가 창동으로 간다고 결정해 이 집에 살게 된 것이죠. 작은아버지가 이 집을 사주었지요. 이 집이 서울에서 지은 최초의 군인주택이에요. 전형적인 슬라브 집이지요. 미닫이 창문도 그렇고 옛날 그 모습이지요. 이 집은 군인주택단지에서 가장 높은 언덕에 있었고 그때는 저 밑까지 군인가족들이 살았어요. 그 이전에는 내시들의 공동묘지 자리였는데 그걸 밀어버리고 군인주택단지를 조성한 것이지요. 우리는 그전에 제기동에 살았는데 그 집으로 임종국 씨가 찾아와 아버지하고 고려대 정문 근처에서 술도 마시고 했던 게 이제 기억나네요."

—부친께서 대구에 사실 때도 작은아버지의 도움을 받는지요.

"아버지가 한국전쟁 직후에 대구 서문시장 앞에서 태평고무 대리점을 했어요. 검정고무신과 털신을 파는 꽤 큰 대리점이었지요. 나는 전쟁 직전에 서울 수도여고 근처의 삼광국민학교에 다녔어요. 그런데 아버지가 전쟁 직후 상경해 나와 어머니, 그리고 막내 외삼촌(김운경)을 대구로 데려왔지요. 나는 대구에서 서부국민학교에 다녔어요. 그때 외삼촌과는 대구에서 함께 살지는 않았어요. 아버지가 외삼촌에게 따로 방을 얻어주었지요. 그 후 어머니와 함께 상경해 후암동에 살았어요. 그 집에서 막내 외삼촌을 본 적이 있어요. 외삼촌에게 여자가 있었지요. 까만 치마에 흰 브라우스를 입은 여학생이었는데 키가 크고 잘 생긴 분이었다는 기억이 아직도 남아 있어요."

—사진으로 보니 형님인 문완성 씨가 이상과 많이 닮았더군요.

"진짜 닮은 것은 막내인 내성이지요. 장가도 못 가고 병으로 사망했지만. 정말 판박이처럼 닮았다고 어머니께서 늘 그러셨어요. 잠원동 집에서

어머니와 마지막까지 살았지요. 어머니가 이 집을 떠나 압구정동 현대아
파트로 이사를 간 게 1990년이고 그 집에서 2년쯤 살다가 다시 잠원동으
로 이사를 가 돌아가실 때까지 사셨지요. 근데 이상의 백부에게 아들이 하
나 있었다는데 이름이 뭡니까?"

　─김문경金汝卿입니다. 이상보다 두 살 아래인 1912년생이고요. 김옥희
여사의 회고에 의하면, 총독부 하급 관리로 일했던 백부 김연필은 결혼 후
자식을 두지 못하자 본처를 두고 김영숙이라는 여인을 후실로 맞았어요.
김영숙은 다른 사내와의 사이에 낳은 아들 하나가 딸려 있었는데, 김연필
은 그를 자신의 아들로 입적시켰지요. 그가 김문경입니다. 아이 딸린 여자
를 집에 들인다는 건 그때만 해도 파격적인 일인데 그걸 김연필이 감수했
다는 것은 김영숙을 그만큼 포기할 수 없었다는 증거가 아니겠어요. 그런
데 고향인 평북 선천에 대해 기억나는 게 있으신가요.

　"기독교 순교자 무덤이 있었지요. 겨울인데 내가 서너 살 때였나 봐요.
강 근처 우물가에 서 있는데 친척 형이 와서 나를 이불로 꽁꽁 싸매어주더
군요. 추운데 얼어죽는다면서. 얼마나 나를 예뻐했는지. 그러다 이북이 점
점 공산주의 사회가 되자 아버지가 공산주의하고는 상대할 수 없다면서
월남을 했어요. 이북에 있을 때 누가 자꾸 아버지에게 무슨 자리를 맡으라
고 했나 봐요. 그래서 가자, 서울로 넘어가자고 결심을 하셨다고 합니다.
우리 친척 한 분이 철도에 관계되는 일을 했는데 그분이 열차에 태워 38선
근처까지 바래다주었고 그다음엔 안내인을 붙여서 38선을 넘게 된 것인데
그만 붙들리고 말았어요. 아버지(문병준), 어머니(김옥희), 형(완성), 나(유성),
그리고 동생(창성)까지. 우리 다섯 식구가 몰래 38선을 넘다 붙들려서 전곡
에 있는 수용소에서 며칠 동안 조사를 받고 풀려났다는 말은 지난번에 했
지요."

　─전곡수용소에서 어떻게 풀려났는지요.

"문병혁이라고 아버지의 사촌 동생이 전곡으로 지프를 보내주었어요. 내 할머니가 아버지와 그분을 친형제처럼 키우셨어요. 할머니의 한쪽 젖은 아버지에게 물리고 다른 한쪽은 문병혁 작은아버지에게 물리고. 문병혁이란 분은 일본 유학까지 갔다 온 인텔리인데 어찌된 일인지 다시 만주로 갔지요. 문병혁 씨는 명륜동 할아버지가 중매를 서서 만주에서 결혼까지 했는데 부인이 아주 인텔리 여성이었어요. 만주에서 살다가 해방 후에 가족을 데리고 우리 아버지보다 서울에 먼저 정착을 했지요. 작은어머니가 남한 출신이라 이북을 거치지 않고 만주에서 서울로 바로 온 것이죠. 문병혁 씨는 이승만 정권 당시 큰 사업을 했고 한국전쟁 때도 무역을 했지요. 된장과 고추장 같은 걸 군납했는데 남부럽지 않은 큰 부자였어요. 그분이 전곡수용소로 지프를 보내주었던 것이죠. 그 후 아버지가 대구 서문시장에서 태평고무 대리점을 할 때도 도움을 받았어요. 서문시장 앞에 건물이 하나 있었는데 점포도 있고 이층에 큰 사무실도 있었어요. 하지만 외상 거래가 많아 사업은 잘 안 됐어요. 거창 등지에서 물건을 외상으로 떼어 가지고 갔으나 돈이 걷히지 않았지요. 그러다 6·25전쟁 때 그 건물이 방첩대 사무실로, 다시 서북청년단 사무실로 이용되었어요. 전쟁이 끝나자 이북에서 넘어온 사람들이 거제도 포로수용소에서 석방되어 연고자를 찾는

평북 선천에서의 문병준·김옥희 부부.
앞 줄 왼쪽부터 둘째아들 유성,
첫째아들 완성, 셋째아들 창성.

다면서 아버지를 찾아왔는데 한 40명쯤 됐을 거예요. 대구의 태평고무 집으로 가자고 말이죠. 연고만 있으면 찾아왔으니까요. 사실 나는 차남이다 보니 자세한 것은 형보다 기억을 못하지요. 형이 살아 있었다면 좀 더 자세하게 알 수 있을 텐데. 어머니가 형을 많이 믿고 의지했지요."

문병준의 사촌 동생 문병혁(1918~1997)은 전 동화同和산업 회장이다. 문병준과 같은 평북 선천 태생인 문병혁은 일제 강점기 때 단신으로 도일, 일본대 무역학부를 졸업한 뒤 만주에서 사업을 하다가 귀국, 훗날 한국유리공업 회장인 최태섭(1910~1985)과 인연을 맺는다. 만주에서 문병혁의 삶이 어떠했는지 알 길은 없다. 하지만 최태섭의 회고를 통해 당시 만주 시절과 해방 직후의 시대 상황을 어느 정도 유추해볼 수 있다.

평북 정주 오산학교 출신인 최태섭의 회고에 따르면 일제 강점기에 조선 사람이 할 수 있는 사업이라고는 고작 양조장, 정미소, 고무신 공장 정도였고 경성에 있던 경성방직이 유일하게 조선인이 경영하던 근대적 기업이었다. 청년 시절, 정미소를 운영했던 최태섭이 3년 만에 정미소를 처분하고 만주에서 가장 큰 도시인 봉천으로 간 것은 28세 때의 일이다. 그 시기엔 국내보다 만주가 사업을 하기에 여러 모로 유리했다.

만주에서는 콩이 많이 났다. 콩에 승부를 걸어보기로 했다. 동화유지同和油脂라는 공장을 세워 콩으로 비누, 식용유, 양초를 만들어 팔았다. 중국인을 500명 이상 고용할 정도로 장사가 잘됐다. 삼흥三興상회라는 무역회사를 차려 일본 물건을 사와 중국인에게 팔았다. 한번은 콩기름 수십 화차 분을 미츠비시三菱와 매수계약하면서 동시에 중국 상인과 전매계약을 체결한 일이 있었다. (중략) 젊은 나이에 만주에서 큰 부를 이루었다. 재산이 300, 400만 원 정도에 이르렀다. 서울의 집 한 채 값이 1만 원 정도 하던 시절이니 짧은 기간에 거부가 돼 있었던 것이다. 나는 해방되기 전에 일본의 패망을 미리 알았다. 내가 뛰어난 선견지명이 있어서가 아니라 관동군에 군납을 하면서 고급장교들로부터 "일본이 무리한 전쟁을 벌이고 있고 결국 패전의 길밖에 없다"는 깊숙한 비밀을 들을 수 있었다. 일본의 패망에 대비하기 위해 고향(평북 정주―인용자)에 농장을 100만 평가량 사두고 평양의 은행에도 예금을 해놓았다. 관동군 고급장교의 예언대로 일본이 망하고 봉천에 팔로군(중국공산군)이 들어왔다. 그들은 기업체 사장들을 노동자를 착취한 죄목으로 체포했다. 많은 사람들이 인민재판에 넘겨져서 처형됐다. 감옥에서 하루에 옥수수 3개를 먹으며 조사를 받았다. 나는 공장 종업원들의 도움을 받아 그 지옥 같은 곳에서 탈주해 가족들을 데리고 귀국길에 올랐다. 그러나 북한에도 공산정권이 들어섰다. 은행예금도 못 찾고 100만 평에 이르는 고향의 농장도 빼앗길 운명이었다. 월남할 수밖에 없었다(《나의 길―한국유리공업 명예회장 최태섭》, 《동아일보》 1992. 7. 11).

최태섭 회장보다 여덟 살 연하인 문병혁이 최 회장을 처음 만난 게 만주 봉천 시절인지는 확인되지 않는다. 하지만 두 사람 모두 만주에서 사업을 하다가 해방 직전 귀국, 남한에서 사업적 교류가 있었음은 문유성의 증언을 통해 어느 정도 짐작할 수 있다. 만주에서 콩기름을 팔아 부를 축적한 최태섭은 해방 직전, 일본의 패망을 미리 눈치채고 고향인 평북 정주로 귀환해 농장을 사들였으나 공산정권을 피해 월남한다. 최태섭이 서울 봉래동에 태평고무를 차린 시기와 문병혁이 태평고무 대리점을 전국으로 확장시키던 시기는 일치한다. 그뿐 아니라 문유성의 부친 문병준 역시 대구에서 태평고무 대리점을 운영했다.

자식들을 공부시킬 목적으로 사두었던 집이 있었고 천안 근처의 땅과 30만 원가량의 은행예금이 남아 있었다. '계란을 한 바구니에 모두 담지 말라'는 위험

분산의 경제원칙을 나름대로 지켰던 덕택이라고 할 수 있다. 이 재산을 처분해 삼흥三興실업이라는 무역회사를 차려 홍콩 마카오 무역을 시작했다. 오징어를 홍콩시장에 팔고 생고무를 사왔다. 서울 봉래동에 태평고무라는 고무 공장도 설립했다. 삼흥실업은 한때 화신和信과 견주어질 만큼 성공적인 사업을 벌였다. 이것도 6·25 동에 폭삭 망해버렸다. 전쟁 중에는 고추장, 단무지, 무짠지 등을 만들어 군납하는 사업을 했다. 전쟁이 끝난 뒤 대규모로 전쟁복구사업이 시작됐다. 정부는 당시 운크라(유엔한국재건기구)의 원조를 받아 충주에 비료 공장, 문경에 시멘트 공장, 인천에 판유리 공장을 세우고 있었다. 1957년 '대한유리공업기성회'를 조직, 우여곡절 끝에 정부와 운크라로부터 인천판 유리 공장 불하를 받아 유리 공업에 뛰어들었다(위와 같음).

이상의 〈동생 옥희 보아라〉에 등장하는 K, 즉 문병준의 삶의 궤적은 뜻밖에도 사촌 동생 문병혁과 최태섭 회장의 인생 역정에 일부분이 맞닿아 있다. 문병혁이 한국전쟁 중에 된장, 고추장을 군납하면서 사업이 번창하기 시작했다는 문유성의 증언과 '전쟁 중에 고추장, 단무지, 무짠지 등을 만들어 군납하는 사업을 했다'는 최태섭의 회고로 미뤄볼 때 문병혁과 최태섭은 적어도 한국전쟁 직후 어느 시기부터 군납사업과 고무 공장의 파트너로 일했다는 것을 유추할 수 있다. 이후 최태섭은 한국유리공업을 설립하고 문병혁은 동화산업을 설립해 각각 사업가로서 성공가도를 달린다. 문병준은 이러한 인맥의 자장 안에 있었던 것이다.

─문병혁 씨가 상당한 재력가였으니 뜻만 있었으면 이상이 성장 시기를 보낸 통인동 집을 사들여 이상문학관을 만들 수도 있지 않았겠어요.

"어머니도 나도 그런 생각까지는 못했지요. 왜냐하면 작은아버지가 우리 형제 모두를 교육시켰기에 어머니도 다른 말을 할 수 없었겠지요."(문유성)

"한번은 효자동에 살고 있던 문병혁 댁을 찾아간 적이 있어요. 작은아버지가 그때 나에게 10만 원을 주시는 거예요. 큰 돈이었지요. 그때 공무원 월급이 7,000원이었고 집 한 채에 20만 원이었으니까요. 그걸로 시아버지를 잘 모시라고 하면서 말이죠. 그때는 우리 어머니(김옥희)가 박세창 할머니와 자식들을 데리고 아버지의 구박을 피해 따로 살림을 나갔기에 결국 시아버지(문병준)는 내가 모시고 살 수밖에 없었어요. 그러니 그 돈으로 아버지를 잘 구완하라는 것이었어요. 사실 시어머니는 기분파라고 할까. 좀 호화판이었어요. 돈이 있으면 다 써버리는 스타일이었지요. 돈을 모을 생각을 안 하셨어요. 내가 시집와서 보니 식모까지 두고 살고 있었지요. 시아버지가 날더러 '너는 네 시어머니를 닮지 말아라, 어떻게 해서든 자립을 하라'고 하시더군요. 그러나 돈을 모으려고 해도 모아지지 않았지요. 어머니의 씀씀이가 보통이 아니었거든요. 그래서 내가 남편과 함께 제기동에 방 한 칸을 얻어 나가 산 적이 있어요. 이건 아니다 싶어서. 내가 처녀 적에 체신공무원 생활을 해서 돈을 좀 쥐고 들어왔거든요. 그 돈으로 방을 얻어

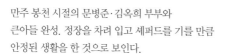
만주 봉천 시절의 문병준·김옥희 부부와
큰아들 완성. 정장을 차려 입고 셰퍼드를 기를 만큼
안정된 생활을 한 것으로 보인다.

따로 산 지 6개월 만에 시어머니가 '이제 내가 나갈 테니 네가 들어오너라'고 하셔서 시어머니가 나가시고 우리 부부가 들어갔지요. 와서 보니 빚더미였어요. 그래서 이 음식점을 하게 된 것이죠. 생각해보면 시어머니가 압구정동 현대아파트에 살 때는 박세창 할머니와 시동생 창성과 내성, 시누이 미성이 모두 함께 살았어요. 그 집에서 박세창 할머니가 94세에 돌아가셨지요. 내가 딸 도희를 낳고 7일 만이어서 장례엔 가지 못했지요. 1979년이지요. 창성 씨는 그때 결혼을 해서 잠실 월드컵경기장 옆 우성아파트에 살 때인데 일본 출장을 갔다가 박세창 할머니에게 드린다고 사탕을 사왔는데 그만 돌아가셨지요. 화장을 해서 뿌렸어요. 김옥희 시어머니가 돌아가셨을 때는 양수리 무궁화공원묘지의 시아버지 묘소 옆에 자리를 마련해 유골함을 그리로 모셨어요."(박영분)

－김옥희·문병준 부부는 만주 봉천에서 뭘 하셨나요.

"시아버지와 후암동 당숙(효자동에 살다가 나중에 후암동으로 이사한 문병혁을 지칭－필자) 두 분 모두 명륜동 할아버지가 만주로 들어오라고 했던 것이죠. 당시 명륜동 할아버지는 만주에서 형사로 있었는데 중국어에 능통했지요. 슬하에 자식이 없어 말년엔 이 집에도 자주 놀러오셨어요. 조카인 제 시아버지를 본다고 말이죠. 명륜동 할아버지는 독실한 크리스천이었는데 남의 초상이 나면 궂은일을 도맡아 하셨지요. 명륜동 할아버지의 유골은 벽제 용미리 공원묘지에 있어요. 지금도 우리가 돈을 내서 관리하고 있지요. 5년마다 보관료를 내야 하는데 20년이 지났으니 올 7월이면 또 보관료를 낼 차례군요. 후암동 당숙도, 우리 시아버지도 봉천에서 공부를 하셨다고 해요. 시아버지는 학창 시절에 시도 쓰고 했다던데 아마 이상과는 글 때문에 맺어진 사이일 거예요. 자세한 내막은 잘 모르지만. 그런데 이상의 일어 노트를 집안에서 본 적이 있는데 지금은 어디로 갔는지 없어졌지요."(박영분)

"지금 생각난 건데, 아버지는 봉천에 사실 때 상해를 여러 차례 갔다 오

셨다고 하더군요. 그걸로 미뤄보면 문병혁 작은아버지와 함께 무슨 사업을 하셨을 거예요."(문유성)

박 씨가 차 대접을 하겠다고 일어나 잠시 대화가 끊어진 틈에 나는 부탁을 받고 가져간 《이상 전집》을 테이블 위에 꺼내놓았다. 문 씨가 1권에 수록된 화보를 천천히 넘겨보다가 사진 한 장을 손가락으로 가리켰다. 그건 제기동 시절, 이상의 모친 박세창을 찾아간 임종국이 이상의 사진첩 속에서 발견한 일어日語 시 9편의 사진이었다. 임종국은 이를 번역하여 《이상 전집》에 일어 원문과 함께 소개했고 이후 이 사진은 이상 관련 책자에 재수록되었다.

문 씨는 "내가 보았던 이상의 필체와 똑같다"면서 감격해했다. 나는 그에게 "언제 처음 이상의 미공개 일어 시들을 보았느냐"고 물었으나 그는 "잘 기억나지 않는다"며 말꼬리를 흐렸다. 짐작컨대 문 씨는 임종국이 이상의 일어 시를 발굴, 소개하기 전부터 외가에 전해 내려온 사진첩 속의 일어 시들을 보았을 것이다. 그에게 외가는 멀리 있는 게 아니었다. 외할머

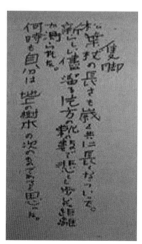

이상의 일어日語 시
〈척각〉(왼쪽)과
〈육친의 장〉.
한눈에도 문체가
다르다는 것을
알 수 있다.

니, 어머니와 평생을 함께 살아온 그가 아니던가.

여기서 짚어볼 게 있다. 임종국의 《이상 전집》 2권에 실린 '미발표 유고 9 편'(친필)의 필체가 두 종류란 사실이다. 〈척각雙脚〉, 〈거리距離〉, 〈수인囚人이 만들은 소정원小庭園〉, 〈아침朝〉, 〈최후最後〉 등 5편과 〈육친肉親의 장章〉, 〈내과內科〉, 〈골편骨片에 관關한 무제無題〉, 〈가구街衢의 한寒〉 등 4편은 필체가 다르다. 글씨체가 두 종류라는 건 이 중 하나가 이상의 친필이거나 혹은 전부가 이상이 아닌 다른 사람의 필체라는 추론이 가능하다. 그래서 문 씨에게 물었다.

－이상의 미공개 일어 시 9편 가운데 어떤 게 이상의 친필입니까. 혹시 어머니로부터 이에 대해 들은 적이 있나요.

"글쎄요. 일어 시들의 필체가 두 종류라는 것도 처음 들었는걸요."

아쉽지만 문 씨 역시 어떤 게 이상의 필체인지 확인해주지 못했다. 이상에게 접근할수록 '이상한 가역반응'이 오는 건 이 때문이다. 문 씨 부부가 책에 수록된 사진을 함께 들여다보고 있는 동안 나는 다시 상념에 젖는다.

김옥희가 문병준과 함께 만주행을 감행한 배후엔 봉천에서 일경日警으로 활동하고 있던 명륜동 할아버지가 있었다. 이들의 만주행은 일본이 1936년 9월 9일 '선만鮮滿 일체화'라는 표어 아래 설립한 선만척식회사를 통해 100만 명의 한인을 만주에 정착시키는 업무를 조직적으로 강행하기 한 달 전의 일이다. 그렇기에 이들의 만주행은 명륜동 할아버지의 주선 때문만이 아니라 넓은 의미에서 일제의 조선인 만주송출정책이라는 시대적 환경에서 빚어진 일이다.

선만척식회사를 통해 만주로 송출된 조선인 대다수는 농업이민자였고 요녕성의 봉천, 길림성의 심양, 흑룡강성의 하얼빈 등 동북3성의 주요 도시에도 농업이민자가 적지 않은 비중을 차지하고 있었다. 당시 만주국은 오족협화론을 주창하는 다민족국가였고 이로 인해 만주의 각 도시는 다민족사회로 변해갔다. 민족과 계급이 교차하고 중첩되는 다민족사회는 불가피하게 다계급사회로 변할 수밖에 없었다. 만주국 시기 조선인은 법률상으로 일본인과 같은 지위에 놓여 있었으나 실제로는 호적제도를 통해 조선인은 '반도인'으로 분류되면서 일본인과 중국인 사이의 중간자적 위치에 있었다. 대체로 조선인 상류층은 일본인과 가깝고 조선인 하류층은 중국인과 가까웠다. 당시 봉천 거주 조선인의 8, 9할이 밀집해 살았던 봉천시 서탑 지역의 주거환경은 열악하기 짝이 없었다.

  게다가 봉천 외곽의 철도변에 위치한 조선인 부락의 가옥은 내부가 휑하니 들여다보일 정도로 처참한 판자촌 일색이었다. 하지만 문병준은 만주에서 학교를 다녔으니 이런 열악한 생활과는 거리가 먼 상류층의 생활을 영위했을 것이다. 여기엔 명륜동 할아버지의 후광이 작용했을 터다. 다만 문병준이 만주로 떠날 때 만 23살이었으니 이미 대학을 졸업할 나이다. 문병준은 김옥희라는 딸린 식구가 있는 가장이었기에 생업에 종사했을 가능성도 배제할 수 없다. 또 하나. 김옥희가 오빠 이상의 사망 소식을 만주 봉천에서 접했는지 여부이나. 김옥희가 생전에 남긴 어떤 진술에도 만주 체류 기간 동안 경성에 다녀갔다는 말이 없는 것으로 미뤄 김옥희는 이상의 유골이 미아리 공동묘지에 묻힐 때조차 봉천에 있었던 듯하다. 하지만 김옥희가 전보를 통해 오빠의 사망 소식을 접하고서도 오지 않았다면 그건 어떤 이유 때문일까. 의문은 꼬리를 물고 이어졌지만 당사자인 김옥희 여사는 2008년 12월 불귀의 객이 되고 말았고 문유성 씨가 기억하는 건 매우 제한적이었다.

  나는 만시지탄의 회한을 뒤로 하고 근래 출간한 《내가 만난 손창섭》을 꺼내 탁자에 올려놓았다. 박 씨가 물끄러미 표지를 바라보는가 싶더니 이내 책을 한 손에 움켜쥐고 다른 손으로 입을 틀어막았다. 그리고 코끝이 시큰거리는지 금세 눈시울이 붉어지고 눈물이 맺혔다.

"이게 손창섭 선생 아닙니까?"

―네, 맞습니다. 제가 2014년 연말에 낸 책인데 한번 읽어보십사 하고 가져왔어요. 2009년 일본에 살고 있는 손창섭 선생을 만나고 쓴 책이죠. 손선생은 이듬해인 2010년 6월 별세했지만 한국문학계의 누구도 그의 장례식에 참석하지 않았지요. 오늘의 한국문학은 전후戰後작가인 손창섭 선생에게 큰 빚을 지고 있는데도 말이지요.

다음 순간, 아무도 짐작하지 못한 광경이 펼쳐졌다. 박 씨의 눈시울이 붉어지는가 싶더니 두 눈동자가 미세하게 흔들렸다.

"내가, 내가……. 손창섭 선생의 집에서 잠시 살았지요."

―그게 무슨 말인지요.

"실은 내가 그 집에 입주 가정부로 있었어요."

대체 입주 가정부라니. 그 말이 나를 잡아먹는 것 같았다. 순간, 이상과 손창섭과 박영분과 나 사이에 가로놓인 세월의 장막이 한 뼘쯤 걷히는 것 같았다. 떨림과 전율. 가벼운 전기가 온몸을 관통하며 소름이 돋았다.

|
감나무 집 3

나는 박 씨의 말을 면전에서 듣고도 믿기지 않았다. 1930년대 천재시인 이상과 1950년대 전후戰後 대표작가 손창섭을 잇는 연결 지점에 박영분 씨가 있었다니. 하지만 우리가 살아가는 무목적성의 삶에 잠복된 우연이야말로 또 다른 문학적 현상이라고 할 때, 박 씨의 고백이야말로 지리멸렬한 오늘의 상투성을 깨는 일종의 충격이었다. 자신의 힘들었던 과거를 들키지 않으려고 안간힘을 쓰는 이 시대에, 그것도 성장한 자식이 있고 사회적 입지를 가진 한 존재가 자신의 과거를 털어놓는다는 게 쉬운 일은 아닌 것이다.

　ー그게 무슨 말입니까. 입주 가정부로 있었다니요.
　"말을 하자면 깁니다. 제가 열아홉 살에 수원여고를 졸업하고 흑석동에 있는 손창섭 선생 댁을 찾아가서 입주 가정부를 자청했어요. 그 집에서 살았어요. 손창섭의 일본인 아내와 딸과 함께. 그 집에 셰퍼드도 있었지요."
　ー손창섭의 딸 이름은 도숙입니다. 부인 이름은 우에노 지즈코이지요.
　"아, 그 이름이던가요. 도숙, 그리고 우에노. 이제 어렴풋이 기억이 납니다. 그 부인이 한국말을 거의 못해서 내가 흑석동 연못시장에 함께 장을 보러 가곤 했지요. 밥상을 차리고 차를 내가고. 난 도숙이와 한 방을 썼어요. 머리도 빗겨주고 친동생처럼 예뻐했지요. 그때가 1960년대 초였을 거예요. 마당이 작은 집이었는데 바로 한강이 바라다 보이고 옆에는 낭떠러지였지요."

–어떻게 그런 일이……

"그땐 그런 열정이 있었어요. 그 당시 나는 손창섭 선생을 무척 좋아했어요. 신문에 소설을 연재하던 인기작가였거든요. 무작정 찾아갔던 것이죠."

박 씨의 눈이 촉촉하게 젖어들었다. 그 눈빛은 회한이라는 단어의 함량을 초과해 옛 추억의 한 장면에 도달해 있는 듯 보였다. 손창섭 선생을 좋아해서, 아니 어쩌면 흠모해서 흑석동 자택으로 무작정 찾아가 입주 가정부를 자청한 50년 전 문학소녀가 이제 이상의 조카며느리가 되어 교자상을 사이에 두고 내 앞에 앉아 있었다. 내가 마주한 것은 박영분이라는 이름의 문학적 가교였다. 그것은 이상과 손창섭을 연결하는 가교이기도 했다. 이상이 1930년대에 나르시시즘에 의한 자기 폭로의 문학으로 당대의 뒤틀린 전위성을 드러냈다면 손창섭은 전후 1950년대의 기형적 인간 심리를 성적 충동과 폭력적 충동에 담아 시대의 전위성을 드러내지 않았던가.

1960년대 손창섭의 흑석동 자택에서
박영분(오른쪽) 씨와 손창섭의 딸 도숙
(박영분 제공).

여고 시절, 문고판 문학서적을 읽으며 문청文靑의 꿈을 꾸었던 한 소녀가 이제 칠순의 눈동자를 깜박이며 떠올리고 있는 것은 흑석동 시절의 한때 였다. 그녀는 한때 문학에 심취한 열정의 소유자였다. 그 열정이 문자행위 로 발현하기 전, 그는 자신이 흠모하는 작가 손창섭의 집 대문을 두드렸던 것이다.

"여고를 졸업하자마자 가출을 해서 흑석동에 갔던 것이죠. 그땐 그런 열 정이 있었지요. 부모 입장 같은 건 생각지도 않고 집을 떠난 것인데 손창섭 선생 곁에 있는 것만으로도 좋았어요. 한 6개월인가 9개월쯤 그 집에 살았 나 봐요. 내가 여고 시절에 공부를 곧잘 해서 입주 과외도 할 수 있는 정도

—

1967년 4월, 흑석동 자택에서의 손창섭,
일본인 아내 우에노 지즈코, 딸 도숙(2009년 우에노 제공).

의 실력이 있었는데 도숙이에게 공부도 가르쳤지요. 손창섭 선생도 그런 나를 무척 아꼈지요. 그러다 수원 우리 집에 무슨 일이 있어서 갔다가 두 번 다시 흑석동에 돌아가지 못했지요. 손창섭 선생도 내 소식을 몰라 당황했을 거예요. '집에 다녀오겠습니다'라고 말하고 그 집을 나온 게 마지막이었지요. 그 후 내가 체신공무원 생활을 하다가 이 사람(문유성)을 만나 연애 결혼을 하게 됐지요.

흑석동에 살 때 양복을 점잖게 차려입은 분들이 손창섭 선생을 만나러 오면 내가 차 대접을 했어요. 일본인 부인은 잘 나서지 않았는데 손님이 오면 제가 안방에 차를 내갔지요. 그때 내가 일본어를 약간 익히게 되었는데 '오하이오 고자이마스' 같은 일본어를 그 부인에게 말해보는 것도 좋았지요. 흑석동 집은 정말 공기가 좋았어요. 절벽은 내려다보면 무서웠지만. 내가 그 집을 나온 후, 언젠가 버스를 타고 흑석동을 지나면서 언덕 위에 있는 그 집을 올려다보았는데 내가 살았던 집이 아득한 언덕에 자그마하게 서 있는 게 보이더군요. 《내가 만난 손창섭》을 보자마자 그 집에서 살았던 시절이 떠올랐지요. 이제 믿을 수 있을 것 같아요. 왜 나를 찾아왔고, 무슨 일을 하고 있는지 말이죠."

박 씨의 말을 들으면서 나는 손창섭이 1963년 4월부터 약 8개월에 걸쳐 《경향신문》에 연재한 장편 《인간교실》의 줄거리를 더듬어보았다. 《인간교실》은 1960년대라는 시대적 상황을 배경으로 인간관계에 대한 재인식과 재평가를 시도하고 있는 세태소설이다. 소설엔 동성애, 페티시즘, 훔쳐보기 등 새로운 연애 풍속도가 요즘 방송의 몰래카메라 같은 기법으로 펼쳐진다. 손창섭이 이런 풍속도를 통해 보여주고자 한 것은 '숭고'를 표방하는 이념, 즉 '인간개조'나 '인간혁명' 같은 1960년대 '혁명' 주도세력의 통치이념과는 다른 방식으로 살아가는 세속적 인간 군상의 모습이다. 손창섭은 전후 폐허와 죽음과 소외를 사실적으로 그려낸 대표적 작가였을 뿐만 아니라 5·16쿠데타를 신호로 전개된 1960년대 한국사회 전체를 상대로 외로운 대화를 시도한 작가였다.

《인간교실》은 그러한 시대적 엄숙성과 과제의식을 떠안은 인간이 아니라, 육체와 정신의 괴리 속에서 번민하면서 살아가는 인간의 속물적 모습을 다중적인 애정 갈등의 형태로 제시해주고 있어 지금 읽어도 흥미를 자아낸다. 1960년대라는 지난 시대의 이야기인데도, '지금 여기'에서 일어나는 일이라 해도 곧이 들릴 만큼 시간적 격차가 드러나지 않기 때문이다. 더구나 정신적으로나 육체적으로 남성에 비해 훨씬 자유분방한 여성에 대한 묘사라든가 일상에 만연한 부조리와 그에 대한 폭력적 대응방식은 오늘의 현실과도 닮아 있다.

잠시 줄거리를 살펴보면 남자 주인공 '주인갑'은 자유당 말기, 사업에 실패한 중년의 실직자다. 내성적인 그와는 달리 미장원을 운영하는 아내 '혜경 여사'는 활달하고 진취적인, 절제된 방탕론을 주장하는 자유주의자이자 페미니스트이다. 주인갑은 그의 집 방 한 칸에 세 든 '황 여인'이라는 중년여자의 은근한 매력에 빠져든다. 황 여인은 폭력 남편을 피해 젊은 남자와 도망쳐 나온 처지로, 주인갑은 황 여인을 사모하는 마음에 이혼 문제를 돕게 된다. 그러나 황 여인과 혜경 여사가 동성애에 빠져들면서 이들은 묘한 삼각관계를 이루게 된다. 여기에 더해 주인갑의 집에 들어와 사는 식모 보순 때문에 주인갑 부부가 벌이는 신경전은 소설의 디테일을 풍성하게 한다. 보순은 다리를 심하게 저는 주인갑의 딸 광숙과 한 방에 사는 스무살 안쪽의 처자로 시간이 지날수록 육감적인 처녀티가 나는 통에 혜경 여사는 불안한 마음을 감추지 못한다. 보순을 두고 주인갑과 혜경 여사가 나누는 걸쭉한 입담이 그것이다.

여사는 익숙한 솜씨로 열심히 남편의 와이셔츠에 다리미질을 하고 있는 보순을 눈여겨보고 나서 "저렇게 완전히 성숙한 보순이와 당신만을 남겨두고 어떻게 날마다 맘을 놓고 밖에 나와 있느냐는 거예요."

주인갑 씨는 당황하여 보순을 곁눈질로 바라보고 아내에게 눈을 흘겼고 보순은 낯이 다리미에 닿을 정도로 푹 숙이고 일에만 열중하는 듯이 보였지만 내심 어쩔 줄 몰라 쩔쩔매고 있음이 분명했다. *그러나 여사는 태연히 하고 싶은 소리는 다 했다.*

"그래서, 그렇게들 자기 남편을 못 믿고 어떻게 사느냐고 제가 반박을 줬어요. 그리고 우리 주인은 결코 그런 사람이 아니다. 우리 집 보순이도 아주 순진하고 얌전한 애다. 그러니까 절대 안심이라고 했더니 모두들 웃잖아요? 아 고양이 앞에 생선 대가릴 갖다놓고 믿는다는 게 어리석은 짓이라나요. 그걸 보니, 세상……."

보순이는 듣다 못해 다리미의 스위치를 끄고 나가버렸고 주인갑 씨도 참다 못해(중략) "여보! 보순일 당장 내일로라도 시골 자기 집으로 보내버려. 당신이 이 꼴로 노니 어디 창피해서 같이 지낼 수 있어? 그 대신 늙어빠진 할머니든지 열너덧 살짜리 언낼 데려다 놔"(손창섭,《인간교실》).

　대화 속 보순이 박영분일 리는 만무하다. 소설가의 상상력에 의해 이런 장면은 얼마든지 가공해낼 수 있다. 그 시대엔 수많은 보순이 존재했다. 내 기억 속에도 1960년대 말 우리 집에 입주한 이십 대 가정부 누나가 있었다. 초등학교 5~6학년 무렵 그 누나의 가슴이 탱탱하게 부풀어 오르는 시간 속에 내 사춘기의 잔영은 남아 있다. 그렇기에 기왕 스무 살 무렵, 손창섭 댁에 입주 가정부로 있었다는 박 씨의 말을 상기할 때《인간교실》의 등장인물 보순의 캐릭터는, 손창섭이 박 씨를 모델로 그려낸 인물일 가능성도 배제할 수 없다. 손창섭의 주옥 같은 단편과 신문 연재소설을 읽으며 작가를 흠모한 나머지 여고를 졸업하자마자 흑석동의 손창섭 댁을 찾아가

입주 가정부로 들어간 스무 살 박영분의 열정은 요즘 스타들의 일거수일
투족을 따라붙는 언니부대의 전형인 것이다. 시쳇말로 좋아하는 영화배우
나 가수의 얼굴을 보기 위해 방송국 앞이나 집 앞에 진을 친 채 밤을 새는
언니부대 말이다. 하지만 1960년대 스타였던 엘레지의 여왕 이미자, 〈낙엽
따라 가버린 사랑〉의 인기 가수 차중락, 〈돌아가는 삼각지〉로 인기를 누리
다가 요절한 배호를 쫓아다닌 게 아니라 손창섭이라는 소설가를 흠모했다
는 점에서 박영분의 열정은 남다르다고 할 것이다.

그렇더라도 그 인연의 고리가 이상의 여동생 김옥희 여사의 며느리로 귀
착되리라고는 귀신도 미처 생각하지 못한 일일 것이다. 우연을 필연으로
귀착시킨 주인공이 박영분이라는 말인가.

따은 그렇다. 나는 2009년 2월 일본 기요세시淸淑市 바이엔 요양병원에 입
원한 병상의 손창섭을 극적으로 만났지만 겨우 인사말을 주고받았을 뿐, 그
는 치매로 인해 거의 대화를 할 수 없는 상태였다. 이에 비해 박영분은 젊은
시절, 한 지붕 아래 손창섭의 일상을 지근거리에서 지켜본 장본인이었다.
내가 만난 건 임종을 기다리는 말년의 손창섭인데 비해 박 씨가 만난 건 소
설가로서 전성기를 누리고 있던 손창섭이었다. 여기서 나는 무색해지고 만
다. 손창섭을 만난 사람은 내가 아니라 지난 시대의 박영분이었던 것이다.

—
2009년 2월
일본 도쿄 부근 기요세 시淸淑市 바이엔 요양병원
면회실에서의 손창섭.

박 씨가 감회에 젖어 있는 동안 옆에 앉은 문 씨는 말없이 허공을 응시하다가 잠시 눈을 감았다. 그가 아내의 이런 과거를 처음 들었는지는 알 길이 없었다. 다만 그의 감긴 눈에서 스스로 마음을 다스리는 깊은 내재율을 읽을 수 있었다. 그 내재율은 지난 세월을 걸러내는 일종의 필터 같은 거였다.

아무 말도 할 수 없었다. 말이 필요치 않았다. 지금까지 없던 깃이 불쑥 땅에서 솟구쳐 올라왔을 뿐. 그게 과거에서 왔던 미래에서 왔던 상관이 없었다. 서로가 서로를 건너 이 시간과 이 장소에 이르렀다는 게 그 순간에 가장 중요했다. 이상과 손창섭과 문유성과 박영분과 탁자의 네 다리. 네 명이 떠받치는 문학적 탁자가 돌연 만들어지고 있었다.

이상은 분명 문학적 천재지만 그의 천재는 짧은 인생 속에서 10분의 1도 채 발현되지 못했다. 나머지 10분의 9는 현실과 생활에 자리를 내주고 만다. 문 씨 부부가 들려준 이상 사후의 가족사를 복기해보면 남은 가족들은 남과 북을 관통하며 한국 현대사의 질곡을 고스란히 통과해야 했고, 생존이 우선이었기에 이상을 기리는 어떤 행사나 계기도 마련하지 못한 채 생활에 쫓겨 살 수밖에 없었다.

이상이 요절하지 않고 해방 이후까지 살아남았다고 가정했을 때조차 이상이 몸담았던 '삼사문학' 동인 가운데 월북한 정지용, 이태준, 김기림 등의 운명처럼 그 역시 또 다른 운명을 맞이하지 않았다고 누구도 장담할 수 없을 것이다. 그 과정에서 이상의 문학도 모독과 훼손을 피할 수 없었을 것이다. 차라리 요절했기에 그의 작품은 시대적 단절 없이 꾸준히 우리 곁에 남아 있을 수 있었다.

하지만 이상이 겪지 못한 것들을 남은 가족들은 겪어야 했다. 독이 든 시대의 성배를 마시고 요절한 이상의 조카는 이제 세월의 마모를 견디며 연마된 감나무 집 탁자의 은은한 반짝임처럼 그 존재를 조용히 드러내고 있었다. 문학적 천재를 배출한 가족비사. 남겨진 어머니, 남겨진 여동생, 남겨진 남동생······. 남겨진 가족의 애환은 눈물겹다. 사후의 이상은 폐병장이, 매독환자, 숱한 염문을 뿌린 스캔들의 주인공 등 부정적인 이미지로 치부된 일면이 있는데다 남동생 운경의 월북으로 인한 연좌제의 멍에까지 염두에 두면 어머니 박세창 여사가 운경의 이름을 살아생전 한 번도 입 밖에 내지 않은 것은 천재 이상을 보호하기 위한, 그리고 이상 문학을 보존하기 위한 무섭도록 냉철한 본능의 발로였는지도 모른다.

스무 살 처녀 시절, 손창섭 댁에 가정부로 있었던 박영분이 이상의 질부로 앉아 있는 모습은 우리 문학사에 적혀 있지 않은 문학외적인 공백 하나가 메워지는 돌연한 의식 같았다. 여고 시절, 문학에 심취한 나머지 흠모하는 작가를 무작정 찾아가 세간 살림을 돌보며 절벽 아래 한강의 도도한 흐름에 청춘의 한때를 맡겼던 열정의 소녀가 이제 칠순이 되어 내 앞에 앉아 있었다. 그만큼 순수했던 것이다. 순수가 아니면 이 문학적 불연속선이 이어질 리 없다. 낭만시대의 순수한 사랑법. 사랑이 넘지 못하는 장벽이란 없다. 누군가는 우상을 멀리서 간직하지만 누군가는 우상과 마주치기를 원한다. 박영분은 후자이다.

1930년대가 이상의 시대였다면 1950년대는 손창섭의 시대였다. 그리고 모든 시대의 문학은 소모되고 만다. 소모되지 않는 것은 가족애사哀史다. 애사는 증식한다. 이상은 남겨진 가족에게 우상이 아니라 탈우상의 존재였다. 천재에서 평범으로의 이행. 그리하여 그 평범은 다시 천재를 지탱하는 묘약이 되는 것이다. 이 묘약은 한국 근대문학사의 운명에 내재하고 있던 필연이었을까. 역류하는 세월의 되짚어감. 지난 세월의 부러진 뼈를 하나씩 맞춰보는 접골의接骨醫의 숙명 같은 게 느껴졌다.

창밖에 어둠발이 내리기 시작했다. 저녁 손님이 들어올 시간이 되었기에 나는 서둘러 자리에서 일어섰다. 거의 동시에 박 씨도 자리에서 일어나 "다음번에 오시면 내 앨범도 보여주겠다"라면서 손을 맞잡았고 문 씨 역시

"막국수 맛이라도 보고 가라"며 아쉬운 표정을 지었다. 나는 손사래를 치며 현관으로 가 신발을 신었다. 폐를 끼치고 싶지 않았다. 다음번 만남을 기대하며. 내일은 오늘과 다른 날이기를 빌며.

다음날인 3월 1일, 일요일 오후. 나는 문유성 씨에게 다시 전화를 걸었다. 확인해보고 싶은 게 있었다.

—혹시 아버님(문병준)이 만주 봉천에서 어떤 일을 하셨는지, 더 생각나는 게 없는지요. 학교에 다니셨다면 어느 학교인지요. 혹시 친척들에게 알아보셨나요.

"어느 학교인지는 잘 몰라요. 그렇지 않아도 학창 시절에 찍은 사진을 찾아보았어요. 배지가 달린 모자를 쓰고 찍은 사진이에요. 하지만 배지가 너무 흐릿해서 어느 학교인지는 잘 알아볼 수 없네요. 형이 살아 있었다면 정확한 대답을 해주었을 텐데. 형은 서울사범대 사회교육과를 졸업했지요."

—부친의 생년월일은요.

"호적등본에 1913년 음력 5월 22일생으로 나와 있더군요. 1990년 7월 12일 저녁 8시에 작고하셨습니다."

—이상이 1910년생이니까 부친께서는 3년 연하시군요. 다만 부친이 만주로 떠났을 때는 만 23세인데 그 나이면 대학을 졸업할 나이지요. 서울에서 대학을 졸업한 후에 봉천으로 갔을 가능성도 있겠군요. 봉천에서 찍은 사진 가운데 양복을 차려입은 부친이 어떤 건물 앞에서 동료들과 함께 어울려 있는 모습이 있는데 그게 학교는 아닌 것 같고 어떤 회사 같은 느낌을 주던데, 혹시 무역회사에 다닌 건 아닐까요. 봉천 시절, 상해에도 여러 번 다녀왔다고 했으니 말이죠.

"그렇게 생각할 수도 있겠네요."

—명륜동 할아버지의 존함은요.

"이제 생각났는데 문봉국입니다. 그런데 잠깐만요, 아내가 전화를 바꿔 달라고 하는군요."

이내 박영분 씨의 목소리가 들려왔다.

"어젯밤《내가 만난 손창섭》을 꼬박 읽었어요. 손창섭 선생의 고향도 평북이더군요. 제가 처녀 때 앨범을 뒤져봤어요. 흑석동 손창섭 선생 댁에 살 때 찍은 사진이 몇 장 있더군요. 도숙이랑 찍은 것도 있고 셰퍼드와 찍은 것도 있고 우에노 여사와 찍은 것도 있어요. 그 집 마당에 수도꼭지가 있었는데 거기서 찍은 것도 있어요. 지금도 믿어지지 않아요. 꿈인지 생시인지. 그때는 저에겐 시련도 많고 곡절도 있었는데 이런 일이 있으려고 그랬나 봅니다."

─저 역시 어제의 전율이 아직도 생생합니다. 다음에 또 찾아뵙지요. 일주일 후 미리 연락을 드리고 들르겠습니다. 그때 더 자세한 이야기를 나눴으면 좋겠습니다.

"네 그럼 또 들르세요."

전화를 끊었는데도 박영분, 문유성 씨와 보이지 않은 선으로 연결되어

이상의 가족. 왼쪽부터 남동생
운경, 어머니 박세창, 여동생 옥희.
1946년경으로 추정된다.

있는 것 같았고 두 사람이 두런두런 이야기를 나누는 목소리가 환청처럼 들려오는 것 같았다.

2015년 3월 6일 금요일 오후, 나는 다시 감나무 집을 향해 발길을 재촉했다. 이틀 전, 전화로 다시 방문하겠다고 했을 때 박 씨는 한 가지 부탁을 했다. "다음에 올 때 시어머니가 둘째오빠 운경과 모친 박세창 할머니와 함께 찍은 사진 좀 갖다주세요. 예전엔 우리 집에도 그 사진이 있었는데 지금은 없어졌어요. 그 사진하고 암튼 이것저것 이상과 관련된 사진이 있으면 복사를 해서라도 가져오면 좋겠네요."

정확히 오후 3시, 식당으로 쓰이는 거실엔 마지막 점심식사 손님이 막 자리에서 일어나는 중이었다. 박 씨는 전보다 더 색감 있는 옷을 차려입었고 문유성 씨의 표정도 더 밝아보였다. 문 씨가 종이컵에 커피를 내오고 박 씨는 식탁을 치운 뒤 자리에 앉았다.

나는 부탁받은 사진 복사본을 건넸다. 사진 속 운경은 제법 귀티 나게 양복을 차려입었고 치마저고리 차림의 옥희는 왼쪽 겨드랑이에 작은 핸드백을 야무지게 낀 채 두 손을 맞잡고 있다. 가운데 앉은 박세창 여사의 옷매무새도 허술치 않다. 목도리를 두르고 참빗으로 여러 번 빗었는지 가르마를 반듯하게 탄 머리 뒤엔 어김없이 작은 비녀가 찔러져 있었을 것이다. 정면을 응시하는 박세창 여사의 표정에서 어떤 결연함이 느껴진다. 그건 실로 오랜만에 아들딸을 대동하고 사진관에 가서 기념사진을 찍는다는 의미를 누구보다 깊게 마음에 새기는 결연함이다.

박세창 여사는 "신당리 버티고개 밑 오동나뭇골 빈민굴에는 송장이 다 되신 할머님과 자유로 거동도 못하시는 아버지와 50평생을 고생으로 늙어 쭈그러진 어머니"(이상, 〈동생 옥희 보아라〉)로 묘사된 그 어머니가 아니었다. 오히려 단단하고 야무져 보인다. 1936년 큰아들 이상과 딸 옥희가 각

각 동경과 만주로 떠난 후 1937년 큰아들은 싸늘한 유골함에 담겨 돌아왔
다. 이상이 숨지기 하루 전, 남편과 시어머니가 같은 날 세상을 뜨는 바람
에 둘째아들 운경과 함께 쌍초상을 치러야 했던 비운의 주인공이 박세창
여사였다. 그러니 어찌 만주로 갔던 딸의 귀환을 맞는 심정을 이루 말로 다
할 수 있었으랴. 비록 이상이라는 주인공은 빠졌지만 만약 문학의 순간이
있다면 이 장면에 버금가는 드라마를 찾아보기 어려울 것이다. 아니, 사진
속 세 사람 모두 한때 그들 인생의 주인공이 아니고 무엇이랴. 그 가운데
한 주인공인 옥희가 만주 봉천과 시댁인 평북 선천을 경유하여 월남함으
로써 문 씨 가문의 핏줄을 이었으니 내가 이 집안에 발을 들여놓은 오늘의
의미는 이 사진에서부터 찾아지는 것이다.

"내가 말馬을 잃어버렸구나. 이거 허전해서 어디 살겠니"(《동생 옥희 보아
라》)라고 탄식하던 어머니는 마침내 돌아온 말馬인 옥희와 통신사에 취직
한 어엿한 둘째아들 운경과 함께 기념사진을 남기고 싶었을 것이다. 사진
한 장에 숨은 이러저러한 의미를 문 씨 부부에게 들려주자 잠자코 경청하
던 박 씨가 입을 열었다.

"내가 언제부턴가 물건들을 하나도 빼놓지 않고 모으고 있어요. 우리 애
들 태胎도 다 갖고 있어요. 아마 내가 그런 역사를 타고났나 봐요. 지하실
에 가면 지금도 옛날에 우리 아이들이 읽던 교과서니 노트를 다 갖고 있지

박세창 여사가 한복을
지을 때 사용한 자.

요. 그게 언젠가는 쓰일 데가 있을 거라고 생각한 거죠. 올해부터 내가 살아온 삶이 작은 결실을 거두는 것 같아요. 이런 날이 온 게 꿈만 같네요."

–부친(문병준)은 서울에 살 때 무슨 일을 하셨나요?

"건축자재회사 대리점을 했어요. 제기동에 살 때 사업을 하다가 부도가 났어요. 집도 압류되고 아주 힘들었지요. 그때 나는 학교에 다니고 있었는데 어떤 여성 분이 박세창 할머니를 찾아오셨더군요. 그분이 제 어머니에게 '애, 밥 좀 차려오너라'라고 말하던 게 생각납니다. 어머니에게 그렇게 말했다는 것은 아주 가까운 친척이고 손윗사람이라는 것인데 정확히 기억나지는 않지만 아마 이상의 백모가 아닌가 싶어요."(문유성)

문 씨가 흐릿해진 기억의 파편을 하나씩 끄집어내고 있을 때 박 씨가 일어나더니 거실 한 쪽에 있는 오래된 장식장으로 나를 안내했다.

"이게 박세창 할머니가 쓰던 찻잔이에요. 그리고 이건 할머니가 쓰던 나무 자인데 한복을 만들어 입을 때나 수선할 때 쓰시던 것이죠."

검정색 포마이카가 칠해진 50센티미터 정도의 자에는 눈금에 자개가 박혀 있었다.

–박세창 할머니가 한복 수선을 하셨나요.

"돈을 받고 영업을 한 건 아니고 자신의 옷을 손수 지어 입으셨어요. 솜씨가 좋으셨지요."

박 씨는 허리를 굽혀 장식장 맨 아래 칸에서 요강 세 개를 꺼내 거실 바닥에 내려놓았다.

"이 가운데 초록빛 요강이 박세창 할머니가 쓰던 거예요. 내가 하나도 빼놓지 않고 모아두었어요. 요긴하게 쓸 일이 있을 줄 알고 말이지요. 옛날 전화기도 있어요. 박세창 할머니와 시어머니가 이 집에서 쓰던 다이얼식 전화기이지요. 괘종시계도 있어요. 시아버지가 아주 오래전에 구입한 것인데 지금도 태엽만 조금 고치면 시계바늘이 움직일 걸요. 이런 걸 하나도 안 버리고 모아두었어요. 다 계획이 있어요. 지하실에 있는 물건까지 합치면 꽤 근사한 전시실을 만들 수 있을 거예요."

 ―지난번에 말씀하신 앨범을 보여줄 수 있나요.

나는 다급한 마음에 앨범을 청해 본다.

"그렇지 않아도 오늘은 보여주려고 했어요."

그는 난로 옆에 있는 철제 금고에서 앨범 두어 권을 꺼내 식탁에 올려놓았다.

"이게 흑석동에서 손창섭 선생의 딸 도숙이하고 찍은 사진이에요. 엊그

―

뒷줄 왼쪽이 이상의 동생 운경, 그 옆이 다방에서 일하던 소년 수경,
앞줄 오른쪽이 백부의 아들 문경, 그 왼쪽이 이상이다. 박세창 여사가 임종국에게
제공한 사진으로, '다방 제비 개업 기념 촬영'이라는 설명이 적혀 있다.

제 앨범을 꺼내 보면서 깜짝 놀랐어요. 도숙이와 찍은 사진이 의외로 여러 장 있는 거예요. 옛 추억이 생각나서 혼났어요. 내가 도숙이를 데리고 동작동 국립묘지에 갔던 모양이에요. 잔디밭에서 찍은 사진이며 정문 앞에서 찍은 사진이며 내가 도숙이를 여러 번 데리고 다녔나 봐요. 도숙이도 나를 많이 따랐고요. 도숙이가 언젠가 한국에 오면 나를 만날 수 있을 텐데. 그런 날이 오겠지요.”

앨범엔 수원여고 시절의 사진과 시아버지 문병준의 만주 시절 사진도 여러 장 있었다. 아내와 함께 앨범을 넘겨보던 문 씨가 말했다.

“우리 형제 가운데 막내인 내성이가 외삼촌인 이상을 아주 판박이 한 것처럼 빼닮았는데 성장한 이후의 모습은 더 많이 닮았어요. 곱슬머리며 하얀 피부며 키도 비슷하다고 어머니가 말씀하셨지요.”

앨범에는 식당을 시작하기 전에 찍은 제법 넓은 평수의 감나무 십 뜨락 사진도 있었다.

“대지가 90평인데 식당을 하기 전엔 아담한 주택이었고 마당엔 잔디를 깔았지요. 아이들이 거기서 뛰어놀고 친척들이 모이면 정원에서 고기도 굽곤 했어요. 마당 안쪽에 장독대가 있었는데 식당을 하느라 집을 확장하면서 지금은 마당이 좀 줄어들었지요. 장독대도 2층 슬라브 위로 올라가고요. 큰 감나무가 마당에 있어서 식당을 시작할 때 감나무 집이라고 간판을 걸었지요. 그게 1992년일 거예요.”

문 씨는 다시 앨범을 넘겨보다가 한 장의 결혼사진에 오래 시선을 두었다. “아마 이 사진일 겁니다. 잘 기억은 나지 않지만 이상의 백부 아들 김문경의 아들 결혼식일 겁니다. 그때 어머니가 참석을 하셨지요. 그때까지만 해도 어머니가 백부 댁 행사에 가셨던 모양입니다. 신랑을 자세히 보면 김문경 씨와 닮은 것 같지 않나요?”

문 씨는 이 사진 속 신랑을 가리키며 문경의 아들 결혼식 얘기를 하는 중이었다. 그러나 사진 속 인물이 실제로 김문경의 아들인지는 확인할 수 없었다. 그게 문유성의 안타까움이었고 나의 안타까움이었다. 박 씨가 말을 이었다.

"이제 시어머니도 돌아가셨으니 홀가분하게 말할 수 있어요. 돌아가시기 전에 이런 일이 있었지요. 막내 시동생 내성이가 자기 돈을 다 가져 간다고 저에게 말씀하시는 거예요. 그 말 때문에 한동안 오해가 빚어졌는데 나중에야 어머니가 치매 증세를 앓고 있다는 걸 알았지요. 나는 이상과 손창섭의 중간에서 살았다는 생각을 가끔 합니다. 내 삶을 모두 글로 남기고 싶은 생각도 있지요. 아마도 감나무 집을 접은 후겠지요. 이 공간을 이상과 시어머니, 시할머니의 유품으로 채워 전시공간을 만들고 싶어요. 식당도 언제까지나 할 수는 없는 일이고 이제 모든 걸 정리할 때가 된 것 같아요. 내가 시집살이를 시작한 곳이고 숱한 애환이 남아 있는 공간이지요.

내게는 이상한 낭만주의가 있지요. 시집올 때 친정에서 배드민턴 채도 갖고 왔고 내가 쓰던 물건도 많이 갖고 왔어요. 그런데 시집을 와보니 아홉 식구가 살고 있는 거예요. 그런데도 나는 시집와서 영어공부를 하고 그랬어요. 내가 철부지였지요. 박세창 할머니는 한번 자리에 앉으시면 성경책

가족 앨범을 보여주고 있는
문유성·박영분 부부.

을 안경도 끼지 않고 읽으셨지요. 제가 진지를 차려드리면 다른 식구들에 게는 말이 없었는데 유독 저에게만은 말을 거셨지요. 겨울에 물일을 해서 튼 내 손을 잡고 토닥토닥하시면서, 손이 통통하니 잘 살 거라면서."

잠자코 듣고 있던 문 씨가 한 마디 거들었다.

"이상한 것은 제 아버님이 박세창 할머니의 생신만큼은 꼭 챙겨드렸다 는 거예요. 평소엔 좀 구박을 하셨는데도 생신상은 꼭 차려드렸지요. 주사 가 좀 있으셔서 그렇지 심성은 착한 분이셨어요. 거지나 불쌍한 사람들을 보면 그냥 지나치지 못하고 돈을 집어 주셨지요."

─날이 풀리면 김옥희 여사의 묘소에도 가보고 싶군요.

"차로 가면 1시간밖에 걸리지 않아요. 언제 기회가 되면 같이 가도 좋겠 지요."(문유성)

감나무 집에 다시 어둑발이 내리고 있었다. 막국수 한 그릇을 청해 먹고 싶다는 생각이 간절했다. 깐깐하고 야무진 안주인의 성격만큼이나 막국수 맛 또한 일품일 것이다. 소설보다 더 소설 같은 이야기의 주인공이 문 씨 부부였다. 그들과 헤어져 골목이 휘어드는 길목에서 나는 자꾸 발이 허청 거렸다. 이상의 생질인 문 씨 부부를 만나긴 했지만 그들의 기억은 매우 제 한적이었기에 이상의 천재를 온전히 규명하지는 못할 것이라는 자괴감이 들어서였다. 이상에게는 부모님을 제대로 모시지 못하고 밖으로 떠돌던 인간 김해경으로서의 휴먼 스토리가 있고 누구도 쉽게 범접할 수 없는 문 학적 성채로서의 천재적 신화가 있다. 이 둘의 이항대립이 내는 파열음이 야말로 이상 문학의 요체일 것이다.

02

〈동생 옥희 보아라〉 전말

│
옥희의 만주행 전야

1936년 8월 이상의 여동생 옥희는 애인 K와 함께 만주로 애정 도피를 감행한다. 옥희는 만주에 도착한 직후 오빠에게 전보를 보냈고 이에 대한 지상의 답장 형식으로 이상이 쓴 산문이 《중앙》 1936년 9월호에 실린 〈동생 옥희玉姬 보아라—세상 오빠들도 보시오〉이다. 이상이 "이틀 꼬박 걸렸다"라고 밝힌 산문은 그가 남긴 글 가운데 가장 도덕적인 규범을 보여줄 뿐만 아니라 가족애와 인간적인 체취마저 물씬 풍기고 있다.

　퇴폐와 기행, 현학과 기교, 광기와 난해로 상징되는 천재 이상에게 '가족'이 개입할 경우 천재라는 거울은 여지없이 깨지고 만다. 대신 만리타향에 가 있는 여동생과 궁핍에 찌든 집안을 걱정하는 인간 이상의 거울이 등장한다.

　〈동생 옥희 보아라〉를 쓴 1936년 8월은 이상이 카페 '낙랑'의 디스크 플레이어이자 이화여전 영문과를 졸업하고 막 수필가로 등단한 인텔리 여성 변동림과 결혼해 경성 황금정(지금의 을지로)에서 신혼살림을 시작한 지 3개월 째 접어든 때이자 극심한 생활고를 겪던 시기이다.

　궁핍은 전염성이 강하다. 궁핍은 다방 '제비'를 경영난으로 폐업한 이후 성천, 인천 등지를 유랑한 이상은 물론 신당리 빈민굴에 살고 있는 본가마저도 야금야금 갉아대기 시작한다. 그렇기에 〈동생 옥희 보아라〉가 시사하는 바는 적지 않다. 생활인 이상의 고뇌가 여실히 드러날 뿐 아니라 K와 애정 도피를 감행한 여동생을 꾸짖기는커녕 오히려 앞날을 축복하는 큰오빠의 넉넉한 품과 낙관주의가 여과 없이 표출되고 있기 때문이다.

무엇보다도 이상은 옥희를 '방탕불효放蕩不孝한 이 큰오빠의 단 하나 이해자'라고 쓰고 있다. 이는 이 글이 비록 '이상'이라는 이름으로 발표되었지만 글 쓰는 주체는 이상이 아니라 오빠 김해경임을 우회적으로 말해준다. 〈동생 옥희 보아라〉에 나타난 오빠—누이 구조는 식민지시대, 오누이의 위치를 재설정하는 결정적인 지표이기도 하다.

남성들끼리의 형제관계가 자칫 부계에 근거한 장자 중심의 유교적 위계로 환원될 경직성이 있는 반면, 장차 서로 다른 가계에 속하게 될 오누이 관계는 상대적으로 평등하고 수평적인 연대를 촉진할 수 있다. 오누이가 동등한 위치에서 소통하는 것 자체가 장자 상속의 가부장적 질서를 수호하는 부모와 가계의 논리로부터 벗어나 있기 때문이다. 이상이 〈동생 옥희 보아라〉의 부제를 '세상 오빠들도 보시오'라고 공표한 것은 '오누이'라는 이항대립의 연대를 통한 새로운 시대정신의 표상에 다름아니다.

이상은 가부장적이고 서열적이며 남성 중심적인 19세기식 관습에서 탈피해 오빠—누이의 구조를 동지애적인 관계로 재설정해야 한다는 것을 '세상 오빠들'에게 천명하고 싶었을 것이다. 나아가 이상은 옥희의 만주행에서 자신의 동경행을 추동하는 용기를 얻기에 이른다. 〈동생 옥희 보아라〉의 텍스트(현대 국어의 표기법에 따라 고쳐 쓴 권영민 엮음 《이상 전집》 4권—수필 편에서 원용)를 단락별로 읽고 전후 상황을 통해 인간 이상의 고뇌를 추적해본다.

동생 옥희 보아라

─세상 오빠들도 보시오

팔월 초하룻날 밤차로 너와 네 애인은 떠나는 것처럼 나한테는 그래 놓고 기실은 이튿날 아침 차로 가버렸다. 내가 아무리 이 사회에서 또 우리 가정에서 어른 노릇을 못 하는 변변치 못한 인간이라기로서니 그래도 너희들보다야 어른이다. '우리 둘이 떨어지기 어렵소이다' 하고 내게 그야말로 '강담판强談判' 을 했다면 낸들 또 어쩌랴. 암만 '못 한다' 고 딱 거절했던 일이라도 어머니나 아버지 몰래 너희 둘 안동시켜서 쾌히 전송餞送할 내 딴은 이해도 아량도 있다. 그것을, 나까지 속이고 그랬다는 것을 네 장래와 행복 이외의 아무것도 생각할 줄 모르는 네 큰오빠 나로서 꽤 서운히 생각한다.

예정대로 K가 팔월 초하룻날 밤 북행차北行車로 떠난다고, 그것을 일러주러 하룻날 아침에 너와 K 둘이서 나를 찾아왔다. 요전 날 너희 둘이 의논차로 내게 왔을 때 말한 바와 같이 K만 떠나고 옥희 너는 네 큰오빠 나와 함께 K를 전송하기로 한 것인데, 또 일의 순서상 일은 그렇게 하는 것이 옳지 않았드냐.

그것을 너는 어쩌면 그렇게 천연스러운 얼굴로

"그럼 오빠, 이따가 정거장에 나오세요."

"암! 나가고 말구, 이따 게서 만나자꾸나."

하고 헤어진 것이 그게 사실로 내가 너희들을 전송한 모양이 되었고 또 너희 둘로서 말하면 너희끼리는 미리 그렇게 짜고 그래도 내게 작별 모양이 되었다.

때는 1936년 8월 1일, 옥희는 애인 K(문병준)와 함께 오빠 이상의 황금정 신혼집을 찾아와 K가 만주 봉천으로 떠날 예정이라고 알린다. 집안에서도 옥희가 K와 사귄다는 것은 알고 있지만 아직 결혼 승낙을 하지 않는 상황에서 오빠를 찾아온 것이다. "이따가 정거장에 나오세요"라는 옥희의 진술이나 "그것을 일러주러 하룻날 아침에"라는 이상의 진술로 미뤄보건대 옥희가 오빠를 찾아온 건 그날 오전일 것이다. 이상은 둘 사이가 떨어지기 어려운 지경에 이르렀음을 간파하고 있었지만 만주로의 애정 도피만큼은 불가하다고 못을 박아둔 뒤끝이어서 옥희는 오빠의 의견을 짐짓 존중하는 것처럼, K만 먼저 만주로 떠날 계획이니 차라리 함께 배웅이나 하자고 에둘러댔던 것이다. 이 대담한 옥희는 누군가. 이상이 손아래 두 동생에 대해 진술한 글은 뜻밖에도 가족애가 넘쳐난다.

나는 24세. 어머니는바로이낫세에나를낳은것이다. 성쎄바스티앙과같이아름다운 동생·로오자룩셈불크의목상을닮은막내누이·어머니는우리들삼인에게잉태분만의고락을 말해주었다. 나는삼인을대표하여-드디어-
어머니 우린 좀더형제가있었음싶었답니다.
-드디어어머니는동생버금으로잉태하자6개월로서유산한전말을고했다.
그 녀석은 사내댔는데 올에는19(어머니의 한숨)
삼인은서로들아알지못하는형제의환영을그려보았다. 이만큼이나컷지-하고형용하는어머니의팔목과주먹은수척하여있다. 두번씩이나객혈을한내가냉청을극하고있는가족을위하여빨리 안해를맞아야겠다고초조하는마음이었다. 나는24세. 나도어머니가나를낳으드키무엇인가를 낳아야겠다고생각하는것이었다
(〈육친의 장章〉 전문·띄어쓰기와 고딕체는 원문 그대로임·인용자).

〈육친의 장〉은 재야사학자 임종국이 1956년에 펴낸 《이상 전집》 제2권에 미발표 유고로 처음 수록되면서 시로 분류되었다. 원문은 일어이고 번역자는 임종국 자신이다.
'성쎄바스티앙'은 3세기경 로마의 그리스도교 순교자이자 성인으로 추

앙받는 세바스티아누스를 일컫는다. 전설에 의하면 세바스티아누스는 디오클레티아누스 황제(재위 284~305)의 총애를 받던 로마 근위장교였다. 하지만 몰래 그리스도교도가 되어 황제에게 그리스도의 복음을 전도하다가 그 자리에서 살해되었다. 이상은 남동생 운경을 사수射手, 총공銃工, 혹은 역병疫病에 대한 수호성인인 성세바스티앙에 비유할 만큼 형제애를 표하고 있는 것이다.

이어 옥희에 대해서는 '로오자룩셈불크의목상을닮은막내누이'라고 쓰고 있다. 알다시피 로자 룩셈부르크(1871~1919)는 폴란드계 유대인 출신의 공산주의 이론가로, 여성의 인권이 가정에서부터 존중받지 못하던 19세기와 20세기 초, 그 이름을 세계에 떨친 여성혁명가이다. 150센티미터 정도의 작은 키에 소아마비 후유증으로 다리를 절던 이 여인은 독일공산당의 전신인 스파르타쿠스단을 조직하고 집권당인 사회민주당과의 타협을 거부한 채 혁명을 꿈꾸던 '철의 여인'이었다.

24세의 이상은 옥희에게서 강인하고도 열정적인 면모의 로자를 떠올리고 있는 것이다. 실제로 이상의 생질 문유성 씨가 보여준 앨범 속 젊은 날의 옥희는 서구적 용모에 이지적 눈매와 영민해 보이는 이마가 인상적이었다. 가족 몰래 애인과 함께 만주로 떠난 옥희의 결단은 당시로서는 파격이었다. 원문에 적힌 동생 '버금'은 으뜸, 즉 이상(김해경)에 이은 둘째아들을 말하는데, 살아 있으면 올해로 열아홉 살이 되었을 거라고 어머니 박세창은 한숨을 쉬며 세 자식에게 들려주고 있다. 세 자식은 그 말을 들으면서 알지 못하는 형제의 환영을 그려볼 만큼 우애가 두터웠음을 알 수 있다. '두번씩이나객혈을한내가냉청을극하고있는가족을위하여'에서 '냉청冷淸'은 '겉으로 드러내지 않는 차가운 맑음'이라는 뜻이다. 시적 화자인 이상 자신의 결핵 증세에 대해 본인 앞에서 걱정을 표하지 않고 속으로만 안타까움을 삭이고 있는 가족을 위하여 '빨리 아내를 맞아야겠다'는 이상의 초조함을 읽을 수 있다. 이처럼 이상은 본가로 돌아왔을 때, 지극한 효자였고 다정한 오빠요, 친근한 형이었다.

우여곡절 끝에 옥희가 만주로 떠나간 8월 초하루는 베를린 하계 올림픽이 열리던 날이기도 하다. 1936년 8월 1일부터 16일까지 독일의 수도 베를린에서 개최된 제11회 하계 올림픽은 사상 처음으로 봉송 주자들이 올림픽 성화를 옮기는 행사가 실시되는 등 여러 면에서 최초의 기록을 낳았다.

베를린 올림픽 개회식 날, 아돌프 히틀러는 작곡가 리하르트 스트라우스가 지휘하는 팡파레와 함께 관중의 열광 속에 입장하여 개회를 선언했다. 1933년 히틀러의 나치스 정권 수립 후 개최하는 올림픽이기도 해서 국기도 지금의 올림픽 삼색기 대신 나치스 당기黨旗인 '하켄크로이츠'를 사용하였다. 이처럼 세계가 베를린을 중심으로 부글부글 끓고 있을 때, 이상은 서울역에서 K(문병준)를 함께 배웅하자던 옥희에게 따돌림을 당한 채 쓸쓸히 발길을 돌렸던 것이다.

이제 옥희가 K와 함께 이용한 만주행 열차의 루트를 더듬어보자. 두 사람은 서울역에서 경의선을 타고 신의주까지 가 압록강을 건넌 뒤 중국 단동을 거쳐 봉천으로 연결되는 만주철도를 이용했을 것이다. 당시 경성에서 신의주에 이르는 역은 모두 60개이다. 경성, 신촌, 수색, 능곡, 일산, 금촌, 문산, 장단, 봉동, 개성, 토성, 려현, 계정, 금교, 한포, 평산, 남천, 물개, 신막, 서흥, 흥수, 청계, 마동, 신풍산, 사리원, 계동, 심촌, 황해황주, 흑교, 중화, 력포, 대동강, 평양, 서평양, 서포, 간리, 순안, 석암, 어파, 숙천, 만성, 신안주, 맹중리, 영미, 운전, 고읍, 정주, 곽산, 로하, 선천, 동림, 차련관, 남시, 양책, 비현, 백마, 석하, 그리고 신의주가 그것. 그러나 이 역들은 완행열차가 정차하는 정거장일 뿐, 만철滿鐵에서 운행하는 고속열차는 이 역들을 대부분 그냥 통과한다.

흔히 만철이라고 불리는 남만주철도주식회사는 1905년 9월 5일 체결된

포츠머스 조약에 따라 일본이 러시아로부터 양도받은 철도 및 부속지를 기반으로 1906년에 설립되어 1945년 제2차 세계대전 종료까지 만주에 존재했던 일본의 국책회사이다. 1917년 7월 31일 조선 철도의 위탁운영을 시작한 만철은 '조선총독부 철도국' 관제를 폐지하고 경성에 만철 경성관리국을 설치한 뒤 9월 1일 중국에서 조선을 경유히여 일본까지 소화물 연락운송을 시작했고 10월 1일 전선 열차 운전시각을 개정하면서 부산—봉천(지금의 선양) 간 직통열차를 증설하였다.

'만철'은 1936년 베를린 올림픽에서 마라톤 영웅이 된 손기정 선수가 동경을 출발, 경성을 경유해 베를린으로 가기 위해 이용했던 시베리아 횡단철도와 연결된다. 점령국 일본의 국기를 가슴에 달고 마라톤에 출전하는 청년 손기정과 남승룡의 여행 경로를 따라 옥희는 K와 함께 북행했던 것이다. 손기정이 동경역에서 유럽을 가기 위해 이용한 국제열차는 '사쿠라', '후지' 그리고 '나나렛샤七列車'라고 불린 제7열차였다. 제7열차는 동경을 출발해 오사카를 거쳐 시모노세키역에 도착, 시모노세키항으로 이동해 한일 연락선 7호선(나나빈七便)으로 연결되어 부산역으로 향한다. 부산역에서 제7열차는 국제열차 '히카리'로 연결되어 경성—평양—신의주를 경유, 압록강을 건너 만주국의 수도 신경(지금의 장춘)까지 연결된다. 옥희가 K와 함께 이용한 만주행 열차가 국제열차 '히카리'였다.

|
옥희 떠난 경성에서

나는 고지식하게도 밤에 차 시간을 맞춰서 비 오는데 정거장까지 나갔겠다. 내가 속으로 미리미리 께름직이 여겨오기를 "요것들이 필시 내 앞에서 뻔지르르하게 대답을 해놓고 뒤꽁무니로는 딴 궁리를 차렸지!" 했더니 아니나 다를까. 개찰도 아직 안 했는데 어째 너희 둘 모양이 아니 보이더라. '이것 필시必是!' 하면서도 그래도 끝까지 기다려보았으나 종시終始 너희들의 모양은 보이지 않고 말았다. 나는 그냥 입맛을 쩍쩍 다시고 집으로 돌아왔다.

와서는 그래도 '아마 K의 양복 세탁이 어쩌니 어쩌니 하더니 그래저래 차 시간을 못 대인 게지. 좌우간에 무슨 통지가 있으렷다' 하고 기다렸다. 못 갔으면 이튿날 아침에 반드시 내게 무슨 통지고 통지가 있어야 할 터인데 역시 잠잠했다. 허허- 하고 나는 주춤주춤하다가 동경서 온 친구들과 그만 석양판부터 밤새도록 술을 먹고 말았다.

물론 옥희 네 얼굴 대신한 한 통의 전보가 왔다. 옥희 함께 왔어도 근심 말라는 K의 '독백'이구나. 나는 전보를 받아들고 차라리 회심의 미소를 금할 수 없을 만하였다. 너희들의 그런 이도체刀가 물을 베는 듯한 용단을 쾌히 여긴다.

옥희야! 내게만은 아무런 불안한 생각도 가지지 마라! 다만 청천벽력처럼 너를 잃어버리신 어머니 아버지께는 마음으로 잘못했습니다고 사죄하여라.

경성역 대합실에서 개찰구 쪽을 지켜보며 옥희와 K가 나타나기를 기다리고 있는 이상이 그려진다. 8월은 장마철이라 어쩌면 빗물이 뚝뚝 떨어지는 우산을 접어 의자 옆에 세워둔 채. 습도가 높아 대합실 유리창은 뿌옇게 흐려져 있다. 출입구에서 개찰구까지를 눈으로 쉴 없이 더듬던 이상은 마침내 봉천행 국제열차가 기적을 내뿜으며 무쇠바퀴를 굴리기 시작할 때 아뿔싸, 입맛을 쩝쩝 다시며 집에 돌아와서도 반신반의다. "K의 양복 세탁이 어쩌니 어쩌니 하던" 것은 그날 오전 이상을 찾아온 옥희의 말이다.

"그래저래 차 시간을 못 대인 게지"라고 푸념하던 이상은 이튿날 오전 내내 심란한 마음을 뒤로하고 동경에서 온 친구들의 연락을 접한 나머지 종로통에 나가 석양 무렵부터 술잔을 기울인다. 그러다 귀가해보니 K의 전보가 와 있다. '옥희 함께 왔어도 근심 말라'는 K의 짧막한 전보였다. 전보를 받아 쥔 순간, 동생에 대한 섭섭함보다 오히려 회심의 미소가 지어지는 건 갓 스무 살 나이에 용단을 내린 옥희의 대범한 행동 때문이었을 것이다.

이상의 동경행에 비해 옥희의 만주행은 선행의 구조를 가짐과 동시에 대륙(몸)의 발견이라는 의미를 부여할 수 있을 것이다. 이때는 이상 자신이 동경행의 결심을 굳힐 무렵이니, 옥희라도 남아서 부모 곁을 지켜주었으면 하는 바람이 어찌 없었겠는가. 그런데 떡 하니, 옥희가 오빠의 반대를 물리치고 먼저 거사(?)를 감행한 것이다. 아무리 K와 작당했다고 한들, 만주행은 모든 선택이 기로에 선 한 개인의 단안에 의존한다고 할 때 내심 옥희 혼자만의 결정인 것이다. 그런 의미에서 옥희는 오빠 이상을 선행하는 진보적인 누이였다. 옥희가 궁핍으로부터 탈출할 방도는 K와 함께 만주로 가서 새로운 삶을 시작하는 것 외에는 달리 없었던 것이다.

생활비를 받으러 하루가 멀다 하고 다방 '제비'을 찾아온 전달자(트랜스포터)로서의 말馬은 이제 스스로 타성他姓의 종자를 잉태할 결심을 굳힌 채 만주행을 택했던 것이다. 그렇더라도 옥희의 만주행은 무수한 번민 끝에 내린 결심이었을 것이다. 그건 결혼식을 생략하고 사실상 K와의 동거를 전제로 한 것일진대, 그동안 옥희는 집안의 반대에 부딪혀 K와의 혼담을 감히 입 밖에 내지도 못하는 벙어리 냉가슴 신세였다. 저간의 사정을 빤히 아는 오빠 이상은 기왕에 엎질러진 물 앞에서 "차라리 회심의 미소를 금할 수 없을 만하였다"거나 "너희들의 그런 이도利刀가 물을 베는 듯한 용단을 쾌히 여긴다"라며 조만간 동경으로 떠나갈 자신에 앞서 단안을 내린 옥희의 선행적 결단에 차라리 박수를 보내며 미래를 축복하고 있는 것이다.

나 역亦 집을 나가야겠다. 열두 해 전 중학을 나오던 열여섯 살 때부터 오늘까지 이 허망한 욕심은 변함이 없다. 작은오빠는 어디로 또 갔는지 들어오지 않는다. 너는 국경을 넘어 지금은 이역異域의 인人이다. 우리 삼남매는 모조리 어버이 공경할 줄 모르는 불효자식이다. 그러나 우리들은 이것을 그르다고 생각하지는 않는다. 갔다 와야 한다. 갔다 비록 못 돌아오는 한이 있더라도 가야 한다. 너는 네 자신을 위하여서도 또 네 애인을 위하여서도 옳은 일을 하였다. 열두 해를 두고 벼르나 남의 맏자식 된 은애恩愛의 정에 이끌려선지 내 위인爲人이 변변치 못해 그랬던지 지금껏 이 땅에 머물러 굴욕의 조석朝夕을 송영送迎하는 내가 지금 차라리 부끄럽기 짝이 없다.

이상이 가슴에 묻어둔 생각의 속살이 드러나고 있다. 그가 집을 나가 독립해야겠다고 마음을 먹은 건 1926년 보성고보를 졸업하던 열여섯 살 때이다. 하지만 어언 10년 동안 그는 결단을 내리지 못하고 생활에 붙들려 있었다. 중학 시절부터 꿈꾸어오던 탈주의 꿈을 접은 것은 조선총독부 건축과 기사로 취직하라는 백부의 권유에 따른 것이지만 마뜩치 않은 공무원 생활 도중 객혈을 하는 등 폐결핵 증세로 건강이 나빠졌던 것도 독립의 결단을 내리지 못한 또 다른 이유였을 것이다. '나 역 집을 나가야겠다'

라는 말은 그에게 분가分家로서의 독립만이 아니었다. 분가는 이미 신여성 변동림과의 결혼으로 달성했다면 이제 '나가야겠다'는 그의 꿈은 오래도록 미루어두었던 동경행으로 귀착된다. 그런 의미에서 '나 역 집을 나가야겠다'는 말은 자신의 결심을 확인하는 선언이나 마찬가지다. 이는 아내의 보살핌으로 건강이 어느 정도 회복되었으며 비록 일시적이긴 하지만 자신을 대신해 아내가 본가의 궁핍한 생활을 돌보아줄 수 있을 것이라는 어떤 경제적 대안이 모색되고 있었음을 간접적으로 시사한다.

'너는 네 자신을 위하여서도 또 네 애인을 위하여서도 옳은 일을 하였다'는 진술엔 이상 자신이 이루지 못한 탈주에 대한 깊은 회한이 묻어난다. 그 이유는 '열두 해를 두고 벼르나 남의 맏자식 된 은애恩愛의 정에 이끌려서'요, 바로 그렇기에 '지금껏 이 땅에 머물러 굴욕의 조석朝夕을 송영送迎하는 내가 지금 차라리 부끄럽기 짝이 없다'는 것이다.

명치 43년(1910) 음력 8월 20일 경성부 북부 순화방 반정동 4통 5호에서 부 김영창과 모 박세창의 2남 1녀 가운데 장남으로 태어난 이상(해경)이 백부 김연필의 통동(뒤에 통인동으로 개칭) 154번지 집에 들어가 살기 시작한 것은 두 돌을 넘긴 직후였다. 백부 김연필은 본처 사이에 소생이 없어 조카 이상을 데려다 친자식처럼 키우고 학업을 도왔지만 호적상 양자로 들인

1926년 보성고보 졸업앨범 가운데 미술실에서의 이상. 김해경은 이때부터 이상이라는 필명을 사용했다.

것은 아니었다. 젖을 뗄 무렵에 백부의 집에 들어간 이상은 백부가 세상을
뜬 1932년까지 20년 동안 사실상 큰집에서 벗어나지 못한다. 이상의 성장
과정에서 백부 김연필의 영향력은 거의 절대적이어서 그가 미술공부를 접
고 경성고등공업학교로 진학하게 된 것도 백부의 권유에 따른 것이었다.
이상은 '남의 맏자식 된 은애의 정'을 뿌리치지 못하고 성년이 되고 만 우
유부단한 처지를 '굴욕의 조석을 송영하는 내가 차라리 부끄럽기 짝이 없
다'라고 뼈아프게 반추하고 있는 것이다. 어린 이상은 친부모가 보고 싶어
가끔 본가를 찾았지만 백부가 그런 사실을 뒤늦게 알면 꾸지람을 피할 수
없었다. 김연필의 후실로 들어온 백모 김영숙은 이렇게 들려준다.

> 해경은 3세 때부터 23세까지 20년 동안 우리하고 함께 살았어요. 그 애가 23
> 세가 되었을 때 우리 어른이 작고하셨지요. 그 애가 사직동이나 적선동으로 제
> 부모와 남매를 찾아가지 않은 것은 아니지만 그러나 거기에 간다는 것을 알면
> 우리 어른에게 호통을 만났지요(고은, 《이상 평전》).

본가와 큰집 사이에 어중간한 상태로 끼어 있던 이상의 고민은 그의 처
녀작이자 유일한 장편소설 《12월 12일》을 통해서도 유추할 수 있다. 조선
총독부 관방문서록官房文書錄에서 일어판과 한글판 등 2종으로 발행하던 선
전용 잡지 《조선》 한글판 1930년 2월호부터 12월호에 걸쳐 모두 9회 연재
된 《12월 12일》은 추방된 자의 불행한 운명에 관한 이야기이다. 이 작품에
서 굳이 이상의 분신이라 할 인물을 꼽는다면 T의 아들 '업'이다. '업'의 고
민은 백부와 아버지 T 사이의 갈등이다.

> "형님은 처자도 없고 한 몸이니깐 그렇게 고향을 뛰어나가시기가 어렵지 않으
> 시리다만 나만 해도 철없는 처가 있고 코 흘리는 저 업(T씨의 아들)이 있지 않

소. 자, 저것들을 데리고 여기서 살재도 고생이 자심한데 낯설은 남의 땅에 가서 그 남 못한 고생을 어떻게 하며 저것들은 다 무슨 죄란 말이요. 갈려거든 형님 혼자나 가시오. 나는 갈 수 없으니."

일상에 어머니를 모신 형, 그가 가까이 있어서 가뜩이나 살기 어려운데 가끔 어머니를 구실니實로 그에게 뜯기워가며 사는 것을 몹시도 괴로이 여기던 T씨는 내심으로 그가 어서 어머니를 모시고 어디로든지 멀리 보이지 않는 곳으로 가기를 바라고 기다렸던 것이다. 그가 홧김에,

"어머니 큰아들 밥만 밥입니까. 작은아들 밥도 밥이지요. 큰아들만 그렇게 바라지 마시고 작은아들네 밥도 가끔 가서 열흘이고 보름이고 좀 얻어 잡숫다 오시구려."

이러한 그의 말이 비록 그의 홧김이나 술김의 말이라고는 하나 그러나 일상에 가난에 허덕지는 자식들을 바라볼 때에 불안스럽고 면구스러운 마음을 이기지 못하는 늙은 그들의 어머니는 작은아들 T씨가 싫어할 줄을 번연히 알면서도 또 작은아들 역시 큰아들보다 조곰도 나을 것이 없이 가난한 줄까지 번연히 모르는 것도 아니었으나 그래도 큰 아들 가엾은 생각에 하루이고 이틀이고 T씨의 집으로 얻어먹으러 터덜거리고 갔었다(《12월 12일》).

《12월 12일》은 '업'이 아버지 T의 아들이 아니라 자신이 T를 소유한 아들이라는 부자관계의 역발상이 두드러진다. '업'이 빈궁한 아버지 T를 부양해야 할 아들로서의 책임을 과도하게 느끼고 있는 것이다. 그런 '업' 앞에서 아버지 T는 한없이 작아지는 존재로, '업'에게 꾸지람은 물론 단 한 번의 손찌검도 하지 않고 다만 하루라도 빨리 학업을 마치고 집안을 부양할 생활인으로 성장해주기만 바랄 뿐이다.

업을 소유한 아버지의 T씨가 아니었고 T씨를 소유한 아들이었던 것이다. 업은 T씨가 가장 그 책임을 다하여야만 하고 그 충실을 다하여야만 할 T씨의 주인인 것이었다. T씨는 업이 그 어머니의 뱃속을 하직하던 날부터 오늘까지 성난 손으로 업을 때려 본 일이 한 번도 없었을 뿐만 아니라 변한 어조로 꾸지람 한 마디 못하여 본 채로 왔던 것이다.

"내가 지금은 이렇게 가난하지만 저것이 자라서 훌륭하게 되는 날에는 나는 저것의 덕을 보리라……."

다만 하루라도 바삐 업이 학업을 마치기만 그리하여 하루라도 바삐 훌륭한 사람이 되어지기만 한없이 기다리던 것이었다. 비록 업이 여하한 괴상한 행동에 나아가더라도 T씨는, "저것도 다 공부에 소용되는 일이겠지" 하고 업이 활동사진 배우의 푸로마이트를 사다가 그의 방벽에다가 죽 붙여 놓아도 그것이 무엇이냐고 업에게도 M군에게도 묻지도 아니하고 그저 이렇게만 생각하여 버리고 고만두는 것이었다. 더욱이 무식한 T씨로서는 그런 것을 물어보거나 혹시 잘못하는 듯한 점에 대하여 충고라도 하여 보거나 하는 것은 필요 없는 간섭같이 생각되어 전혀 입을 내밀기를 주저하여 왔던 것이다. 언제나 T씨는 업의 동정動靜을 살펴가며 업이 T씨 밑에서 사는 것이 아니라 T씨가 업의 밑에서 사는 것과 같은 모순에 가까운 상태에서 그날 그날을 살아왔던 것이다.

《12월 12일》은 뭇 작가들의 처녀작이 그렇듯 서사적 기법의 미숙함을 드러내긴 하지만 주인공 '그'와 아우인 T 사이에 빚어지는 형제끼리의 갈등과 대립이라는 서사 내적인 상황을 고려하면, 이제 막 조선총독부에 취직해 의주통 전매청 창고 공사장 감독관으로 일하는 것을 생활의 방편으로 삼은 이상의 관심사 역시 실제 백부와 친부 사이의 갈등을 야기한 궁핍에서 탈출할 방도를 모색하는 것이었음은 부인할 수 없다. 그만큼 궁핍은 이상의 짧은 인생 전체를 지배했다.

너희들의 연애는 물론 내게만은 양해된 바 있었다. K가 그 인물에 비해서 지금 불우不遇의 신상身上이라는 것도 나는 잘 알고 있다. 다행히 K는 밥 먹을 걱정은 안 해도 좋은 집안에 태어났다. 그렇다고 밥이나 먹고 지내면 그만이지 하는 인간은 아니드라.

K가 내게 말한 바 K의 이상理想이라는 것을 나는 비판하지 않는다. 그것도 인생의 한 방도리라. 다만 그것이 어디까지든지 굴욕에서 벗어나려는 일념인 것이니 그렇다는 이유만으로도 나는 인정해야 하리라.

나는 차라리 그가 나처럼 남의 맏자식임에도 불구하고 집을 사뭇 떠나겠다는 '술회'에 찬성했느니라. 허허벌판에 쓰러져 까마귀밥이 될지언정 이상에 살고 싶구나. 그래서 K의 말대로 삼 년, 가 있다 오라고 권하다시피 한 것이다. 삼 년─삼 년이라는 세월은 상사想思의 두 사람으로서는 좀 긴 것 같이 생각이 들더라. 그래서 옥희 너는 어떻게 하고 가야 하나 문제가 났을 때 나는─. 너희 두 사람의 교제도 일 년이나 가까워오니 그만하면 서로 충분히 서로를 알았으리라. 그놈의 재상宰相 재목이면 무엇 하겠느냐. 네 눈에 안 들면 쓸 곳이 없느니라. 그러니 내가 어쭙잖게 주둥이를 디밀어 이러쿵저러쿵할 계제가 못되는 일이지만─. 나는 나 유流로 그러 이러는 것이 어떻겠느냐는 정도로 또 그래도 네 혈족의 한 사람으로서 잠자코만 있을 수도 없고 해서─.

삼 년은 과연 너무 기니 위선爲先 삼 년 작정하고 가서 한 일 년 있자면 웬만큼 생활의 터는 잡히리라. 그렇거든 돌아와서 간단히 결혼식을 하고 데려가는 것이 어떠냐. 지금 이대로 결혼식을 해도 좋기는 좋지만 그것은 어째 결혼식을 위한 결혼식 같아서 안됐다. 결혼식 같은 것은 나야 그야 우습게 알았다. 하지만 어머니 아버지도 계시고 사람들의 눈도 있고 하니 그저 그까짓 일로 해서 남의 조소를 받을 것도 없는 일이요-.

이만큼 하고 나서 나는 K와 너에게 번갈아 또 의사를 물었다. K는 내 말대로 그러잔다. 내년 봄에는 꼭 돌아와서 남 보기 흉하지 않을 정도로 결혼식을 한 다음 데려가겠다는 것이다. 그러나 네 말은 이와 다르다. 즉 결혼식 같은 것은 언제 해도 좋으니 나서겠다는 것이다. 살아도 같이 살고 죽어도 같이 죽고 해 야지 타역他域에 가서 어떻게 될는지도 모르는 것을 그냥 입을 딱 벌리고 돌아 와서 데려가기만 기다릴 수 없단다. 그리고 또 남자의 마음 믿기도 어렵고-. 우물 안 개구리처럼 자라난 제가 고생 한 번 해보는 것도 좋지 않으냐는 네 결 의였다.

—
1926년 이상이 다녔던 보성고등보통학교 전경.

이제 K에 대한 인상기가 이어진다. '밥 먹을 걱정은 안 해도 좋은 집안'이라 함은 K가 어느 정도 재력을 갖춘 집안 출신임을 함축하고 있다. 하지만 '그렇다고 밥이나 먹고 지내면 그만이지 하는 인간은 아니더라'에 이르면 K는 먹고사는 데 급급해 거기에 안주할 위인은 아니다. 오히려 자신의 이상理想을 가진 당당하고도 실천적인 몽상가가 K이다.

'그것이 어디까지든지 굴욕에서 벗어나려는 일념'이라는 대목에서는 K가 몰락한 양반 가문의 후손임을 우회적으로 느끼게 한다. 그런 생각에 동감을 표시하는 이상도 가세가 기운 중인中人 계급의 몰락한 후손이긴 마찬가지다. '그가 나처럼 남의 맏자식임에도 불구하고 집을 사뭇 떠나겠다는 '술회'에 찬성했느니라'에 이르면 K 역시 이상과 마찬가지로 백부 집에 양자로 들어가 가문을 일으켜 세워야 한다는 심리적 중압감을 느낄 수밖에 없는 장자였던 모양이다.

K, 즉 문병준은 남평南平 문 씨 종가를 일으켜 세우기 위해서라도 차라리 경성을 떠나 만주에 가서 성공해보겠다는 의지를 여러 차례 이상에게 천명했던 것인데 이상은 '먼저 가서 한 삼 년 고생해 자리를 잡으라'고 타일렀던 것이다.

이상은 K를 대면한 자리에서 '가서 한 일 년 있자면 웬만큼 생활의 터는 잡히리라. 그렇거든 돌아와서 간단히 결혼식을 하고 데려가는 것이 어떠냐고 설득조로 말했지만 속내는 간단한 게 아니었다. '결혼식'이라는 단어를 들먹거리며 K를 달래보는 것이 자기 위선이며 모순임을 이상 또한 모르지 않았을 것이다. 애초에 결혼식 같은 것은 우습게 아는 이상이었다. K는 손윗처남이 될 이상의 말을 거역할 수 없어 '내년 봄에 돌아와서 남 보기 흉하지 않을 정도로 결혼식을 한 다음 데려가겠다'며 약조를 했지만 당사자인 옥희는 더욱더 완강하다.

옥희는 "결혼식 같은 것은 언제 해도 좋으니 나서겠다"느니 "살아도 같이 살고 죽어도 같이 죽어야겠다"라며 단호한 결심을 내비쳤던 것이다. "타역他域에 가서 어떻게 되는지도 모르는 것을 그냥 입을 딱 벌리고 돌아와서 데려가기만 기다릴 수 없다"느니, "우물 안 개구리처럼 자라난 제가 고생 한번 해보는 것도 좋지 않으냐"고 오히려 오빠를 설득하는 옥희는 결의에 차 있다.

아직은 이 사회기구社會機構가 남자 표준이다. 즐거울 때 같이 즐기기에는 여자는 좋다. 그러나 고생살이에 여자는 자칫하면 남자를 결박하는 포승 노릇을 하기 쉬우니라. 그래서 어느 만큼 자리가 잡히도록은 K 혼자 내어버려 두라고 내가 재삼 다시 충고하였더니 너도 OK의 빛을 보이고 할 수 없이 승낙하였다. 그리고 나는 너 보는 데서 K에게 굳게 굳게 여러 가지로 다짐을 받아두었건만—.
이제 와서 알았다. 너희 두 사람의 애정에 내 충고가 끼기울 백지 두께의 틈사구니도 없었다는 것을 말이다. 또한 내 마음이 든든하지 않으랴.
삼남매의 막내둥이로 내가 너무 조숙早熟인데 비해 너는 응석으로 자라느라고 말하자면 '만숙晩熟'이었다. 학교시대에 인천이나 개성을 선생님께 이끌려 가본 이외에 너는 집 밖으로 십 리를 모른다. 그런 네가 지금 국경을 넘어서 가있구나 생각하면 정신이 바짝 난다.
어린애로만 생각하던 네가 어느 틈에 그런 엄청난 어른이 되었누.
부모들도 제 따님들을 옛날 당신네들이 자라나던 시절 따님 대접하듯 했다가는 엉뚱하게 혼이 나실 시대가 왔다. 오빠들이 어림없이 동생을 허명무실虛名無實하게 '취급'했다가는 코 떼일 시대다. 나는 그렇게 느꼈다.

그렇다고 호락호락 만주행을 허락할 이상은 아니어서 옥희에게 몇 마디를 더 보탠다. "아직은 이 사회기구가 남자 표준이다"라느니 "고생살이에 여자는 자칫하면 남자를 결박하는 포승 노릇을 하기 쉬우니라"느니. 그리고 옥희와 K를 번갈아 바라보면서 "자리가 잡히거든 돌아와 식을 올려라"고 회유를 하였으나 이미 일이 어그러진 것을 안 이상은 두 사람의 사랑에 끼어들 여지가 없다는 것을 스스로 인정하고 만다.

'너희 두 사람의 애정에 내 충고가 낑기울 백지 두께의 틈사구니도 없었다'면서 차라리 '내 마음이 든든하다'고 말하고 있는 것이다. '너는 응석으로 자라느라고 '만숙晚熟'이었다'라는 말은 피붙이인 오빠로서의 생각일 뿐, 옥희는 이미 어린 나이에 철이 들 만큼 진보적인 여성이었다. 이상의 통인동 집에서 하숙을 했던 친구 문종혁文種赫은 옥희를 매우 활동적이고 적극적인 성격의 소유자로 기억한다.

상의 누이동생 옥희—운경이의 아래이니 더 어리다. 그 당시 열두 살이나 되었을까. 이 혈통 중에서 가장 발자한 성격이었다. 그것도 이 혈통 중에서 하는 말이다. 이 어린 소녀가 상의 앞에서 귀염을 피우거나 아양을 떠는 것을 본 일이 없다. 조용하기만 하다. 옥희는 상의 화포 앞에 앉아 있는 일이 몇 번 있었다. 그러나 몇 해 또는 10수 년의 경험을 가진 직업모델보다도 자연스럽다. 누가 방에 들어가서도 몸가짐이나 마음의 동요가 없다. 자연스럽기만 하다(문종혁, 〈심심深深산천에 묻어주오〉).

|

옥희, 나의 유일한 이해자

학창 시절, 선생님 인솔하에 인천이나 개성으로 원족을 가본 경험밖에 없는 옥희가 지금은 머나먼 만주 땅에 가 있다는 현실을 인정할 수밖에 없는 이상은 이제 정신이 바짝 난다.

나는 망치로 골통을 얻어맞은 것처럼 어찔어찔한 가운데서도 네가 집을 나가지 않으면 안 된 이유를 생각해본다.

첫째, 너는 네 애인의 전부를 독점해야 하겠다는 생각이겠으니 이것이야 인력人力으로 좌우되는 일도 아니겠고 어쩔 수도 없는 일이다.

둘째, 부모님이 너희들의 연애를 쾌히 인정하려 들지 않은 까닭이다. 제 자식들의 연애가 정당했을 때 부모는 그 연애를 인정해주어야 할 뿐만 아니라 나아가서는 그 연애를 좋게 지도할 의무가 있을 터인데-. 불행히 우리 어머니 아버지는 늙으셔서 그러실 줄을 모르신다. 네게는 이런 부모를 설복할 심경의 여유가 없었다. 그냥 행동으로 보여주는 밖에는 없었다.

셋째, 너는 확실치 못하나마 생활이라는 인식을 가졌다. '여자에게도 직업이 있어서 경제적으로 언제든지 독립해 보일 실력이 있어야만 한다'는 것이 부모님 마음에는 안 드는 점이었다. '돈 버는 것도 좋지만 기집애 몸 망치기 쉬우니라'는 것은 부모님들의 말씀이시다.

너 혼자 힘으로 암만 해도 취직이 안 되니까 경도京都에 가서 여공 노릇을 하면서 사는 네 동무에게 편지를 하여 그리 가서 같이 여공이 되려고까지 한 일이 있지. 그냥 살자니 우리 집은 네 양말 한 켤레를 마음대로 사줄 수 없을 만치 가난하다. 이것은 네 큰오빠 내가 네게 다시없이 부끄러운 일이다만−. 그러나 네가 한 번도 나를 원망한 일은 없다는 것을 나는 고맙게 안다.

그런 너다. K의 포승이 되기는커녕 족히 너도 너대로 활동하면서 K를 도우리라고 나는 믿는다.

이상은 옥희의 만주행에 대한 '이유 있음'에 대해 세 가지 분석틀을 가지고 접근하고 있다. 애인을 독점하겠다는 열의가 첫째요, 그럼에도 불구하고 정당한 연애마저 인정하려 들지 않는 부모님의 구시대적 완고함이 둘째요, 생활이라는 인식을 가진 옥희에 대한 신뢰감이 셋째이다. 게다가 이상은 옥희가 취직을 하려고 무진 애를 썼다는 것도 알고 있는 처지다. 옥희는 경도(교토)에 가서 여공 노릇을 하고 있는 친구에게 편지를 보내 일자리라도 알아봐달라고 부탁할 만큼 진취적이고 독립적인 여성인 것이다. 양말 한 켤레 마음대로 사줄 수 없는 빈궁에도 오빠를 한 번도 원망한 적이 없는 옥희가 아니던가. 그런 기질을 감안하면 옥희는 만주에 가서도 K에게 얹혀살기는커녕 오히려 취업을 해서 생활을 도울 준비가 되어 있는 동생이다. 경도에 건너가 여공 노릇도 불사하겠다는 결심이라면 만주라고 해서 통하지 않을 게 무엇이랴. 그런 생각에 미치자 이상은 옥희가 대견하기까지 하다.

이왕 나갔다. 나갔으니 집의 일에 연연하지 말고 너희들의 부끄럽지 않은 성공을 향하여 전심傳心을 써라. 삼 년 아니라 십 년이라도 좋다. 패잔한 꼴이거든 그 벌판에서 개밥이 되더라두 다시 고토古土를 밟을 생각을 마라.

나도 한 번은 나가야겠다. 이 흙을 굳게 지켜야 할 것도 잘 안다. 그러나 지켜야 직책과 나가야 할 직책과는 스스로 다를 줄 안다. 네가 나갔고 작은오빠가 나가고 또 내가 나가버린다면 늙으신 부모는 누가 지키느냐고? 염려 마라. 그것은 맏자식 된 내 일이니 내가 어떻게라도 하마. 해서 안 되면—. 혁혁한 장래를 위하여 불행한 과거가 희생되었달 뿐이겠다.

이상은 우선 집안일에 연연하지 말라고 동생을 안심시킨 뒤 꼭 성공하라고 독려한다. '패잔한 꼴이거든 그 벌판에서 개밥이 되더라도 다시 고토를 밟을 생각을 마라'는 구절은 성공에 대한 과도한 집착이라기 보다 전후 문맥을 감안하면 만주라는 척박한 땅에서 살아남아야 할 동생에게 생에 대한 의지를 독려하는 것으로 읽힌다.

여기서 방점은 '나도 한 번은 나가야겠다'에 찍힌다. 동경으로 나아가는 것. 다만 이상의 발목을 잡는 것은 늙은 부모의 안위이다. "늙으신 부모는 누가 지키느냐고? 염려 마라. 그것은 맏자식 된 내 일이니 내가 어떻게라도 하마"라는 대목으로 미루어보건대 이상은 부모를 부양하기 위해 아내인 변동림과 함께 단행하려던 동경행을 보류하고 자신이 먼저 단신으로 동경으로 건너가 자리를 잡는 동안 아내에게 시부모 부양을 맡기는 일종의 역할 분담의 의중이 읽힌다. '혁혁한 장래를 위하여 불행한 과거가 희생되었달 뿐이겠다'는 말은 이런 의도를 강화하는 자기 결심의 변辯이기도 하다. 당장의 고루하고 빈한한 흙을 지키느니, 새로운 자양분이 될 미래의 흙을 위해 누군가의 희생은 불가피하다는 신변 정리의 주변부가 읽히는 대목이기도 하다.

너희들이 국경을 넘던 밤에 나는 주석酒席에서 '올림픽' 보도를 듣고 있었다.

우리들은 이대로 썩어서는 안 된다. 당당히 이들과 열列하여 똑똑하게 살아야 하지 않겠느냐. 정신 차려라!

1936년 8월 2일 저녁, 이상은 동경에서 온 친구들과 함께 경성의 한 주점에 앉아 있었다. 밤 11시가 되자 올림픽 중계방송이 라디오에서 흘러나왔다. 그날 밤부터 JODK(경성방송국)는 NHK(일본방송국) 아나운서가 독일 현지에서 진행하는 일본어 방송을 받아 베를린 올림픽을 중계하기 시작했다. 당시 잡지《조광》9월호에 단편〈날개〉를 투고해놓고 잡지가 인쇄되어 나오길 기다리고 있던 그의 머릿속은 복잡했다.

'정신 차려라'라니. 명령조의 이 투박한 말은 식민지 경성의 으슥한 주점에서 올림픽 중계방송을 듣고 있던 이상이 베를린에 모인 세계 시민으로 섞여들고 싶은 자신의 욕망을 우회적으로 표출한 것은 아닐까. 그러나 엄밀히 말해 세계 시민은 동경에도 베를린에도 존재하지 않았다. 제11회 베를린 올림픽은 세계 시민들의 카니발이 아니라 스포츠 민족주의 내지 스포츠 국가주의의 또 다른 발현과 다름없었다. 히틀러가 개막 선언을 한 베를린 올림픽은 국가주의와 남성중심주의, 그리고 인종주의를 확대재생산하는 가장 농도 짙은 근대의 퍼포먼스였다. 이상은 속았다. 올림픽에 속

1926년 보성고등보통학교 졸업 사진.
가운데가 김해경(이상).

고, 직접 눈으로 본 동경에 속았던 것이다. 어쩌면 속임을 당할 줄 빤히 알고 있었는지도 모른다.

신당리新堂里 버티고개 밑 오동나뭇골 빈민굴에는 송장이 다 되신 할머님과 자유로 거동도 못 하시는 아버지와 오십 평생을 고생으로 늙어 쭈그러진 어머니가 계시다. 네 전보를 보시고 이분들이 우시었다. 너는 날이면 날마다 그 먼 길을 문안으로 내게 왔다. 와서 그날의 양식糧食거리를 타갔다. 이제 누가 다니겠니. 어머니는 "내가 말馬을 잃어버렸구나. 이거 허전해서 어디 살겠니" 하시더라. 그날부터는 내가 다 떨어진 구두를 찍찍 끌고 말 노릇을 하는 중이다. 이런 것 저런 것을 비판 못하시는 부모는 그저 별안간 네가 없어졌대서 눈물이 비 오듯 하시더라. 그것을 내가 "아 왜들 이리 야단이십니까. 아 죽어나갔던 말입니까." 이렇게 큰소리를 해가면서 무마시켜 드리기는 했으나 나 역 한 삼 년 너를 못 보겠구나 생각을 하니 갑자기 네가 그리웠다. 형제의 우애는 떨어져봐야 아는 것이던가.

신당리 버티고개는 지금의 서울 지하철 6호선 버티고개역 부근으로, 서울 중구 약수동에서 용산구 한남동으로 넘어가는 고개(약수동 고개)와 중구 장충동에서 한남동으로 넘어가는 고개(장충단 고개)를 통틀어 지칭한다. '버티고개'는 양지바른 고개라는 뜻에서 유래되었다는 설과 함께 옛날 순라군들이 야경을 돌면서 "번도"라고 하며 도둑을 쫓았으므로 '번티番峙'라고 부르다가 변하여 지금의 '버티고개'로 정착되었다는 설이 있다. 옛날에는 성격이 험악하고 마음씨가 곱지 않은 사람을 보면 '밤중에 버티고개에 가서 앉을 놈'이란 농담을 했다고 한다. 그만큼 지세가 험한 곳으로 1930년대만 해도 판자촌이 무질서하게 들어선 일종의 빈민촌이었다.

본가가 빈민굴이나 다름없는 버티고개 밑 오동나무골 빈촌에 들어가게 된 데는 이상에게도 일말의 책임이 있다. 이상이 황해도 기생 금홍을 마담으로 들어앉힌 다방 '제비'는 1933년 봄, 집문서를 잡혀 시작한 사업이었다. 하지만 돈벌이에 소질이 없는 이상이고 보면 문학하는 친구들과 다방에 어울려 담소를 나눌지언정, 성공적인 물장사로 이끌지 못해 경영 악화로 2년 만인 1935년 9월 폐업하고 만다. 그동안은 본가에 양식을 댈 돈이나마 옥희를 통해 전달할 정도가 되었지만 금홍과의 불화로 인해 '제비'의 운영은 점점 악화일로에 있었다. 다만 이상의 본가가 신당동 버티고개의 빈민촌으로 이사한 게 '제비' 폐업 이후인지는 알 수 없다. 이상이 이 글을 쓴 1936년 8월엔 남동생 운경도 겨우 고보를 졸업하고 직장을 알아보는 중이어서 생활력이 없었다. 이상 역시 친구인 꼽추화가 구본웅의 아버지가 운영하던 창문사에 임시로 취직해 만들던 구인회 동인지 《시와 소설》마저 작파한 때로, 유일한 수입은 아내 동림이 카페 여급으로 나가 벌어오는 푼돈뿐이었다.

백모 김영숙과 그녀의 아들인 김문경 역시 은행 담보로 넣은 통인동 집을 날리고 계동으로 이사해 궁핍하게 살고 있었다. 그런 시기였기에 옥희는 하루라도 빨리 가족을 짓누르는 궁핍에서 탈출할 방도를 모색해야 했고 그 방도로 선택한 게 K와의 만주행이었다.

'송장이 다 되신 할머님'은 이상의 조부 김병복의 부인인 최 씨를 말한다. 김병복은 이상이 통인동 큰집에 들어간 1913년만 해도 생존해 있었으나 이듬해인 1914년 작고했고 어린 이상은 할머니 최 씨의 품에서 자라난다. 그런 할머니가 의식이 오락가락하며 누워 있고 아버지 또한 거동도 못한 채 구들장만 지키고 있는 신세인 것이다. 더구나 옥희의 부재로 인해 귀찮아진 것은 이상 자신이다. 옥희를 대신해 버티고개까지 양식을 사다 날라야 했던 것이다.

급기야 이상이 옥희의 전보를 부모에게 보여드리자 늙은 부모는 눈물바

다다. 상황이 이러하니 옥희가 만주로 떠나기 전 자신을 찾아왔더라고 솔직히 털어놓지도 못한다. 까맣게 타들어가는 속내를 감춘 채 이상은 오히려 "왜들 이리 야단이십니까"라고 역정을 낸다. 이때 옥희는 오히려 이상의 분신이다. 자신도 한 3년 동경으로 떠날 요량을 하고 있으나 그의 발목을 잡고 있는 건 부모의 궁핍이고 배곯는 현실이다. 하지만 궁핍은 함께 견딘다고 해서 해결될 문제도 아닌 것이다.

> 한 삼 년 나도 공부하마. 그래서 이 '노말'하지 못한 생활의 굴욕에서 탈출해야겠다. 그때 서로 활발한 낯으로 만나자꾸나. 너도 아무쪼록 성공해서 하루라도 속히 고향으로 돌아오너라.
> 그야 너는 여자니까 아무 때 나가도 우리 집안에서 나가기는 해야 할 사람이지만 일이 너무 그렇게 급하게 되어놓아서 어머니 아버지께서 놀라셨다 뿐이지, 나야 어떻겠니.
> 하여간 이번 너의 일 때문에 내가 깨달은 바 많다. 나도 정신 차리마.

이상은 본가와 자신이 처한 상황을 '노말'하지 못한 생활의 굴욕으로 규정하고 있다. 그러면서 그 굴욕에서 탈출해야겠다는 내심을 옥희에게 털어놓는다. 내심을 털어놓기에 옥희는 만만한 상대이다. 유일한 자신의 이해자로서의 옥희가 아니던가. 아니, 옥희의 만주행에 닥쳐서야 자신의 동경행을 결심하는 유약한 오빠의 모습이 여기에 있다. '나도 정신 차리마'라는 말로 자신의 상황을 성찰하는 이상에게 옥희의 만주행은 신선한 자극이 되고도 남았던 것이다. 어쩌면 이 시기에 이상은 아내 변동림에게도 동경행의 결심을 누차 털어놓았을 것이고 변동림 역시 그런 이상을 진심으로 격려했을 것이다.

원래가 포유지질蒲柳之質로 대륙의 혹독한 기후에 족히 견뎌낼는지 근심스럽구나. 특히 몸조심을 잊어서는 안 된다. 우리 같은 가난한 계급은 이 몸뚱이 하나가 유일 최후의 자산이니라.

편지하여라. 이해 없는 세상에서 나만은 언제라도 네 편인 것을 잊지 마라. 세상은 넓다. 너를 놀라게 할 일도 많겠거니와 또 배울 것도 많으리라. 이 글이 실리거든 〈중앙中央〉 한 권 사 보내주마. K와 같이 읽고 이 큰오빠 이야기를 잘 하여두어라.

축복한다. 내가 화가를 꿈꾸던 시절 하루 오 전 받고 '모델' 노릇 하여준 옥희. 방탕불효放蕩不孝한 이 큰오빠의 단 하나 이해자理解者인 옥희. 이제는 어느덧 어른이 되어서 그 애인과 함께 만리 이역 사람이 된 옥희. 네 장래를 축복한다. 이틀이나 걸렸다. 쓴 이 글의 두서를 잡기 어려울 줄 아나 세상의 너 같은 동생을 가진 여러 오빠들에게도 이 글을 읽히고 싶은 마음에 감히 발표한다. 내 충정衷情만 사다고.

닷새 날 아침.

너를 사랑하는 큰오빠 쓴다.

이상은 글을 마무리하면서 연약한 옥희의 얼굴을 떠올린다. '포유지질蒲柳之質'이란 포유蒲柳, 즉 가을에 잎이 먼저 떨어진다는 강버들 같은 체질을 뜻한다. 태어날 때부터 허약했던 옥희가 거센 바람이 몰아치는 만주의 풍토를 어찌 견딜 수 있을지 내심 걱정하고 있다. 이어 믿을 게 몸뚱이 하나뿐인, '가난한 계급'이라며 경제적 하층민으로 전락한 자신의 처지를 비관하면서도 '언제라도 네 편인 것을 잊지 마라'며 옥희에게 희망과 용기의 메시지를 전한다.

이상이 옥희에게 부쳐주겠다고 말한 《중앙》은 1933년 2월부터 여운형이

사장으로 있던 《조선중앙일보》에서 발행하던 월간 종합지였으나 이 글이 게재된 1936년 9월 통권 35호로 종간하고 만다. 당시 《동아일보》, 《조선일보》와 함께 3대 민간신문으로 활발한 활동을 했던 《조선중앙일보》는 1936년 8월 13일 자 신문에 베를린 올림픽 마라톤 우승자 손기정 선수의 사진을 실으면서 가슴의 일장기를 지워버린 이른바 일장기 말살사건으로 9월 5일부터 무기정간을 당했다. 함께 무기정간당한 《동아일보》는 9개월 만에 복간되었으나, 《조선중앙일보》는 재정난이 악화되어 1937년 11월 5일 자로 폐간되고 만다.

이상이 실제로 잡지 《중앙》을 옥희에게 부쳐주었는지는 알 길이 없다. 다만 지상紙上을 통해 그러겠다고 밝혔던 만큼, 아울러 옥희에게 K와 함께

—

경성고공 졸업 앨범에 실린 단체사진. 앞줄 오른쪽에서 세 번째가 이상.
'흰옷의 동모들'이라는 문구가 새겨져 있다.

읽으라고 당부했던 만큼 잡지를 구해 부쳤을 공산이 크다. 이상이 이 글을 쓴 1936년은 그의 짧은 문학 인생에서 가장 왕성한 활동을 한 전성기에 해당한다. 시 〈지비紙婢 1·2·3〉을 《중앙》 1월호에 발표한 것을 필두로, 연작시 등을 포함, 모두 9편의 시를 발표했고 단편 〈지주회시〉, 〈날개〉, 〈봉별기〉를 발표한 데 이어 산문과 평론을 합쳐 모두 14편을 발표할 정도였다. 그 와중에 〈동생 옥희 보아라〉를 집필한 것은 어떤 의도 없이는 불가했을 것이다. 이상은 스스로 '세상의 너 같은 동생을 가진 여러 오빠들에게도 이 글을 읽히고 싶은 마음'을 그 의도라고 밝히고 있다. '큰오빠의 단 하나 이해자' 옥희에게 보내는 이상의 솔직하고도 섬세한 이 글은 80년이 지난 오늘날의 오빠들에게도 유효한 텍스트일지도 모른다. 비록 누이에게 썼지만 실은 자기 자신에게 쓴 비망록이기 때문이다.

03

《현대문학》 판 〈오빠 이상〉 전말

|
26년 만에 쓴 옥희의 답장

김옥희가 오빠 이상에 대해 처음 말문을 연 것은 《현대문학》 1962년 6월호(통권 제90호)를 통해서였다. 1954년 김기오에 의해 설립된 《현대문학》은 그때 주간 조연현, 편집장 오영수, 편집사원 박재삼, 김수명(시인 김수영의 여동생)이 근무하고 있었다.

'한국 현대문학의 건설'을 목표로 내건 《현대문학》이 어떤 경위로 김옥희의 회고기 〈오빠 이상〉을 청탁해 게재했는지 자세한 경위는 알려지지 않았다. 다만 김수명은 필자와의 전화통화에서 "당시 조연현 선생이 김옥희 씨의 원고를 받아오라고 해서 제기동 집을 찾아가 만난 기억이 난다"면서 "김옥희 씨는 멋을 부렸거나 세련된 인상은 아닌 보통 아줌마 같았지만 갸름하고 호리호리한 키에 머리를 단정하게 뒤로 넘긴 깨끗한 인상이어서 지금도 그 얼굴이 기억난다"고 회상했다. 그는 이어 "조연현 선생은 판단이 아주 빠르고 예리해서 원고를 보면 금방 그 가치를 알아보는데, 김옥희의 원고를 누구의 소개로 받아오라고 한 것인지는 생각나지 않고 다만 제기동 집이 좀 허름했다는 인상이 남아 있다"고 말했다.

《현대문학》 1962년 6월호는 창작, 시나리오, 수필, 문학수업기, 시, 평론, 추천후기, 기타 등 모두 8개 부문에 걸쳐 원고를 싣고 있다. 〈오빠 이상〉은 서정주의 〈첫 사랑 上〉, 김형규의 〈국어학 30년〉과 함께 나란히 '기타'로 분류되어 있다.

김옥희의 〈오빠 이상〉은 유일한 혈육의 입장에서 오빠에 대한 진솔한 감정을 처음 드러냈다는 점에서 특별하다. 이상이 동경으로 떠나기 직전인 1936년 8월에 써서 《중앙》 1936년 9월호에 게재한 〈동생 옥희 보아라−세상의 오빠들도 보시오〉에 대한 옥희의 답장이 〈오빠 이상〉이라고 해도 과언은 아닐 터이다. 실로 26년 만에 쓴 답장이다.

만주 봉천과 시댁인 평북 선천을 거쳐 1946년 월남한 옥희는 경성에서 어머니 박세창, 둘째 오빠 운경과 극적으로 해후한다. 하지만 그로부터 오랜 시간이 경과할 때까지 큰오빠에 대한 공개적인 발언을 삼간 채 침묵을 지켜왔다. 그런 그가 오랜 침묵을 깨고 펜을 들어 〈오빠 이상〉이라는 제하의 짤막하나마 진솔한 회상기를 써내려갔다는 것은 우연한 일이 아니다.

발단은 주위의 권유였을 테지만 막상 원고지를 앞에 둔 옥희는 대체 어디서부터 말머리를 시작해야 할지, 먹먹하고 착잡한 심정이었을 것이다. 그의 뇌리엔 26년 전, K와 함께 만주행을 알리기 위해 찾아가 만난 오빠의 마지막 모습과 음성이 진동하고 있었을 테니 첫 문장을 어떻게 써야 할지 갈피를 잡지 못하고 원고지를 몇 번이고 구겼을 것이다. 흐르는 눈물을 닦으며 채워 나간 원고지 30장 분량의 〈오빠 이상〉 전문全文을 단락별로 읽고 전후 사정을 추적해본다(원문의 한자는 되도록이면 한글로 풀었으며 필요한 경우 한글을 병기함).

오빠 李想(이상)

―金玉姬(김옥희)

어쩌면 괴이한 바위 같기도 하고, 또 그런가하면 깊은 바다, 또 그것도 심술이
난 폭풍을 안은 밤의 그것과도 같은 海卿(해경) 오빠, 아니 오빠 李箱(이상).

나에게 그런 오빠를 말하라는 것은 여간 고역이 아닙니다. 그뿐 아니라 한갓
촌부에 지나지 않은 저 같은 주제가 감히 무어라 말할 수 있는 오빠가 아니라
고 생각되기도 합니다.

그것은 또 오빠의 그 그윽한 사랑을 항시 느끼면서도 한 번도 그 오빠를 이해
하는 착한 동생이 못되었다는 회한과 함께 갑절 간절해지는 것입니다. 오빠가
살았으면 올해 꼭 쉰셋. 이제 한참 일하실 나이라는 생각과 함께 오빠와 친지
였던 분들이 모두 사회의 중견으로 건강하게 일하시는 것을 생각할 때 가슴에
뭉클한 것이 와 닿는 것을 느끼게 되는 것을 어쩔 수가 없습니다.

옥희의 심상 지도는 복잡하다. 오빠를 떠올리면 괴이한 바위인 듯, 깊은
바다인 듯, 심술 난 폭풍의 밤인 듯 싶기도 하다. '어쩌면'이라는 부사를 대
동한 첫 문장에서 그는 '해경 오빠'라는 혈육의 이름을 먼저 호명한다. 그
는 큰오빠를 '해경 오빠'라고 불러왔던 것이다. 집안에서 무심코 쓰던 호칭
인 '해경'은 '이상'이라고 불리기 전의 가족공동체를 떠올리게 한다.

　"나에게 그런 오빠를 말하라는 것은 여간 고역이 아닙니다"로 미뤄볼 때
옥희는 누군가의 청탁을 받고 이 글을 쓰고 있음을 알 수 있다. 스스로를
"한갓 촌부"라며 몸을 낮춘 채 "한 번도 그 오빠를 이해하는 착한 동생이
못 되었다는 회한"에 잠긴 옥희는 이상이 〈동생 옥희 보아라〉에 쓴 "이 큰
오빠의 단 하나 이해자인 옥희"라는 구절과 대구對句를 이루고 있다. 이는
옥희가 이 글을 쓰기 전, 〈동생 옥희 보아라〉를 읽고 또 읽으며 오빠에 대

한 회억에 젖어들었음을 짐작케 한다. 살아 있으면 쉰셋에 이르렀을 오빠의 친구들이 "모두 사회의 중견으로 건강하게 일하시는 것을 생각할 때"에 이르면 옥희는 오빠의 옛 친구들의 근황을 어느 정도 알고 있는 눈치다. 그들 가운데 짐작 가는 인물은 소설가이자 영문학자 조용만(1909~1995)이다. 짐작컨대 옥희는 1933년 발족한 '구인회'에서 오빠와 함께 활동한 조용만이 이 글을 쓸 당시 고려대학교 영문학과 교수로 재직하고 있었음을 알고 있었을 터이다. 구인회 멤버 가운데 이태준·김기림·정지용·박태원·박팔양 등 대부분이 월북한 마당에 조용만의 사회적 성공은 요절한 오빠의 비운에 비추어서도 옥희에게 더욱 각별하게 다가왔을 것이다.

—

경성고공 건축과 전시실에서의 이상.

오빠가 글을 쓰지 않고 그림만 그렸다면 더 오래 사시지 않았을까. 가끔 이런 생각을 할 때가 있습니다. 당시의 문화인들의 생활이란 문인, 화가의 구별이 없이 불규칙하여 모두가 건강을 상하게 하기 십상이었지마는 그래도 생활의 어느 일면으로는 화가가 더 명랑하였고 수입도 낮지 않았던가 하는 막연한 생각을 할 때가 있습니다. 그것은 오빠가 보성고보 4학년 때 그러니까 열다섯 살 때에 이미 교내 대회에서 〈풍경〉을 가지고 우등상을 탔는가 하면 그 후 스무 살 때 당시의 선전에 초상화가 입선이 되었고 한편, 총독부의 잡지《조선건축》의 표지에도 여러 번 오빠의 그림이 당선되었고 또, 하융河戎이라는 이름으로 신문소설의 삽화를 그린 일들로 미루어 우리들은 글 쓰는 오빠보다는 그림과 오빠와의 명암이 더 뚜렷한 것입니다.

"일본만 건너가지 말았어도 좀 더 살지 않았을까?" 언제나 '우리 집 큰아이'로 불러 말씀하시는 어머니의 후회는 일본에 건너가서 놈들—왜경의 고문을 받고 명을 줄이었다고 한탄을 하십니다.

"하던 일이나 다 마치고 나 숨겼던들……." 아들이 하는 일의 내용은 잘은 모르셔도 무엇인가 대견한 일을 하고 말 아들이라는 것을 믿는 어머니의 말씀입니다. 그것은 어릴 적부터 모든 사물을 예사로 보아 넘기지 않는 아들의 성미를 보고 어머니가 그렇게 생각하시는 것입니다.

흔히 어린이들이 어버이를 향하여 하잘것없는 질문을 하는 일이 있습니다. 그런데 오빠의 어릴 적은 그런 평범한 질문을 하는 것이 아니었더랍니다. 오빠가 세 살부터 스물네 살 때까지 자란 것은 백부님 댁이었습니다. 그런데 무슨 일을 보기만 하면 그 한 가지 일을 가지고 생각하고 묻고 그러고도 모르는 일은 재우쳐 묻고 하여 마침내는 어른들이 모르는 것까지 캐어내어야 성이 풀리는 그런 성미였다고 합니다. 아마 후일 폐를 앓은 원인이 되는 성미가 이런 것이 아닌가하는 것은 어머니뿐 아닌 우리들 공통의 생각입니다.

그것은 폐병이란 현대적으로 결핵균을 생각하기보다는 뇌짐이라 하여 꽁한 생
각에서 오는 병으로 아는 우리들 전통적 상념이 그렇게 생각하게 만드는 것입
니다. 어쨌든 가슴에 풀리지 않는 멍을 지닌 채 그것을 풀어보려고 지쳐 시달
리면서 짧은 생애를 마친 오빠의 불행한 일생을 생각할 때 어느새 확 눈시울이
더워오는 것입니다.

옥희에게 '해경 오빠'는 문인보다 화가의 모습으로 먼저 각인되어 있다.
옥희 자신이 백부의 통인동 집에서 몇 번이고 모델 노릇을 해준 적이 있을
뿐더러 옥희가 만주로 떠난 1936년 8월까지의 해경 오빠는 아직 문학적
절정기가 도래하지 않은 젊디젊은 문인에 불과했다. 그때까지 오빠가 발
표한 문학작품에서 위트와 패러독스로 점철된 천재성을 읽긴 했어도 여전
히 화가로서의 못다 핀 재능이 아쉽다는 게 옥희의 생각인 것이다. 차라리
화가로 살았으면 더 좋았을 걸, 하는 생각은 거저 나온 게 아니다.

보성고보 4학년 때 교내 대회에서 〈풍경風景〉을 가지고 우수상을 탔는가
하면 스무 살 때 선전鮮展에 초상화가 입선되었고 총독부 잡지 《조선건축朝
鮮建築》 표지에도 여러 번 오빠의 그림이 당선되었으며 박태원이 〈소설가
구보 씨의 일일〉을 《조선중앙일보》에 연재할 때 '하융河戎'이라는 이름으로
삽화를 그린 일들을 옥희는 일일이 열거하고 있다. 나아가 글을 쓰고 있는
옥희 옆에 붙어 앉은 박세창 여사의 한숨도 들리는 듯하다.

이상도, 해경도 아니라 그저 "우리 집 큰아이"라고 호칭하는 박세창 여
사의 깊은 회한은 "일본만 건너가지 말았어도 좀 더 살지 않았을까?"라는
데 닿고 있다. 그건 단순한 회한이 아니다. "일본에 건너가서 놈들―왜경의
고문을 받고 명을 줄이었다"라는 어머니의 장탄식엔 왜경의 고문이 해경
의 직접적인 사인일 거라는 확신이 묻어난다.

이상이 동경으로 건너간 이래 불온사상 혐의로 니시간다 경찰서에 수감

된 후 한 달 정도 조사를 받다가 풀려나 숨을 거두기까지 그에게 가해진 고문과 취조기록이 여전히 미궁에 있다는 건 한일관계사의 비극일 뿐 아니라 우리 문학사의 비극일 것이다. 이러한 지지부진은 천재작가로서의 이상에 유독 천착해온 우리 문학의 한 경향성으로 인해 항일작가로서의 이상의 면모를 밝히는 일에 소홀했던 후대 문학인의 반성을 촉구하는 대목이기도 하다. 어쩌면 이상의 항일작가로서의 면모는 생전의 박세창 여사가 품었던 한 맺힌 절규에 맥이 닿아 있다고 할 것이다.

"하던 일이나 다 마치고나 숨졌던들……"이라는 탄식은 실제 어머니 박세창을 평생 모시고 살았던 옥희가 귀가 닳도록 듣던 이야기이다. 해경은 평범한 오빠가 아니었고 평범한 아들이 아니었다. 무슨 일이든 보기만 하면 그 한 가지 일을 가지고 생각하고 묻고 그러고도 모르는 일은 재우쳐 묻고 하여 마침내 어른들이 모르는 것까지 캐내어야 성이 풀리는 그런 성미의 소유자가 해경이었다.

"후일 폐를 앓은 원인이 되는 성미가 이런 것이 아닌가 하는 것은 어머니뿐 아닌 우리들 공통의 생각입니다"라는 말 역시 가족들이 항용 하던 말을 그대로 옮긴 것이다. 여기에 옥희 자신의 생각을 보태고 있다. "그것은 폐병이란 현대적으로 결핵균을 생각하기보다는 뇌짐이라 하여 꽁한 생각에서 오는 병으로 아는 우리들 전통적 상념이 그렇게 생각하게 만드는 것입니다"라는 대목이 그것이다. 뇌짐이라는 말은 폐결핵의 방언이지만 문학작품에도 종종 등장하는 어휘이다. 박경리의 소설 《토지》에 이 같은 대목이 있다.

그렇소, 그래 그 사람이 김평산의 실인室人 얘기를 하더구면요. 얘기를 듣고 보니 병은 뇌짐이 아니겠소." 사람들은 수동의 병을 심화병이라고도 했고 뇌짐이라고도 했다(《소설 《토지》 용어·인물사전》).

최 참판 댁의 마름이자 정 많고 우직한 박수동이 조준구에 맞서 서희를 보호하려다 뇌짐으로 죽는 장면이 그것이다. 수동을 죽음에 이르게 한 병이 심화병心火病 혹은 '뇌짐'이다. 이는 일반적으로 이상의 사인으로 알려진 폐결핵 증세를 넘어선다. 심화병이란 흔히 가슴앓이라고 부르는 화병을 말한다. 의학적으로는 신경성 심장병의 일종인 심장신경증 또는 심장혈관신경증이라고도 일컫는데, 심신의 과로, 쇼크, 내분비장애 등에 의해 발병하는 수도 있다. 오빠는 '꽁한 생각'에 사로잡힌 정신적 방전상태에서 심신이 쇠약해져 사망했다는 게 옥희의 생각이고 그래서 집안에서는 해경의 사인을 '뇌짐'이라고 말해왔다는 것이다.

|

오빠 해경을 위한 변명

이상이 폐병으로 인해 조선총독부 건축과 기수를 사직한 건 1932년 말이다. 그는 1931년 가을 총독부 창고 공사장에서 감독관으로 일하다가 졸도한 후 폐결핵 중증이라는 진단을 받고 병의 고통과 죽음에 대한 두려움에 시달린다. 그런데 옥희는 오빠의 병이 단순히 신체적인 것에만 기인하는 건 아니라며 이렇게 강변한다.

오빠의 가슴 안에서 앓던 피 물든 그 멍이 어떤 형태의 것이었는지 생각하면 애달픈 일입니다. 그것이 개인의 생활인지 사랑하는 여인이었는지 또는 벌레 먹은 조국의 현실이었는지 알 수 없습니다. 오빠의 가슴속에 엉켜 있어 오빠 자신의 생명을 줄인 커다란 그 원인을 하잘것없는 여자의 소견으로 생각해보자는 것은 아마도 모험이 아닐 수 없습니다. 이제 오빠의 지난날의 생활을 회상해봄으로써 그 오빠의 가슴에 엉겼던 병균의 희미한 윤곽이나마 캐어볼까 합니다.

흔히 오빠가 여성관계에 있어서 난잡하다는 것을 느끼고 있는 사람이 있습니다. 누이동생의 위치에서 두둔하는 말은 아닙니다마는 오빠는 결코 그런 사람이 아니었습니다. 오빠는 다만 '제비'의 마담 금홍錦紅으로 통하는 여인이라든지 또 '임姙'이라 알려져 있는 여성에 대한 오빠의 사랑과 그녀들의 오빠를 향한 사랑에 대한 차질에서 오는 환멸, 이것을 작품에 희화적으로 묘사했을 뿐입니다.

여성관계에서의 오빠란 천재들이 흔히 그렇듯이 돌올한 성격 이면에 의외로 상식가다운 평범한 애처가 혹은 공처가적 존재였을 뿐입니다. 오히려 그것을 빌미로 하여 오빠의 부정不貞스럽던 여인상들이 여성의 위치에서 분개憤慨스러워지게도 하는 것입니다. 이러한 어느 일면에서 오빠의 괴벽스런 행동에 넘쳐나는 동심童心을 분석해보는 것도 오빠의 불행한 인간상을 엿볼 수 있는 좋은 기연이 될 것입니다.

흔히 세상의 억측과는 달리 오빠만큼 얼굴이나 옷 모양에 관심을 가지는 이도 드물 것입니다. 당시의 예술가 공통인 모발의 작소화鵲巢化라든지 또 단장을 짚

—
경성고공 졸업 앨범에 실린 박물관 앞 단체사진.
앞줄 오른쪽에서 두 번째가 이상.

고 다니는 일이라든지……. 그런데 당시의 일반적 경향이 또 일부러 그 옷을 아무렇게나 입고 다니기도 했습니다.

겨울 외투를 상의와 함께 꿰어 겹쳐서 입고 벗고 할 적에 더러 한쪽 팔은 상의의 소매까지 꿰어 입었어도 다른 한쪽은 외투의 소매만 꿰고 입어 그 한쪽 소매가 외투 밑으로 흘러내리는 일이 있었습니다. 괴팍한 오빠의 성질이고 보매 으레 그런 것을 보통으로 여겨 그 누구도 주의해주지 않았을 것입니다마는 그러나 이런 일을 본인이 모르고 있었을 리 없을 것입니다. 남보다 갑절 예민한 신경을 지닌 오빠가 그것을 모르다니 말이 안 됩니다. 이곳에 오빠의 동심童心이 나타나 있는 것이라고 단정하는 것이 누이동생의 엉뚱한 독단은 아닌 상 싶습니다.

남의 주목을 끌기 위하여 일부러 남 앞에서 엎어져 보는 자학적 동심童心의 발로를 그러한 오빠의 기벽奇癖에서 발견했다면 이는 오빠를 욕되게 하는 일이 될까요? 아무도 사랑해주지 않고 보아주지 않아 일부러 코에다 새빨간 연지를 찍고 어릿광대 노릇을 하는 피에로-그러한 오빠를 생각할 때 한 번 더 와락 눈물을 금할 수가 없습니다.

이제 옥희는 짧은 생애를 마친 오빠의 불행한 일생을 본격적으로 되짚어 나간다. 그 불행이란 '가슴 안에서 앓던 피 물든 그 멍'에서 비롯됐다는 것이다. 그 멍은 '개인의 생활' 때문에 혹은 '사랑하는 여인' 때문에, 아니면 '벌레 먹은 조국의 현실' 때문에 비롯된 것일 수도 있다고 운을 뗀 후 오랫동안 가슴에 담고 있던 말을 어렵사리 토로하기 시작한다. 어쩌면 옥희는 "오빠가 여성관계에 있어서 난잡하다"는 풍문을 주변에서 얻어들은 나머지 자신의 존재를 자의적으로 드러내길 꺼려왔을지도 모른다.

검증할 수 없는 풍문들이 힘을 얻어 대세론 비슷한 것이 되고 있을 때 그 풍문에 맞서 사실을 말한다는 건 무모한 일이라고 옥희는 판단하고 있었던 듯하다. 그러니 이 글이나마 쓸 수 있는 기회를 얻었을 때 '할 말은 해야 겠다'고 생각한 나머지 "누이동생의 위치에서 두둔하는 말은 아닙니다마 는 오빠는 결코 그런 사람이 아니었습니다"라고 먼저 운을 떼고 있다.

때는 세상의 오해가 증폭되어 이상의 이미지가 해괴망측한 난봉꾼 정도로 둔갑해 있던 시기다. 이러한 현상은 이상이 다방 '제비'의 마담 '금홍'과 아내 변동림과의 연애를 사소설 비슷한 형식으로 발표한 데 근거해 증폭됐다. 〈봉별기〉의 '금홍'을 필두로 시작되는 '나'의 여성 편력은, 〈환시기〉의 순영 과 송 군(권순옥과 정인택) 그리고 1인칭 화자 '나'와의 삼각관계를 거쳐 〈동해 童骸〉의 윤尹 군과 임姙, 〈종생기〉의 S와 정희貞姬, 〈실화失花〉의 S와 연妍으로 그 애정관계가 증폭, 왜곡되면서 이상의 이미지는 난잡한 여성관계의 당사 자로 고착되고 만 것이다. 하지만 옥희는 한마디로 이런 오해를 정리한다.

"오빠는 다만 '제비'의 마담 금홍으로 통하는 여인이라든지 또 임姙이라 알려져 있는 여성에 대한 오빠의 사랑과 그녀들이 오빠를 향한 사랑에 대 한 차질에서 오는 환멸, 이것을 작품에 희화적으로 묘사했을 뿐입니다"라 고. '그녀들이 오빠를 향한 사랑의 차질에서 오는 환멸'이라는 말은 단순히 오빠를 두둔하기 위한 변명을 뛰어넘어 문학 텍스트와 실상을 구분하지 못하고 텍스트의 1인칭 화자를 이상 자신으로 오인하는 평단의 무모함과 몰인식을 경계해야 한다는 일종의 경고인 셈이다. 옥희는 오빠를 두고 여 성관계에 있어서 난잡하다고 느끼고 있는 사람들에게 오해를 풀 것을 나 름의 논리로 강권하고 있다.

"천재들이 흔히 그렇듯" 오빠 역시 "돌올한 성격 이면에 의외로 상식가 다운 평범한 애처가 혹은 공처가적 존재였음"을 전제할 때 "그것을 빌미로 하여 오빠의 부정스럽던 여인상들이 여성의 위치에서 분개憤慨할 만도 하 다는 것을 같은 여성의 입장에서 인정하더라도 "어느 일면에서 오빠의 괴 벽스런 행동에 넘쳐나는 동심童心을 분석해보는 것도 오빠의 불행한 인간

상을 엿볼 수 있는 좋은 기연"이라는 것이 옥희의 논리이다.

옥희는 오빠의 괴벽스런 행동은 본질이 아니며 여기엔 동심이 작용하고 있는데 차라리 그걸 분석하기를 권고하고 있다. 그 동심이란 유희를 빼앗긴 소년 해경의 거세된 의식을 말하는 것은 아닐까. 백부의 사랑채에서 소년 시절을 보낸 해경은 응석을 부릴 대상도, 장난감도 없는 유희 부재의 시간을 통과해야만 했다. 낳아준 부모와 길러준 부모 사이, 한 집안의 장자이자 한 집안의 양자라는 두 정체성 사이, 조선총독부의 웅장한 석조건물이라는 근대와 초가삼간으로 상징되는 전근대의 정체성 사이에서 고민해야 했던 소년 해경은 그래서 일찍 조숙할 수밖에 없었다. 유희는 짧고 권태는 너무도 긴 성장기의 비틀어진 동심 말이다. 이상이 아이들의 유희를 지켜보면서 쓴 수필에도 쉽게 권태를 느끼는 자아가 투영되어 있다.

오호라, 아해들은 어떻게 놀아야 좋을지 모르는 모양이다.

그러나 그들은 완전히 거세되어 버린 것이 아니다. 풀을 휘뚜루 뽑아 가지고 와서 그걸 만지작거리며 놀아 본다. 영원히 절색絶色 절색은 그들에게 조금도 특이하거나 신통치 않다. 아해는 뭐든 그들을 경탄케 해줄 특이한 것이 탐나는 것이다. 하지만 아무리 둘러봐야 현재의 그들로선 규모가 지나치게 큰 가옥과 권속(혈연)과 끝없는 들판과 그들의 깔긴 똥이나 먹고 돌아다니는 개새끼들 등. 그들은 이런 모든 것에 지쳐버렸다. 그들은 흥취를 느낄 만한 출구가 없다. 그들은 무의식적으로 어째야 좋을지 어쩔 줄을 모른다. 그들, 상처에 어지러이 쥐어뜯긴 풀잎 조각들이 함부로 흩어져 있다.

오호라, 이 아해들에게 가지고 놀 것을 주라(이상, 〈이 아해兒孩들에게 장난감을 주라〉에서).

이상의 눈에 아이들은 늘 새로운 유희에 목말라 안절부절못하는 것처럼 비치지만 실은 안절부절은 권태에서 온 것이다. "다른 한 쪽은 외투의 소매만 꿰고 입어 그 한쪽 소매가 외투 밑으로 흘러내리"거나 "남의 주목을 끌기 위하여 일부러 남 앞에서 엎어져 보이는" 자학적 동심의 발로도 알고 보면 권태에서 비롯됐을 거라는 게 옥희의 생각이다.

아니 그 기벽은 오히려 또 저 낮닭 우는 소리를 들어도 그만 안 들어도 그만이라고 우기는 권태에 기인한 일인지도 모릅니다. 어쨌든 잃어버린 조국이라 조국이 천재를 알아줄 길 없고, 그런 나라 잃은 동포에게 애착이 갈 리가 없었을 오빠. 총독부 건축과 기수技手라는 말직末職에서 객혈을 하도록 멸시 속에 살았을 것이요, 조숙한 성격에 우리 집 장남으로서의 책임감에서 직職을 버린 아픔이 남달랐을 것도 생각할 수 있습니다. 그리하여 닥치는 대로 돈을 벌 수 있는 일을 해보려고 무엇이든 손을 대보았던 것입니다. 종로일가의 다방 〈제비〉의 개업에서 카페 〈학〉(쓰루), 또 〈식스·나인〉인가로, 6과 9의 숫자로 된 괴상한 이름의 다방이나 술집과 맨 끝에 하던 명치정明治町의 〈맥麥〉까지 모두 오빠의 좀 성급한 계획이기는 했지마는 장남으로서의 책임에서 살기 위한 한 사업이라고 저희들은 생각하고 있습니다. 혹시 그런 일을 받들어하던 여성이 진실한 오빠의 사랑을 이해하고 팔을 걷고 해주었더라면 오빠의 사업은 물론 오빠 자신의 생명까지가 그렇게 단명으로 마치지는 않았을 것이 아닌가, 이런 부질없는 생각도 하게 됩니다.

한창 자유연애가 새로운 사조로 여겨지던 속에서도 우리들을 향한 윤리관은 항상 좀 더 봉건적으로 엄했던 터요, 그러나 모든 일에 신학문인다운 관용으로 대해주었습니다. 그뿐이 아니라 일본에 건너가서까지 동생들에게 부친 편지에도 늘 빼놓지 않고 부모님과 집안 걱정을 해오시곤 하였습니다.

천하의 탁객濁客이요 탕아蕩兒로 알려진 오빠, 권태로운 삶에 완구玩具없는 촌아村兒들의 유희를 보고 눈물을 흘리며 신에게 빌던 오빠, 손수건만한 일광이 새어드는 방안에서 부정한 여인의 체취를 맡다 못해 숫자를 거꾸로 나열하던 오빠, 그런 오빠가 그 누구 못지않은 동양의 착실한 모랄리스트였다면, 오빠의 글만 읽어온 사람은 곧이 들으려고 하지 않을 것입니다마는 그러나 그것이 사실이있으니까 하는 수 없습니다.

그 권태는 어디서 기인하는 것일까. 옥희는 이상의 수필 〈권태〉의 문장을 인용해 "그 기벽은 오히려 또 저 낮닭 우는 소리를 들어도 그만 안 들어도 그만이라고 우기는 권태에 기인한 일인지도 모릅니다"라고 쓰고 있다. 나름대로 〈권태〉를 읽고 오빠의 기벽을 분석한 옥희는 오빠를 변호하고 나선다. "천재를 알아줄 길 없는 조국" "애착이 갈 리 없는 나라 잃은 동포" "멸시 속에서 살았을 총독부 건축과 기수" "직을 버린 아픔" 등 오빠의 짧은 연대기를 빠른 속도로 되짚어간 옥희는 다음으로 오빠가 종로 등지에서 운영하던 다방들을 열거한다. 다방 운영은 장남으로서의 책임을 다하는 생계 수단이었음에도 "그런 일을 받들어하던 여성이 진실한 오빠의 사랑을 이해하고 팔을 걷고 해주었더라면"이라면서 다방 '제비'의 마담이던 금홍에 대한 원망도 슬그머니 토로하고 있다.

이 대목에 이르면 옥희는 차라리 절규하고 있다. 오빠에 대한 여인들의 사랑이 더 지극했다면 오빠가 그렇게 단명으로 생을 마치지는 않았을 텐데, 라는 회한에 이어 "우리들을 향한 윤리관은 항상 좀 더 봉건적으로 엄했다"라든지 "일본에 건너가서까지 동생들에게 부친 편지에도 늘 빼놓지 않고 부모님과 집안 걱정을 해오시곤 하였다"라며 한 집안의 기둥인 큰오빠의 책임감과 윤리관을 강조하고 있다.

그건 분명 세간에 알려진 이상의 이미지와는 다른 것이다. 자유연애주의자나 탕아적 기질의 오빠가 아니라 완고하고도 자상한 오빠의 이미지가

그것이다. 옥희가 "권태로운 삶에 완구 없는 촌아들의 유희를 보고 눈물을
흘리며 신에게 빌던 오빠"라고 쓴 것은 그녀가 〈이 아해들에게 장난감을
주라〉를 읽었음을 유추케 한다. 〈이 아해들에게 장난감을 주라〉는 김수영
번역으로 《현대문학》 1960년 12월호에 실린 수필로, 1956년 박세창 여사
가 임종국에게 빌려준 일어 노트에 수록되어 있던 텍스트다. 그런 전후 사
정을 감안하면 이 글을 쓰기까지 옥희는 여염집 주부로서가 아니라 오빠
의 미공개 작품이 실리는 문예지를 빼놓지 않고 찾아 읽는 '오빠의 단 하나
의 이해자'로서의 역할에 충실했던 것이다.

옥희는 나아가 오빠를 "그 누구 못지않은 동양의 착실한 모랄리스트"로
단언한다. 그러면서 "오빠의 글만 읽어온 사람은 곧이 들으려고 하지 않을
것입니다마는 그러나 그것이 사실이었으니까 하는 수 없다"고 오빠에 대
한 이미지 쇄신을 꾀한다. 옥희가 〈오빠 이상〉을 쓴 것은 처음부터 이런 의
도 때문인지도 모를 일이다. 이제 옥희의 회억은 오빠의 조선총독부 건축
과 기수 시절로 넘어간다.

이런 이야기가 있습니다. 당시의 조선총독부 건축과 기수 시대의 이야기입니
다. 경성고공을 나와서 중앙청에 직장을 얻었다는 것만으로도 여느 사람 같으
면 내심 만족해 할 일을 오빠는 그렇지가 않았습니다.

검은 까마귀가 내려다본 막다른 골목에서 방황하는 흰옷 입은 불행한 민족-오
감도烏瞰圖-의 한 사람으로 조국의 영토를 강점하고 있는 일정日政의 총본산
인 총독부에서 일하는 것을 즐겨할 오빠가 아니었음은 쉽사리 긍정할 수 있는
일입니다.

몸이 불편해서도 그랬겠지마는 출근이 무상無常하였고 이따금 나가는 날도 책
상에 앉아 멍하니 그런 예의 숫자 유희나 하다가 돌아오는 것이었다고 합니다.
그러나 그러는 사이에 일을 하지 않았느냐 하면 또 그런 것은 아닙니다. 남이

들어서 한 열흘이나 걸려야 할 엄밀한 계산을 필요로 하는 서류를 잠시 앉아서 해 넘겼다고 합니다. 그런 때 자기만 알 수 있는 때 묻은 종이쪽지에 암호 같은 계산법을 참고로 하여 일을 하는지 장난을 하는지 모르게 기한부 문서를 다루어 내었어도 남들이 고급 계산기를 쓴 이상으로 정확했다고 합니다.

이런 말을 들을 때마다 한 번 더 오빠의 단명을 한탄하는 생각이 들지 않을 수 없습니다. 그렇게 무상한 출근 태도와는 달리 맡은 일만은 기한 내로 차곡히 책임을 완수하는 꼼꼼한 성격의 일면이 있었던 것으로 보아 오빠를 단순한 패륜悖倫의 사람으로 또는 상식 밖의 사람으로 보아 넘길 수는 없는 것입니다. 하기는 그러한 이율배반적인 삶이 들어서 오빠를 그렇게 불행하게 했고 또 그렇게 단명하게 했던 것이기도 합니다.

해경은 1929년 3월 경성고공을 졸업하고 4월 조선총독부 건축과 기수로 취직한다. 입사 직후 7개월 동안 그는 의주통의 전매청 창고 공사를 비롯해 몇 군데의 설계와 현장감독으로 분주한 나날을 보낸다. 그러나 이것도 잠시였다. 첫 객혈을 하고 만 것이다. 그렇다고 출근을 못할 정도로 몸이 쇠약한 것은 아니었다. 오히려 "조국의 영토를 강점하고 있는 일정日政의 총본산인 총독부에서 일하는 것"을 저어한 나머지 "출근하지 않은 날도 있었고 이따금 나가는 날도 책상에 앉아 멍하니 숫자 유희나 하다가 돌아왔다"는 것이다. 그러면서도 맡은 일은 철저하게 처리했던 모양이다. 한번은 일본인 건축과장 히로세廣瀨가 이상에게 열흘이 걸릴 만한 복잡한 계산을 맡겼는데 그는 그걸 그날로 계산해 넘겼고 이에 과장은 그를 신임했다. 히로세 과장은 이상의 백부인 김연필과 안면이 있는 사람으로, 그해 11월 자신이 관방회계과로 자리를 옮길 때 해경을 회계과 영선계로 영전시켜 데려갈 정도였다. 이상이 수학의 영재임을 단박에 알아본 것이다. 옥희가 이런 후일담을 꺼내든 것 역시 오빠가 단순한 패륜아가 아니라 자기 책임을 다하는 상식적인 인간이었음을 강조하기 위함으로 읽힌다.

"사람이 비밀이 없다는 것은 재산이 없는 것처럼 그렇게 가난하고 허전한 법이
외다." 이것은 오빠의 창작 〈실화失花〉의 허두에 있는 말이라고 기억합니다. 오
빠에게는 그렇게 비밀이 있을 수 없었습니다.

침울한가 하면 명랑하고, 한없이 밝은 성격의 그 또 이면에 숨은 칠흑 같은 어두
움−, 그런 생활에 사회와 인간의 보잘것없는 비밀은 여간 아니꼬운 것이 아니었
을 것입니다. 크게는 나라를 빼앗은 일본 사람들의 속임수에서부터 때 묻은 버선
짝만 두고 달아난 금홍이란 여인의 비밀, 그리고 빌딩 안에서 벌어졌다고 오빠가
믿는 임이란 여인의 비밀, 이런 것을 알고도 모른 척 해야 했던 오빠의 심경은 이
해하고 남음이 있으며 그렇기에 불우한 단명의 시인으로 후인後人이 알 수 없는
난해의 작품들만 숱하게 남기고 간 것이 아닌가 생각합니다. 그러기로 말하면 오
빠만큼 많은 비밀을 가진 사람이 없다고 생각되기도 하는 것입니다.

1935년 그러니까 모든 일에 실패를 하고 성천成川과 인천 등지로 휴양도 되지
않은 유랑의 길에서의 오빠가 무엇을 생각했는지 모를 일이며 입버릇처럼 다섯
나라쯤의 외국어를 할 수 있어야 되겠다고는 했지마는, 왜 동경으로는 건너갔는
지 또 거기서 어떻게 해서 피검은 되었는지 이 모두가 오빠란 한 인물의 비밀에
속하는 것으로 그저 애오라지 애달플 뿐입니다.

〈오빠 이상〉은 종결 부분에 이르러 추도문 형식으로 바뀐다. 하지만 옥
희는 균형감각을 잃지 않는다. 26년 전, 동경에서 유명을 달리한 오빠의
이른 죽음에 대해 절절한 애도를 표하되 그 애도는 사적인 영역에 머물지
않고 공적인 차원으로 승화되어야 한다는 것을 옥희는 의식하고 있는 듯
하다.

그녀가 호출한 '오빠'는 사적인 오빠인 동시에 한국 현대문학사에서 으뜸가는 천재작가로서의 공적인 오빠이다. 두 지점을 교차하며 의식하고 있기에 슬픔은 극도로 억제되어 있고 객관성을 잃지 않는 섬세한 수필가적 문체가 가능했을 것이다.

옥희가 오빠의 사망 소식을 접한 것은 어머니 박세창과 작은오빠 운경을 경성에서 다시 만난 1946년이다. 비록 오빠는 저세상 사람이 되었지만 이때부터 이 글을 발표한 1962년에 이르기까지 그녀는 '사회의 중견으로 건강하게 일하시는 오빠와 친지였던 분들'의 소식을 듣거나 때로는 직접 교유하면서 이상에 대한 저간의 평가에 대해 어느 정도 알게 됐고 바로 그렇기에 초반부의 회억에 이어 오빠에 대한 명예회복을 꾀하고 있음을 알 수 있다.

시인 김수영에게《현대문학》편집장인 여동생 수명이 있었듯, 이상에게는 오빠의 문학을 오늘날의 층위에 다시 올려놓고 싶은 영민한 옥희가 있었다. 이 글이 발표된 건 임종국이《이상 전집》(1956)을 묶어낸 지 6년 만의 일이다.《이상 전집》의 발간을 계기로 이상에 대한 관심은 불붙기 시작했다. 그 이전엔 한국전쟁 이후 전후 복구사업의 와중에서 이상뿐만 아니라 문학에의 관심은 거의 불모에 가까웠다고 할 것이다.

임종국은 전집을 내기 직전, 고려대 앞 제기동에서 김옥희와 함께 살고 있던 박세창 여사를 찾아가 미발표 일어日語 시와 사진을 빌려와 수록했을지언정, 김옥희는 "여자관계가 난잡하다는 오빠에 대한 세평"에 대해 그동안 침묵했다. 하지만 전집 출간 6년 만에 그가 말문을 연 것은《이상 전집》발간 이후 문학계와 출판계에서 이상에 대한 본격적인 연구나 재검토가 활발하게 전개된 시점과 일치한다.

이제 옥희는 오빠의 소설〈실화〉의 한 구절인 "사람이 비밀이 없다는 것은 재산이 없는 것처럼 그렇게 가난하고 허전한 법이외다"를 인용하면서

오히려 오빠는 비밀이 없는 사람이라고 반어적으로 서술한다. "오빠에게
는 그렇게 비밀이 있을 수 없었습니다. 침울한가 하면 명랑하고, 한없이
밝은 성격의 그 또 이면에 숨은 칠흑 같은 어두움-, 그런 생활에 사회와 인
간의 보잘것없는 비밀은 여간 아니꼬운 것이 아니었을 것입니다"에서 키
워드는 '아니꼬움'일 것이다. 이 아니꼬움은 "크게는 나라를 빼앗은 일본
사람들의 속임수에서부터 때 묻은 버선 짝만 두고 달아난 금홍이란 여인
의 비밀, 그리고 삘딩 안에서 벌어졌다고 오빠가 믿는 임姙이란 여인의 비
밀, 이런 것을 알고도 모른 척 해야 했던 오빠의 심경"이요, "오빠만큼 많
은 비밀을 가진 사람이 없다고 생각되기도 한다"는 것이다. 또 오빠가 왜
동경으로 건너갔는지 또 어떻게 해서 피검되었는지는 모두 오빠란 한 인
물의 비밀에 속하는 '아니꼬움'인 것이다.

옥희는 오빠가 말한 '비밀'이란 거창한 게 아니며 다만 보잘것없는, 뒤
틀린 심상에 불과하다며 짐짓 '비밀'의 뉘앙스를 가라앉히고 있다.

어쩌면 불란서의 근대시인 랭보란 사람의 일생 같기도 하고 가까운 일본의 석
천탁목石川啄木의 삶과 같기도 하여 몽롱한 가운데 무엇인가 한 가닥 빛을 지녔
던 오빠의 이야기가 가냘픈 한갓 여성의 붓에 맞겨질 것인가 하는 느낌입니다.
오빠가 동경의 니시간다西神田 경찰서에서 병으로 보석이 되어 나와서 별세하
셨을 때 나는 해외에 있어서 소식조차 듣지 못하였고 그러니까 1937년 5월 4
일 어느 여인의 손에 의하여 쓸쓸히 환국하여 미아리에 묻히는 날에도 참여하
지 못하였습니다. 그뿐 아니라 그때 있었던 아우들까지 지금은 행방이 묘연하
니 노모의 한탄과는 달리 어느 무덤이 오빠의 몸을 묻은 무덤인지 알 길 없으
니 이 위에 더 답답할 수가 없습니다.
아마 생전에 재산과 함께 갖지 못했던 비밀이라 허전한대로 사후의 자기 무덤
을 비밀에 부치자는 무의식 속의 의지가 그렇게 시켰는지도 모릅니다. 그러나

필경은 미아리 그 어느 한 무덤 흙으로 되었을 오빠의 무덤 위에 잔디가 잘 살아 돋는지 알 길 없는 채 섭섭한 마음만 간절합니다.

옥희는 오빠를 프랑스 시인 랭보와 일본 시인 이시카와 다쿠보쿠石川啄木의 파란만장하고 짧은 인생에 비유하고 있다. 랭보(1885~1891)가 1876년에 독일어·아랍어·힌두스타니어·러시아어를 습득하기 위해 세상을 주유했듯 이상도 "입버릇처럼 다섯 나라쯤의 외국어를 할 수 있어야 되겠다"며 동경으로 떠났다는 것이다.

또 한 사람. 이시카와 다쿠보쿠(1885~1912)의 본명은 이시카와 하지메石川一이다. 일본의 사회주의자 코도쿠 슈스이幸德秋水의 영향을 받은 이시카와 다쿠보쿠는 자유, 평등, 박애의 사상을 바탕으로 일본의 국수주의를 비판하고 조선경멸론을 지탄했다. 1910년 8월 29일 관보 호회号外에 명치천황의 한국병합에 관한 조서詔書가 공표되었을 때 그는 일본을 '시대의 폐색閉塞'의 나라라고 비판했다. 이어 〈9월 밤의 석평石苹〉이라는 제목으로 쓴 단시에 한국병합에 대한 비참한 심경을 드러낸다.

메이지 43년(1910)의 가을 내 마음은 더없이 참말로 구슬프구나
어쩐지 야비해 보이는 우리나라 사람의 얼굴 위로 가을바람 스친다
가을바람은 우리 메이지 청년의 위기를 슬퍼하는 얼굴 애무하며 불어온다
(http://www.zoglo.net/blog/jinwenxue)

나아가 그는 1911년 6월 〈코코아의 한 잔〉이란 시에서 "나는 알고 있다. 테러리스트의 슬픈 마음을"이라고 읊었다. '테러리스트'란 이토 히로부미를 저격한 안중근을 지칭한다. 안중근에 대한 깊은 이해와 동정을 공개적으로 표명한 다쿠보쿠에 대한 조선 문인들의 관심은 지대했다. 팔봉 김기

진金基鎭도 1920년 일본 유학 당시 다쿠보쿠의 영향을 받았다고 고백했고 시인 백석도 이시카와 다쿠보쿠의 시를 사랑해서 그의 시가집을 즐겨 읽었으며 필명인 '백석白石'의 '석石' 역시 이시카와 다쿠보쿠石川啄木의 '石'에서 따온 것으로 알려져 있다. 옥희 역시 랭보며 다쿠보쿠를 일찍이 알고 있었던 것이다.

이제 〈오빠 이상〉은 종결로 치닫는다. 옥희는 "1937년 5월 4일 어느 여인의 손에 의하여 쓸쓸히 환국하여 미아리에 묻히는 날에도 참여하지 못하였다"며 송구스런 마음을 드러낸다. '어느 여인'이란 올케인 변동림을 지칭하지만 구태여 이름을 쓰지 않고 '어느 여인'으로 지칭한 것은 변동림이 화가 김환기에게 재가해 이름마저 김향안으로 개명함으로써 김 씨 가문과 완전히 인연을 끊은 데에 기인했을 터이다. 남남으로 살고 있는 변동림의 이름 석 자를 구태여 거명하고 싶지 않았을 것이다.

"어느 무덤이 오빠의 몸을 묻은 무덤인지 알 길 없으니 이 위에 더 답답할 수가 없다"라는 대목에서는 무덤의 위치를 알고 있는 아우, 즉 둘째오빠 운경의 행방불명 이후, 모친과 함께 미아리 공동묘지를 찾아갔지만 해경 오빠의 무덤을 찾을 수 없었다는 옥희의 피 묻은 절규가 묻어난다. 무덤의 위치를 아는 또 한 사람, 변동림(훗날 김향안)은 옥희가 이 글을 쓴 1962년 프랑스에서 일시 귀국해 한국에 머물고 있었지만 그런 사실을 아는지 모르는지 옥희는 묵묵히 홀로 펜을 든 것이다. 옥희의 〈오빠 이상〉은 짧은 회상기 같지만 꼼꼼히 읽어보면 사무치는 회억을 두서없이 써내려간 게 아니라 아주 절제된 문장으로 천재작가로서의 이상의 명예 회복을 염두에 두고 있다. 평범한 추모의 글이 아닌 것이다. 1962년이면 옥희의 나이 마흔 여섯이다.

04

《신동아》 판 〈오빠 이상〉 전말

|
옥희가 말하는 가족애사

김옥희는《현대문학》1962년 6월호에 이어《신동아》1964년 12월호에〈오빠 이상〉이라는 같은 제목의 회고기를 싣는다.《신동아》측의 요청이 있었기 때문인데 누가 어떤 경위를 거쳐 청탁을 했는지는 알려지지 않았다. 당시 주필은 천관우였다.

《신동아》판〈오빠 이상〉은 원고지 52장 분량이다.《현대문학》판〈오빠 이상〉에 비해 좀 더 정교한 것은 물론 김옥희가 연대기별로 자신의 회억을 털어놓고 있는 게 특징이다. 원문을 읽으면서 행간에 감춰진 탄생에서 죽음에 이르기까지 이상의 생애를 꼼꼼하게 되짚어본다.

오빠 이상李箱

－김옥희金玉姬

'이상' 그러니까 큰오빠 해경의 생활을 말하라는〈신동아〉의 청을 처음에는 거절할 생각이었습니다. 그것은 문학인도 아닌 시중의 일개 주부가 할 구실이 못 된다는 것과 또 너무도 불행했던 오빠의 지난날의 생활을 들춘다는 것은 나에게 지나치게 벅찬 고역이리라는 생각 때문이었습니다.

그러나 돌이켜 오빠 가신 지 이미 삼십 년의 세월이 갔고, 또 가히 천명을 안다는 내 연륜으로 지나친 감상에만 젖고 있을 수도 없는 일이라 생각하여 붓을 들어보기로 했습니다. 혹 내 이 글이 오빠 이상의 생활과 문학을 알고자 하는 분들에게 티끌만큼의 도움이라도 되었으면 하는 것이 내 염원입니다. 이제 이 땅에 무덤마저 없는 큰오빠가 이 일을 알면 어떤 표정을 할까? 회억回憶의 비감 속에서도 빙그레 웃음 짓는 그 독특한 모습이 떠오릅니다. 그런데 오빠의 문학은 감히 내가 말할 소임의 것이 아닐 것 같아 여기서는 주로 오빠의 생활, 즉 그의 성장에서 운명까지 생활의 단편들을 기억나는 대로 적어 보겠습니다.

오빠와 나의 연차는 6년, 어느 가정 같으면 사생활의 저변까지 샅샅이 알 수 있는 사이겠습니다마는 우리는 그렇지가 못했습니다. 그것은 작은오빠 운경도 아마 그러할 것입니다(작은오빠는 통신사 기자로 있다가 6·25때 납북됨). 왜냐하면 큰오빠는 세 살 적부터 우리 큰아버지 김연필 씨 댁에 가서 살았기 때문입니다. 그러므로 큰오빠의 어린 시절 이야기는 지금도 생존해 계시는 큰댁 큰어머니나 또 우리 어머니(이상의 생모)께 들어서 알 뿐입니다.

오빠 이야기만 나오면 눈시울에 손이 가시는 어머니−의지 없으시어 지금까지 내가 모시고 있는−께 들은 오빠의 성장에 대한 이야기부터 적기로 하겠습니다. 오빠의 생활은 어쩌면 세 살 적 큰아버지 댁으로 간 일부터가 잘못이었는지 모릅니다. 〈공포의 기록〉이란 글에서 〈그동안 나는 나의 성격의 서막을 닫아버렸다〉고 말한 것처럼, 오빠의 성격을 서막부터 어두운 것으로 채워준 사람은 우리 큰어머니였다고 집안에서는 다들 그렇게 생각하고 있습니다.

김옥희는《신동아》의 청탁을 받고 무척이나 망설였던 것 같다. 그럼에도 불구, 청탁에 응한 것은 큰오빠 해경의 유년기에서 사망에 이르는 전모를 되짚어봄으로써 불필요한 오해를 불식시키려는 일종의 소명의식이 작동

했기 때문으로 보인다.

도입부에 불과하지만 몇 가지 정보가 읽힌다. "오빠 이야기만 나오면 눈시울에 손이 가시는 어머니—의지 없으시어 지금까지 내가 모시고 있는—께 들은 오빠의 성장에 대한 이야기"라는 대목에서 노모 박세창을 김옥희가 모시고 살고 있다는 게 첫째요, "오빠와 니의 언차는 6년"이라는 대목을 참고하면 김옥희는 1910년생인 이상과 여섯 살 터울인 1916년생이라는 게 둘째다.

다음으로 김옥희는 이상의 수필 〈공포의 기록〉의 한 대목인 "그동안 나는 나의 성격의 서막을 닫아버렸다"를 인용하고 있다. 짐작컨대 그녀는 이 글을 쓰기 위해 오빠의 작품을 정성들여 정독했음을 알 수 있다. 〈공포의 기록〉은 1937년 4월 17일 동경제국대학 부속병원에서 숨을 거둔 이상의 유해가 경성에 도착하기 전인 1937년 4월 25일부터 《매일신보》에 실리기 시작해 5월 15일까지 연재되었다. 유해보다 먼저 고국에 도착한 〈공포의 기록〉은 이상이 '작은어머니'라고 호칭한 백부의 후처와의 갈등에 초점을 맞춘 텍스트이다.

제2차의 객혈이 있은 후 나는 어슴푸레하게나마 내 수명에 대한 개념을 파악하였다고 스스로 믿고 있다. 그러나 그 이튿날 나는 작은어머니와 말다툼을 하고 맥박 125의 팔을 안은 채 나의 물욕을 부끄럽다 하였다. 나는 목을 놓고 울었다. 어린애같이 울었다(〈공포의 기록〉에서).

옥희가 '오빠의 성격을 서막부터 어두운 것으로 채워준 사람은 우리 큰어머니'라고 말한 '큰어머니'란 어린 해경이 큰댁에 들어간 지 2년 뒤 백부가 맞이한 두 번째 부인 김영숙을 지칭한다. 김옥희도 훗날 어린 해경을 아끼고 돌봐준 사람은 김영숙이 아니라 '원래의 큰어머니'라고 들려준다.

대부분의 사람들이 잘 모르고 있습니다만, 큰어머니는 한 분이 아니라 두 분이 계셨습니다. 오빠가 처음 큰집으로 들어갔을 때는 집안에 자식이라곤 아무도 없었다고 들었습니다. 지금도 살아 있는 문경 씨는 나중에 들어온 새로운 큰어머니가 데리고 들어온 아들이죠. (중략) 오빠가 귀여웠던가 봐요. 할머니가 처음 보는 손자인데다 귀엽게 생겼으니까 큰집에서 데려갔겠죠. 원래의 큰어머니하고는 잘 지냈던 것 같아요. 그분은 큰아버지가 북지에서 새로 여자를 데리고 오니까 곧 집을 나갔다고 기억합니다(황광해·김옥희 대담, 〈천재 시인 이상의 여동생이 살아있다〉).

해경이 백부의 집에 들어가게 된 것은 '장손'이 잘되어야 한다는 조부 김병복과 조모 최 씨의 장손 집착에 기인한 것으로 짐작된다. 그때만 해도 통동 154번지는 조부 김병복金炳福이 호주였다. 하지만 1914년 조부가 세상을 뜨자 해경은 조모의 보살핌을 받으며 성장했고 이후 백부가 세상을 뜬 1932년까지 통동 집에서 살았다.

어린 해경은 '원래의 큰어머니'로 지칭되는 백모로부터 사랑을 듬뿍 받고 자랐을 것이나 '그분'이 집을 나간 후 백부가 후처로 들인 작은어머니 김영숙이 데리고 들어온 문경에게 자신의 자리를 내주고 외톨이 신세가 되고 만다. 그래서 "오빠의 성격은 서막부터 어두운 것으로 채워졌다"는 것이다.

여기서 해경의 출생지에 대한 논란을 잠깐 짚어보자. 김옥희는 《레이디경향》(1985. 11. 8)과의 인터뷰에서 "호적에 따르면 오빠 해경의 출생지는 경성부 북부 순화방順化坊 반정동牛井洞 4통 6호"라고 밝힌 바 있고 문학평론가인 권영민 서울대 교수 역시 《문학사상》 2010년 4월호에 "이상의 부친인 김영창의 제적등본을 확인한 결과 장남인 이상(제적등본에서의 본명은 김해경)이 순화방 반정동 4통 6호에서 태어난 것으로 나타났다"고 밝힘에 따라 이상의 출생지는 반정동으로 굳어지는 듯했다.

하지만 우리문화재자료연구소 이순우 소장은 구 등기부등본과 1917년 '경성부 관내 지적목록'을 확인한 결과 이상이 백부 김연필 소유의 사직동 165번지에서 태어났을 가능성을 제기했다(《경향신문》 2013. 6. 29). 이 소장은 이상이 태어난 1910년대 초기 서울의 지도를 분석한 결과 "통인동 154번지와 반정동 4통 6호는 동일한 장소"라며 "순화방 역시 사직동 쪽이 아니라 지금의 통인동 쪽이기 때문에 제적등본의 출생기록이 실제 태어난 곳이 아니라 큰집의 주소로 기록된 것에 불과하다"고 주장했다. 다시 말해 "1911년 일제가 부付−방坊−계契−동洞 제도로 일시적으로 개편했다가 1914년 동洞−정町−통通−정목丁目 제도로 다시 개편함으로써 반정동과 통인동을 다른 지명으로 보는 오류가 생겼던 것으로 추정할 수 있다"는 것이다. 이에 따르면 결국 해경, 운경, 옥희는 모두 '통동 154번지' 큰집에서 태어난 것으로 기록돼 있을 뿐 실제로는 사직동 165번지에서 출생한 것이 된다.

이렇게 된 데는 저간의 사정이 있다. 이상의 부친 김영창은 형 김연필의 주선으로 궁내부 활판소에서 일을 했는데 어느 날 종이 절단기에 손가락

백부 김연필의
서울 종로구 통인동
154번지 집.

셋을 잃고 불구가 되는 바람에 일을 그만두고 통인동 154번지 형의 집에 들어와 한 지붕 밑에서 살아간다. 그러다 형의 도움으로 사직동 165번지 집에 이발관을 차려 독립한다. 임시 분가였기에 자식들이 태어났어도 본적지는 통동 154번지로 기록되었던 것이다. 백모 김영숙은 이런 진술을 남겼다.

해경의 부모가 따로 분가한 것은 임시로 분가한 것이었소. 집안이 협착하거나 함께 살 형편이 못 되어서가 아니었소. 더구나 그때로는 일가가 한 지붕 밑에서 사는 것이 도리였으니 말이오. 한데 해경 아버지는 어른과 생각이 달라서 이발관 같은 것을 차려보고 싶다고 했어요. 어른이 한동안 그런 생각은 상스럽다고 반대하셨으나 아우의 갑작스런 불구에 동정하고 그런 일도 개화 개명이라고 생각하였는지 나중에는 묵인하셨어요. 분가를 아주 분가 형식으로 시아버님 유산을 얼마쯤 나누어 주시지 않고 어른들께서 사용私用하시는 돈을 주셨어요. 그 돈으로 이발소를 차리고 살림을 한 셈이지요. 그때 이발기계가 아주 비쌌던 것이 생각납니다(고은, 《이상 평전》).

이어령도 《이상 소설전작집 1》에서 "이상은 서울 사직동의 이발소 집에서 출생했다"라고 썼고 고은도 《이상 평전》에서 "그가 출생한 곳은 사직동이라는 어머니 박세창의 증언이 있다"라고 썼다. 1917년 판 〈경성부 관내 지적목록〉엔 사직동 165번지 49평이 김연필의 소유로 되어 있다. 하지만 김연필이 빚 때문에 사직동 집을 처분하자 동생 영창은 적선동의 초라한 집으로 옮겨갈 수밖에 없었다. 살림이 쪼들렸음에도 김연필은 가계의 명예 때문에 통인동 집만큼은 팔아넘길 수 없었다. 사직동 집은 김연필 소유의 집이었던 반면 통인동 집은 이상의 10대조 때부터 대대로 물려온 집이었다. 그렇다면 '통인동 154번지'라는 공간은 어떤 곳인가. 보성고보 시절이 집에서 하숙을 했던 해경의 친구 문종혁은 이렇게 들려준다.

상의 집(실은 상의 백부님 집)은 통동 154번지다. 지금의 중앙청과 사직공원 중간 지점에 위치해 있다. 순수한 주택으로서 안채와 그리고 행랑방이 하나, 따로 떨어져 있는 송판제 바라크 변소가 하나 이렇게 구성되어 있다. 이 집의 특색이라면 대지가 넓었다. 백여 평도 넘는 밭을 이루고 있었고 밭에는 철따라 마늘이니 상추 같은 것이 심어지고 있었다. 늦가을이 되면 옥수수와 수수대만이 꺼칠하게 서 있었다.

흙냄새를 풍기는 집이었다. 바라크 변소가 이 밭 가운데 외롭게 달랑 서 있다. 후일 상은 이 변소에 앉아 달과 이야기하며 시상詩想에 잠기곤 했다. 안채는 우리나라 전형적인 건물이다. 즉 안방에 대청 건너 건넌방, 안방에는 부엌이 달려 있다. 안방은 2간장반이요, 외광도 좋다. 상의 백부님과 사촌 동생 문경이의 거실이다. 대청 건너 건넌방은 안방과는 대조적이다. 좁기도 하지만 어두컴컴하다. 햇볕이라고는 연중 들지 않는 방이다. 이 방이 상과 상의 조모님의 거실이다.

상의 신변소설 〈날개〉를 읽으신 분은 〈날개〉의 방을 아시리라. "책보만 한 햇볕이 들었다가 손수건만 해지면서 하루가 가는 그 방을……." 그러나 이 방에는 손수건만 한 햇볕조차 들지 않는다. 1년 내내 손바닥만큼도 볕이 들지 않는다. (중략) 상의 집은 앞뜰과 뒤뜰의 두 개의 뜰이 있다. 안뜰은 상의 방에서 내다보이는 뜰이고 뒤뜰은 상의 방과는 인연이 없다. 왜냐하면 상의 방은 뒤뜰 쪽에는 문이 없기 때문이다. 한 울안의 뜰이건만 뒤뜰은 경사가 지고 모래가 많다. 비가 와도 곧 물기가 가신다. 봄, 여름, 햇볕이 쪼이면 눈이 부시다.

그런데 앞뜰은 늘 응달이 든다. 잠깐 햇볕이 들었는가 하면 곧 응달이 든다. 비가 와도 물기가 빠지지 않는다. 빛깔도 늘 검다. 뒤뜰과는 너무도 대조적이다. 앞뜰에는 화단이 있는데 누구의 손으로 이루어졌는지 돌멩이 몇 개로—그것도 이를 맞추어서가 아니라 띄엄띄엄 놓아서 마당과 화단의 경계선을 만들었을 뿐이다. 화초는 봉선화와 맨드라미 정도다. 이 꽃은 멀리서, 즉 상의 방에서 볼 때 탐스럽지도 않고 일체감도 없었다. 공간이 많은 꽃이었다. 맨드라미 또한 키만 크고 탐스러운 맛이 없다. 가을이 되면 국화가 보인다. 이 화단의 들국화는 의지할 곳이 없어 겨우 명맥을 유지하고 있는 몇 가지가 제각기 시달리고만 있다. 응달이지니 너무 애처롭기만 하다(문종혁, 〈심심산천에 묻어주오〉).

문종혁이 이런 글을 남기지 않았다면 통인동 154번지의 원형을 짐작조차 할 수 없었을 것이다. 현재 통인동 154번지는 방 두 칸 크기의 공간만 남아 있는 작은 전시장이 들어서 있고, 그마저도 잦은 개보수로 인해 처마와 지붕이 시멘트로 마감되는 등 근대건축물로서의 가치를 상실한 상태다. 하지만 문종혁에 따르면 안채와 행랑방이 있었고 백여 평이 넘는 밭이 있어 계절의 변화를 집안에서 볼 수 있었던 것은 물론 안뜰과 뒤뜰에는 한국 전통의 정원이 가꾸어져 있었다. 이상의 거처는 하필 응달이 드는 앞뜰 쪽에 위치해 있었고 비가 와도 물기가 빠지지 않았다는 대목에 이르면 이상의 우울은 이러한 성장 환경에서도 영향을 받았을 거라는 추측이 가능하다.

|

오빠 해경의 천재성

이제 김옥희는 오빠가 백부 김연필에게 양자로 들어간 정황을 더듬는다. 해경의 성장 과정에서 가장 큰 영향을 끼친 백부 김연필은 상공업에 종사하면서 재산을 모았고 조선총독부에서 하위직 관리로 일했던 중산층이었다. 그의 이름은 융희 3년, 1909년 5월 26일자 대한제국 관보의 〈휘보〉 가운데 '학사' 란에 당시 관립 공업전습소 제1회 금공과 전공생 졸업생 명단 7명 가운데 한 명으로 이름이 올라 있다. 그는 본처와의 사이에 소생이 없었으니, 장차 자신의 후사를 이어가게 할 후손으로 아우 김영창의 장남 해경을 눈여겨봐왔던 것이다.

처음 공업학교 계통의 교원으로 계시다가 나중에 총독부 기술직으로 계셨던 큰아버지 김연필 씨는, 슬하에 자식이 없었기 때문에 큰오빠를 양자 삼아 데려다 길렀던 것입니다. 그런데 자식을 보겠다고 안간힘을 쓰시던 큰어머니께 작은오빠가 생겼으니 큰오빠의 존재가 마땅치 않은 것은 너무도 당연한 일입니다.

두 돌 때부터 천자문을 놓고 '따 지' 자를 외며 가리키는 총명을 귀여워 못 배겨하시는 큰아버지, 그래서 모든 일을 어린 큰오빠와 상의하시는 큰아버지를 못마땅하게 여기시는 큰어머니가 오빠를 어떻게 대했을까 하는 것은 능히 상상할 수가 있는 일입니다.

"그렇게도 총명하더니 재주 있어도 명 없으니……."

오빠의 지난날을 생각하는 어머님 말씀처럼 그의 총명과 재주가 명 때문에 발휘 못 된 그 먼 원인이 우리 가정적 비극에 있었다고 생각하면 참 원통하기 이를 데가 없습니다.

잠시만 자리를 비워도 "해경이 어디 갔느냐?"고 찾으시는 큰아버지의 끔찍한 사랑과 큰어머니의 질시 속에서 자란 큰오빠, 무던히도 급한 성미에 이런 환경을 어떻게 참아냈는지 모릅니다. 하기는 그랬기에 외부로 발산하지 못한 울분들이 그대로 내부로 스며들어 폐를 파먹는 병균으로 번식해갔는지도 모르겠습니다만, 어쨌든 그런 가운데서도 공부는 무척 했었나 봅니다.

한글을 하루 저녁에 모두 깨우쳐버렸다는 수재형의 오빠는, 일곱 살 때에야 홍역을 치러서 아주 중병을 앓았는데, 그 고열에도 머리맡에 책을 두고 공부 못하는 것을 한탄했다니 말입니다.

이상은 1917년 누상동 신명학교에 입학해 1921년 3월 졸업한다. 당시 소학교는 4년제였다. 신명학교는 1908년 사회사업가 엄준원이 설립한 사립 소학교이다. 신명학교 재학 중에 이상은 그림에 소질을 보였고 마침 동

―

화가 구본웅이 그린 이상 '친구의 초상' (1935년 작).

창생이자 역시 그림을 그리던 구본웅(1906~1953)과 가까이 지낸다.

이상과 구본웅은 어릴 때부터 경복궁 서쪽 동네에 이웃해 살던 초등학교 동기 동창이다. 나는 즉각 두 분의 연보年譜를 도서관에서 확인해보았다. 두 분 모두 신명新明학교 1921년도 졸업생이 틀림없었다. 나는 당숙의 아들들(具桓謨·相謨·槐謨)에게 전화를 걸었다. 특히 그의 셋째 아들은 서산(구본웅의 호·인용자)과 신명학교 동기동창인 이상호李相昊라는 분으로부터 "우리 셋은 같은 반이었는데 구본웅은 글씨를 잘 썼고 김해경金海卿(이상의 본명)은 말을 잘했고 나는 공부를 잘했다"는 말을 직접 들은 적도 있다고 확인해주었다.

이상보다 네 살 많은 구본웅은 몸이 불구이고 약해서 초등학교를 다니다 말다 하는 바람에 이상과 같은 반이 되었다. 대부분의 학생들은 꼽추인 구본웅을 따돌렸다. 그러나 그에게 각별한 관심을 보이는, 조용하고 내성적인 학생이 있었다. 항상 외롭고 우울해 보이는 김해경(이상)이었다. 당시에 동급생 중에는 구본웅보다 몇 살이 더 많은 학생들도 있었다. 그래서 같은 학년에서 가장 나이가 어렸던 이상은 젖비린내 나는 아이로 취급받았으며 적지 않은 급우들에게 존대어를 쓰지 않을 수 없었다. 나이 많은 학생들이 그렇게 하라고 시켰기 때문이다. 졸업 후에도 이상은 구본웅에게 계속 존대어를 쓰며 4년 선배로 깍듯이 예우했다. 그래서 구본웅과 동갑인 이상호가 초등학교 졸업동기인 것은 주변 사람들이 다 알았지만, 이상과 구본웅이 동기동창이냐고 묻는 사람은 없게 되었다(구경모, 〈友人像과 女人像─구본웅 이상 나혜석의 우정과 예술〉).

신명학교를 졸업한 이상은 1921년 4월 불교계에서 운영하던 동광학교에 진학한다. 동광학교는 당시 불교계가 숭일동(지금의 명륜동)에 관우를 모신 사당이 있던 북묘 일대를 임차한 후 1915년 조선총독부의 허가를 얻어 설립한 학교였지만 고등보통학교 인가를 받지 못한 '잡종학교'였다. 하지만 불교계 종단의 내분으로 학교 운영에 차질이 빚어지면서 1923년 폐교 문제가 거론되었고 이에 따라 이상은 1924년 동광학교 3년을 수료한 상태에서 보성고등보통학교로 편입하게 된다. 이러한 일련의 진학 문제는 백부 김연필이 주도적으로 결정했다고 보아야 할 것이다. 김연필은 조선총독부 기술직으로 일하기 전, 공업학교 계통의 교원으로 근무했기에 자신이 애지중지하던 해경의 진학 문제만큼은 직접 챙겼을 가능성이 높다. 김연필은 풍채가 좋고 혈색이 좋아 낯빛이 불콰했던 모양이다.

상의 백부님은 그때 40 전후였다고 회상된다. 이 분이야말로 풍채가 좋으신 분이다. 형색이 좋으시다. 늘 불콰하시다. 또 이 어른의 카이젤 수염은 명물이다. 이렇게 말하고 보면 호걸 타입같이 느껴질는지 모른다. 그러나 그것이 아니다. 그저 호인好人이다. 위엄을 보이려는 점 하나도 없다. 이 분의 성격은 온순하기만 하다. 나는 이 어른이 한 번도 이맛살을 찌푸리거나 화내시는 것을 본 일이 없다. 나는 상의 혈통들은 다 이러한 혈통인 것을 확언한다. 즉 노염 탈 줄 모르는 성격이다. 상의 백모님은 이북 분이었다. 미모의 여인이었다. 어느 편이냐 하면 좀 독기가 서린 것 같은 얼굴이시다. 깔끔하고 다루기에 조심되는 성격이셨다. 그러나 이 어른도 남편에게는 물론이요, 시어머니나 조카 상에 대해서 간섭하거나 대립하는 것을 본 적이 없다. 다만 그의 아들 문경이를 나무랄 때 보면 옆에서 보고 듣기에도 따끔하시다. 문경이는 아직 어린애였다. 이 아이도 호인이다. 결점이 있다면 이 아이는 어딘지 허점이 있어 보인다. 이런 사람치고 악독한 사람은 없다.

상의 조모님-60은 훨씬 넘으셨고 70 가까우신 것 같았다. 이 어른도 통 말씀이 없으신 분이다. 아랫목에 누워 계시다가 때로는 외출하시고 안 계시다. 내 따라가 본 일은 없지만 작은아드님(상의 엄친) 댁에 가셨으리라고 믿어진다. 이 어른도 한 번도 상을 나무라거나 간섭하시는 것을 본 일이 없다. 상의 엄친은 따로 살고 계셨다. 상의 말과 같이 '도꼬야'시다. 이 말은 일본말로 이발사라는 말이다. 이 어른은 어쩌다 한 번씩 보이신다. 이 분도 말씀이 없으신 분이다. 조용하기만 하시다. 오셨는가 하면 가시고 안 보이신다. 다만 이 어른은 상의 백부님과는 그 풍채가 너무 다르셨다. 창백한 얼굴이오, 몸도 가냘프시다. 그리고 가난해 보이신다. 상의 자당님, 이 분도 언성을 높이거나 상을 꾸지람하거나 그런 일은 본 적이 없다. 이 어른은 때로는 신경질을 냄 직도 한 얼굴이었는데도 말이다. 아마도 이것이 상의 혈통의 가풍이 아닌가 싶었다(문종혁, 〈심심산천에 묻어주오〉).

이상과 동갑이지만 보성고보 후배였던 문종혁은 이 글을 쓸 당시 '대천읍 시장옥市場屋의 일우一隅'에서 병구病軀를 이끌고 있었다. 그러던 중 이상 28주기를 맞은 1965년 4월, 《문학춘추》에 실린 평론가 이영일의 이상에 대한 평문 〈부도덕의 사도행진–자기의 소설의 주인공 이상〉을 읽고 마음이 불편해 펜을 들었던 것이다. 〈부도덕의 사도행진〉에 이런 대목이 있다.

이상의 도덕과 함께 이상의 풍속도 또한 스스로 선택한 것이다. 〈책보만 한 햇볕이 들었다가 손수건만 해지면서 하루가 가는〉 창굴娼窟 속의 이상의 우거는 사실 이상의 도덕을 위해서 가장 알맞은 듯 싶었다. 이상으로서는 의외라고 할 일상적인 사회적 관계에 대한 관심을 〈지주회시〉에서 볼 수 있다. 얼핏 다윈의 〈종의 기원〉을 연상할 만큼 거미가 남의 피를 빨아먹는 생태를 인간의 사회관계에서 본 그는 공포와 잔학과 자조를 퍼부었다.
"노한 촉수−− 마유미−− 뭇의 자신있는 계집−− 끄나풀−− 허전한 것−− 수단은 없다. 손에 쥐인 二十원−− 마유미−− 十원은 술먹고 十원은 팁으로 주고 그래서 마유미가 응하지 않거든 에이 양돼지라고 그래버리지. 그래도 그만이라면

二十원은 그냥 날라가-- 헛되다-- 그러나 어쩌냐 공돈이 아니냐. 전무는 한 번만 더 안해를 층계에서 굴러 떨어뜨려 주려므나. 또 二十원이다. 十원은 술값 十원은 팁. 그래도 마유미가 응하지 않거든 양돼지라 그래주고 그래도 그만이 면 二十원은 그냥 뜨는 것이다 부탁이다. 안해야 또 한 번 전무 귀에다 대이고 양돼지 그래라 걷어차거든 두말 말고 층계에서 내리굴러라(《지주회시》의 말미)". 여기에서 거의 피해망상증에 가까운 뉴로티스를 볼 수가 있다. 〈지주회시〉는 그의 소설 중에 가장 많은 인물이 등장하는데 〈그〉와 〈안해〉를 중심으로 〈吳〉, 그의 끄나풀 〈마유미〉, 그의 회사의 〈전무〉와 카페 R會舘의 〈뚱뚱보〉 등이 등장 한다. 이들은 모두 서로가 뜯어먹고 빨아먹는 사이다. 또 빨아 먹히우면서 그 것이 결국 빨아먹는 사이이다(이영일, 〈부도덕의 사도행진〉).

문종혁은 "동 씨(이영일-인용자)는 상이 통속을 거부하는 것을 잘 인식하 면서도 상의 편이 아니었고 평론가의 냉혹성이랄까 그런 방법을 취했다. 그 결과가 〈부도덕의 사도행진〉이라는 것으로 나타난 것"이라며 이렇게 부언한다.

그러면서 동 씨는 이 짧은 동안의 일을 상의 전모로 간주하고 말았다. 나는 생 각한다. 한 편모가 전모일 경우도 있다. 그러나 한 편모는 어디까지나 한 편모 요, 전모가 아닐 경우도 있다는 것이다. 또 이 글은 작품평도 아닌 상의 인간상 을 쓰는 글에서 왜 그러한 '부도덕의 사도행진'이라 하게 되었는지 지금도 석 연치 않다(문종혁, 〈심심산천에 묻어주오〉).

문종혁은 〈지주회시〉의 등장인물 오吳의 실제 주인공으로 알려진 인물 이기도 하다. 그러니 어찌 할 말이 없겠는가.

　한편 문학평론가 김윤식은 계간 《작가세계》 2004년 봄호에 기고한 〈쟁점-소월을 죽게 한 병, 〈오감도〉를 엿본 사람〉이라는 글에서 이상과 문종혁 씨의 관계를 추적한 과정을 한 편의 추리소설처럼 흥미롭게 소개하고 있다. 이에 따르면, 문종혁은 일제시대 전북 옥구에서 거부의 셋째아들로 태어나 보성고보 재학 중이던 1927년부터 5년간 이상과 같은 집에서 살았고, 이상이 타계할 때까지 우정을 나눴다. 이 같은 주장은 문 씨가 1974년 《문학사상》 4월호에 기고한 〈몇 가지 이의-소설 〈지주회시〉의 인물 오吳가 증언하는 이상〉이라는 글에서 이미 제기한 바 있다.

　문 씨의 이 같은 주장에 대해 김윤식은 1998년 출간한 《이상 문학 텍스트 연구》에서 "일방적인 자기 주장이기에 뭐라고 단정하기 어렵다. 1990년 문 씨에게 확인 편지를 보냈으나 되돌아왔다. 백부 집에 살고 있는 이상과 한 집에서 5년간 있었다는 것은 믿기 어렵다"며 신뢰하지 않았다. 그러다 2003년 12월 문 씨의 조카로부터 편지를 받고 문 씨가 졸업한 보성고보의 학적부 등을 면밀히 검토한 결과 그가 실존인물임을 확인한다. 김윤식에게 편지를 보낸 사람은 문종혁의 조카인 원로 영문학자 문용(전 서울대 영어교육과 교수) 씨였다.

　문용 교수에 따르면 이상과 동갑인 문 씨는 보성고보를 나와 일제 말기 군산과 목포 등의 세관에서 근무했다. 화가 지망생이었던 그는 젊은 시절에 이상, 구본웅 등과 함께 어울렸으며 세관에서 나온 뒤에는 파주의 미군부대에서 간판 그림을 그리며 연명했다. 말년에는 가족과 헤어져 충남 대천에서 외롭게 살다가 작고한 것으로 알려졌다.

　하지만 문용 교수의 증언에 앞서 1969년 여원사의 청탁을 받고 대천읍에 가서 당시 60세인 문종혁을 만난 사람은 1956년 《이상 전집》을 출간한 임종국이다. 문 씨와 하룻밤을 지새우며 이야기를 나눈 임종국은 문종혁의 이력을 이렇게 들려준다.

군산 출생. 성장은 옥구에서, 군산 영명학교를 거쳐서 보성고보로 진학한 문종혁 씨는 이상의 집에 하숙하면서 이상과 함께 그림을 그렸다. 이리하여 태평양화학교太平洋畵學校로 진학한 문 씨는 선전鮮展·협전協展·녹향전綠鄕展 같은 곳에 출품하면서 한때 화단생활까지 한 사람이었다. (중략) 문 씨는 부친의 명령에 따라 인천의 강익하취인점康益夏取引店에 입사했으며(이상 24세), 26세에 동아증권 및 인천의 조준호취인점趙俊鎬取引店 조사주임으로 근무하면서 주로 경제계의 시세 변동을 조사하여 고객에게 보도해주는, 그러니까 경제통신의 자료를 조사 편집하고 있었다(임종국, 〈인간 이상의 유일한 증언자〉).

문종혁에 따르면 동갑내기인 해경은 학년으로 따져 자신보다 4년 앞선 수재였다.

그의 가족에게서 들은 이야기로는 그가 다섯 살 때 한문의 천자문을 배웠는데 한 번 가르쳐 주면 다시 가르칠 필요가 없을 정도였다고 한다. 다 배우고 나더니 거꾸로 외더라는 것이다. 그래서 그 당시의 어른들은 그를 신동이라고 불렀다는 것이다. 그는 열일곱에 보성고보를 졸업했다. 그때의 학제는 지금의 중학과 고등학교를 합친 학제로서 5년에 졸업을 한다. 그러면 상은 열두 살 봄에 중학에 입학했다는 풀이가 나온다. 중학교 1학년에 스무 살 정도의 학생은 수두룩한 시절이다. 그런데 이 꼬마가 어떻게 중학교에 입학이 되었는지 나는 지금도 의문이다. 열여덟의 상은 고공高工 3년생이었다. 그리고 열여덟의 나는 보성고보 3년생이다. 학년으로 따져서 상은 나보다 실로 4년을 앞서 걷고 있었다. (중략) 나는 그의 방에서 살다시피 했지만 그가 그의 방에서 학과 공부를 하는 것을 본 일이 없다. 아마도 그는 강의 시간에 한 번 들으면 그만인가보다. 그 이상 복습이나 연구가 필요 없는 모양이었다(문종혁, 〈심심산천에 묻어주오〉).

통인동 154번지 백부의 집 뒤채엔 5, 6명의 학생들이 하숙을 하고 있었다. 문종혁은 그들 가운데 한 명이었다. 시험 땐 밤에도 세숫대야에 물을 떠다놓고 타월에 찬 물을 적셔가며 시험공부를 하는데 상은 누워 책을 읽고 있다. 교과서가 아니라 예술에 관련된 책이나 대중잡지의 소설들이다. 상은 스무 살 때 이미 서양화사西洋畵史는 일가를 이룰 정도였고 바로 그해 조선총독부 건축과 기수로 취직한다.

그런데 그는 스무 살 나이로 학창을 나오며 바로 총독부 건축과에 직을 가졌다. 정확히 말해서 그는 월 50원의 고원이 됐다. 졸업과 동시에 총독부에 취직이 된다는 것은 그 당시로서는 하늘에 별 따기다. 더욱이 상은 한국인인데다가 약관 20세다. 무슨 배경이 있는 것도 아니요, 그의 말과 같이 '도꼬야(이발사)'의

구 조선총독부 건물. 1919~1945년 한반도를 지배한
일본 제국주의 최고의 식민통치기구였다.

아들'이다. 이것은 천재 수재가 아니면 안 된다. 둘째 성품이 좋아서 교수진의 눈에 들어야 한다. 그래야만이 추천을 받는다. 그때는 촌 면서기나 군청 고원들의 월급은 10여 원에 불과한 때였다. 상과 나를 견주어본다는 것은 어울리지 않는 이야기다. 그러나 그림에 관해서라면 나도 누구에게도 자리를 양보할 존재가 아니라고 자부심을 갖고 있다. 나도 스무 살 고개에 조선미술전람회를 비롯해서 몇 개 안되는 전람회지만 무감사로 그림이 걸리던 때였다. 하기는 테크닉이나 창작의 절정을 뜻함은 아니지만 그 방면(미술)의 지식으로서는 상은 스승 격이었다. 그의 서양화사는 일가를 이루고 있었다. 실로 미술학교의 강사의 자격을 지니고 있다. 작가의 이름, 작품의 명제, 연대와 시대의 가치성, 실로 전문가의 식견이다. 특히 인상파 이후의 화파와 가치성에 이르면 그의 청산유수 같은 찬사는 내용만이 아니라 그 이야기가 명강의였다. 마티스의 색채와 제작 과정, 피카소의 입체주의에 이르면 그의 찬사는 절정에 이른다. 그것만이 아니다. 그 당시의 물감(에노구) 목록에 의하면 150종 내지 200종 정도였다고 회상된다. 그것을 드르르 외는 것이다. 그것만이 아니다. 불란서의 어느 작가의 팔레트 물감 배열순서는 어떻고, 또 어느 작가의 물감 배열순서는 어떻고…… 등등. 그 당시 이 땅에서의 미술에 관한 모든 용어는 영명英名이었다. 수요가도, 판매상도 그러하고 화가끼리도 그러했다. 그런데 그는 불명佛名으로도 알고 있는 것이다. 20세 미만의 그가 그렇게 정통하고 박식일 수가 있을까. 그는 본래 화가 지원생이다. 아마도 내가 문학에 너무도 무식해서 그의 얘기를 다 이해하지 못했고 동시에 기억하지 못한 것 같다.

그러나 지금도 나의 뇌리 속에 남아 있는 것을 돌이켜보면 우선 일본 작가로서 나쓰메에서 시작해서 아리시지마, 기꾸찌 깡, 아꾸다가와에 이르러 시대성과 가치성을 얘기하곤 했다. 에도가와 란뽀도 한몫 끼었다.

서구에 들어서면 셰익스피어를 비롯해서 명작들이 나온다. 춘희, 마농, 동키호

테 등등, 그가 즐겨 이야기하던 소설들이다. 그가 특히 좋아한 것은 《라 보엠》
이었다. 그의 새로운 것을 추구하는 성격은 이미 18세에 뿌리박고 있다고 생각
된다. 후일 그가 스무 살을 넘어서자 그는 기꾸찌 깡을 욕하기 시작했다. 그리
고 아꾸다가와에 찬사를 던지기 시작했다. 그는 문학만이 아니다. 영화를 보아
도 감독이나 배우의 연기 면을 이야기할 뿐 스토리 같은 점에는 관심이 없다.
음악이 나오면 베토벤이 나오고 슈벨트가 나오고 오케스트라가 나온다. 철학
이 나오면 소크라테스가 나오고 니체, 헤겔이 나온다. 이것은 그가 18, 9세에
서 20세 미만의 아직 학생모를 쓴 그의 입에서 나오는 이야기들이었던 것이다.
언제 그렇게도 많은 책들을 읽었는지 모를 일이다. 또 그것이 수박 겉핥기식의
그것이 아니요 그 알맹이들을 알고 있는 것이다. 그의 입독立讀은 유명하다.
저녁밥을 먹으면 약속이나 한 듯이 그도, 나도 옷을 주워 입고 대문 밖을 나서
어깨를 나란히 걷는다. 가는 곳은 정해 있다. 본정(지금의 명동)이다. 그림재료
상에 들어선다. 재료들을 산다. 열에 아홉 번 나는 사고, 그는 따라 들어서기만
한다. 그는 다음에는 책방으로 들어서는 것이다. 그는 벌써 책을 골라 읽기 시
작한다. 상은 서서 읽고 있다. 글을 수직으로 읽는 것이 아니라 사선으로 읽는
다는 말이 있다. 그는 정말 사선으로 읽는 것 같다. 왜냐하면 그의 책장은 쉴
새 없이 넘어가니 말이다.

밤이 늦어서야 둘이는 귀로에 접어든다. 그는 돌아오면서 지금 읽은 책을 이야
기한다. 지명, 인명, 연대, 하나도 거침없이 나온다. 금방 읽었다 하지만 제 집
번지, 제 이름, 제 생년월일 외듯 거침없이 이야기한다. 그의 기억력은 참으로
놀랍다. 예부터 내려오는 말에 천재를 단명短命하다고 했다. 상은 천재이기에
일찍 죽은 것일까?(위와 같음)

해경의 천재성 앞에서 역시 화가 지망생이었던 문종혁도 적지 아니 절망

했을 것이다. 그럼에도 문종혁은 해경의 천재성을 질투하거나 왜곡하지 않고 가감 없는 사실로 적고 있다. 여기서 '입독立讀'이라는 단어가 특히 눈에 들어온다. 서점에 들어가 책을 서가에서 빼들고 선 채로 읽는 동안 그의 머리는 마른 스펀지처럼 젖은 문자를 빨아들여 저장한다. 사선으로 읽으니 책장은 쉴 새 없이 넘어간다. 속독은 천재의 징후이기도 하다. 문종혁이 진술하는 바, 귀갓길에 서점에서 본 내용을 복기하는데 지명, 인명, 연대, 하나도 거침없이 나오는 스무 살 해경의 모습을 상상해보자. 방금 읽었다고는 하지만 제 집 번지, 제 이름, 제 생년월일 외듯 거침없이 이야기하는 비상한 두뇌의 소유자가 해경이었다.

|

차라리 화가가 되었더라면

옥희의 회상은 이제 오빠 해경의 보성고보 졸업 당시로 옮겨가지만 그 회상 또한 쓰라림으로 점철되어 있다. 백부 댁에 양자로 들어갔으니 학비는 의당 백부가 책임을 지는 게 당연한 일이겠지만 옥희에 따르면 오빠 스스로 학비를 조달하기 위해 점심시간에 현미빵을 팔아 학비를 댔다고 들려준다. 현미빵을 집에서 만들어왔을 리는 만무하고 아마도 어디서 현미빵을 떼어와 팔았을 것이다.

1926년, 그러니까 오빠가 열일곱 살 때 보성고보를 졸업했습니다. 그 사이의 고생은 이루 말할 수가 없었다고 합니다. 점심시간에 현미빵을 교내에서 팔아 그것으로 학비를 댔다고 하는데, 후에 오빠가 다방 같은 장사를 시작한 것도 아마 이때부터 싹튼 돈에 대한 집념 때문이 아닌가 생각됩니다.

오빠는 또 어릴 때부터 그림을 매우 잘 그렸습니다. 무엇이든지 예사로 보아 넘기는 일이 없는 그는, 밤을 새워 무엇인가를 골똘히 생각하고 그것을 종이에 옮겨 써보고, 그려보고 하는 것이 버릇처럼 되었더라고 합니다. 열 살 때인가 당시 '칼표'라는 담배가 있었는데, 그 껍질에 그려져 있는 도안을 어떻게나 잘 옮겨 그렸는지 오래도록 어머니가 간직해주었다고 합니다. 보성고보 때 이미 유화를 그렸는데 어느 핸가는 〈풍경〉이라는 그림을 선전에 출품하여 입선된 일도 있었습니다.

옥희의 이런 기억과 함께 문종혁의 회고기 〈몇 가지 이의異議〉에 따르면 해경은 이미 보성고보 시절인 18세 때부터 시작詩作에 열을 올리고 있었다.

1인치가 넘는 두꺼운 무괘지無罫紙 노우트에는 바늘끝 같은 날카로운 만년필 촉으로 쓰인 시들이 활자 같은 정자로 빼곡 들어차 있었다. 그는 그 노우트를 책상 서랍 속에 소중히 간직하였다. 당시 상箱은 나에게 그림에 관해서는 자주 얘기했지만 시에 대해서는 이야기 하지 않았다. 그림을 그리는 시간에 상은 일본의 사이죠우 야소西條八十의 시와 기꾸치 칸菊池寬의 소설을 열심히 읽고 있었다. 이렇게 2년을 보낸 후 스무 살(1929)에 접어들자 상은 입버릇처럼 말하기 시작했다. "나는 문학을 해야 할까봐……." 이것은 화가를 꿈꾸는 그의 내부에 결정적인 변화가 생긴 것을 의미했다. 그는 화구를 돌보지 않게 되었고 문학 쪽으로 완전히 기울어진 것 같았다(문종혁, 〈몇 가지 이의〉).

이후 문종혁은 1930년 그림공부를 위해 일본에 갔다가 이듬해 서울로 돌아온 뒤 다시 해경과 합류해 같은 방에서 두 달 동안 생활했다고 한다. 그때 해경은 피골이 상접하여 몸을 가누기조차 힘들 정도였는데도 밤낮을 가리지 않고 시작에 파묻혀 있었다는 것이다. 밤중에 깨어나 보면 해경은 이불 속에 엎드려 무언가 끼적거리고 있었고 때로는 변소에 가서 문을 활짝 열어놓고서 야반삼경夜半三更 달을 바라보며 시상에 잠기곤 했다. 문종혁은 이상의 〈오감도〉 '작가의 말' 가운데 "이천 점에서 삼십 점을 고르는 데 땀을 흘렸다"라는 대목을 인용한 뒤 "18세부터 24세까지 해경의 무괘지 노우트엔 2천 점의 작품이 씌어졌는데 그중 대부분은 21세부터 23세

사이에 씌어진 것"이라고 썼다. 옥희가 기억하는 화가로서의 해경과는 달리 문종혁은 해경이 이미 20세 때 그림을 작파하고 문학 쪽으로 나갈 결심을 했다고 회고했다.

고보를 나오자 그해에 경성고공 건축과에 입학한 것은 아마 큰아버지의 영향을 받은 것이 아닌가 생각됩니다. 오빠 아니 스무 살이 되던 1926년에 고공을 졸업하고 그해 총독부 내무국 건축과로 근무하게 되었습니다. 학교를 갓 나온 정열과 그 당시 큰아버지의 직장이 또한 그곳이었기 때문에 처음은 일본인 과장들과도 그리 의가 틀리지 않게 일을 한 모양입니다만 오빠 성질에 봉급자 생활 그것도 일본 사람들과의 사이가 원만하게 이루어졌을 리가 없었던 것은 당연합니다. 그러나 오빠로서는 큰아버지 체면을 생각해서라도 오래 견디지 않을 수가 없었을 것입니다.

그해 12월인가 《조선과 건축》지의 표지 도안 현상에 일등과 삼등으로 당선된 것으로만 보아도 그사이 큰오빠의 의욕을 짐작할 수가 있습니다. 그 이듬해인 1931년부터 시작詩作을 발표하기 시작했고 또 그해에 오빠의 그림 〈초상화〉가 선전에 입선되었습니다.

김해경이라는 본 이름이 이상으로 바뀐 것은 오빠가 스물세 살 적 그러니까 1932년의 일입니다. 건축 공사장에서 있었던 일로 오빠가 김해경이고 보면 '긴상'이라야 되는 것을 인부들이 '이李상'으로 부른 데서 이상이라 자칭했다는 것은 누구나 다 아는 이야깁니다. 그때 이상이라는 이름으로 처음 발표한 시가 〈건축무한육면각체建築無限六面角體〉입니다.

그러는 동안에도 오빠의 건축기사로서의 면목은 발휘되었던 것으로 전매국 청사가 오빠의 설계에 의해서 건축되었고, 지금의 서울 문리대 교양학부로 생각되는 대학 건물도 오빠가 설계한 것이라고 듣고 있습니다.

며칠씩이고 직장을 쉬고, 그런가 하면 나왔어도 멍하니 책상 앞에 앉아서 해를 보내던 오빠의 당시를 이야기하는 사람이 있습니다. 그러다가도 무슨 어려운 일을 맡기면 그 기한 안에는 자동계산기처럼 정확하게 해다 놓더라고 합니다. 꾸깃꾸깃한 종이쪽지 하나를 꺼내놓으면 이미 일은 다 된 것이나 마찬가지였다니, 어떤 일을 어떻게 처리한 것이었는지 알 길이 없습니다.

그래서인지 일본인 과장 한 사람과는 아주 뜻이 통했는데 그 뒤에 온 후임인가 아니면 다른 과장인가, 어쨌든 다른 한 사람과는 몹시 사이가 좋지 않아서 매사에 서로 의견이 충돌되었다고 합니다. 〈사각형의 내부의 사각형〉의 답답한 정황이 아마 이러한 오빠의 직장 생활에서 얻어진 '이미지'가 아닐까 이런 생각을 할 때가 있습니다.

해경이 경성고등공업학교 건축과를 수석 졸업한 후 조선총독부 내무국 건축과 기수로 발령을 받은 건 1929년 초였다. 건축과 기수 시절의 해경에 대해서는 《문학사상》 주선으로 시인 유정柳呈이 사회를 맡아 1981년 5월 2일 오후 5시, 서울 뉴타운 호텔 별실에서 진행된 경성고공의 일본인 동창생 오오스미 야지로大隅彌次郎(일본 규슈 후쿠오카시 오오스미 건축사무소장)와 한국인 동창생 원용석元容奭(전 한국경제신문 회장·해인중기 사장)의 대담이 많은 참고가 된다.

오오스미: 기수는 판임관判任官이고 그 위에 기사가 있었는데 이건 고등관 대우였지요. 기수의 월급은 한국인이 55원이었고, 일인에게는 그 60프로를 가산한 88원이었고 거기에 사택까지 주었지요. 그런 점에서 역시 공평을 기하지 못했던 거지요만, 김해경은 그런 것을 입에 내어 말하는 적은 없었습니다.

유: 근무 태도는 비교적 성실했던 것 같은데요.

오오스미: 그렇습니다. 성실할 뿐만 아니라 사무 능률도 썩 좋은 편이어서 일

인 상사의 신임도 두터웠던 걸로 압니다. 그즈음엔 옷차림도 제법 세련되어 직장에선 청년 신사로 통했던 것 같아요.(중략)

유: 원 선생님은 하숙에도 왕래하셨다는데, 김해경의 하숙방-백부 댁 기숙 생활은 어땠는지요.

원: 해경은 고독벽孤獨癖이 심했어요. 백부 댁 사랑채 단간방에 혼자 들어 있었는데 내가 찾아가면 문을 빠끔히 열고 툇마루에 나와서는 '밖으로 나가자' 면서 얼른 나와버리곤 했지요. 한 번도 방에 들어가 본 기억이 없어요.

오오스미: 그러고 보니 나도 그의 하숙에 가 본 기억이 없네요. 도대체 그는 자기 집 이야기를 한 적이 없어요.

원: 가정 이야기를 기피했어요. 그러면서도 양친에 대한 애정은 각별했습니다. 그의 부친은 인쇄 직공을 하던 젊은 시절에 손가락 일곱 개(사실은 세 개-인용자)를 사고로 잘리었는데 해경은 그걸 몹시 가슴 아파했어요. 또 모친이 사주신 것이라면서 운동화를 아껴서 뒷골목에선 벗어 들고 다니던 걸 기억합니다.

오오스미: 어머니의 애정에 굶주렸던 것 같아요. 그가 나한테 어쩌다 돈이 생기면 영화관엘 가자고 그래요. 단성사엘 곧잘 갔었는데, 가면 여성의 곁에 가서 앉으려고 해요. 그게 그저 청년기로서의 장난기가 아니라, 좀 여성의 냄새를 맡아보고 싶다 그거예요(웃음)(유정·오오스미 대담, 〈이상李箱의 학창 시절〉).

대담에 따르면 해경은 "눈에 번쩍 띄는 느낌을 주는 인물로 용모가 단려하고 준수한 것이 한마디로 귀공자 타입이었고 피부가 희고 눈에 광채가 있어서 수재라는 인상을 받았다(오오스미)"고 한다. 해경과 보성고보 시절부터 동창인 원용석은 "그와 나는 워낙 어려서부터 잘 알고 있었기 때문에…… 그는 보기만 해도 가난이 철철 흐르는 몰골이었다"며 "모자며 양복은 다 해지고 운동화 하나 제대로 새 것을 사 신지 못했는데 당시 고공생들의 야만풍野蠻風 풍속을 따르려고 그랬던 건 아니다"라고 증언했다. 원용석은 이어 해경의 경성고공 진학을 두고 "고공엔 비교적 윤택한 일본인 자제들이 들어갔고 한국인 학생들은 좀처럼 들어갈 수가 없었다"며 이렇게 말했다.

> 원: 합격자 명단을 보고 〈김해경〉 세 자가 눈에 띄자 나는 놀랐지요. 그가 이 학교를 지망할 까닭이 없고 보성고보에서 추천했을 리도 없다고요. 고보에선 그는 학업에 별로 열중하지 않아서 98명의 졸업생 중 15등쯤 성적이었거든요. 다른 학과에 신경 쓰지 않고 그 당시부터 그림은 열심히 그렸어요.
> 오오스미: 그렇습니다. 김해경이 경성고공을 지망한 건 오로지 그림을 그리기 위해서였습니다. 이건 나중에 그 학교 건축과 미술부에 함께 소속되면서 그가 나한데 그렇게 언명言明을 한 확실한 사실이지요(위와 같음).

오오스미에 따르면 그해 건축과 합격자는 모두 12명이었다. 이 가운데 조선인은 김해경金海卿과 유상하柳相夏 두 명뿐이었으나 유상하가 2학년 진급 시에 낙제를 하는 바람에 조선인은 김해경뿐이었다. 당시 경성고공은 3년제 전문학교로 건축토목과, 섬유공학과, 응용화학과, 광산과 등 5과에 각과 10명 남짓, 전체 60명 정도의 규모의 학생이 매년 입학하는 총독부 직할의 교육시설이었다.

여기서 오오스미의 신상이 궁금해진다. 그는 13세에 집을 뛰쳐나와서 일본 각지를 전전한 끝에 조그만 어선을 타고 인천 제물포에 상륙한다. 인천에서 몇 해 동안 개인의 토목사무소, 지방 토지조사국의 사환을 하면서 근근 득식得食한 후 경성에 올라와 선린상업과 서울공고를 거쳐 경성고공에 들어간다. 이게 다 그림을 그리고 싶은 일념이었다고 한다. 소학교를 나와 미술학교엘 가고 싶었는데 양친이 들어주지 않자 무작정 가출해 현해탄을 넘어온 모험가인 그가 해경과 급격히 친해진 것도 늘 고아 같은 심정으로 지내던 처지가 비슷했고 회화에 대한 집념도 비슷했기 때문이었다. 같은 미술부 소속으로 하숙집까지 서로 드나들게 된 두 사람은 수석을 다투는 라이벌 관계이기도 했다. 그래서 고공을 졸업하자 총독부 내무국 건축과에 기수 한 명을 학교 당국에서 추천하게 되었는데 해경이냐 오오스미냐 하는 문제가 논의됐다고 한다. 당시 건축과 과장이 오가와 히로미치小河弘道 교수였다. 그가 말하길 단 한 명의 한국인이니까 총독부 취직은 김해경에게 양보하라는 것이었고 그 결과 김해경이 총독부에 취직을 했다는 것이다.

해경은 1929년 11월, 조선총독부 관방회계과 영선계로 자리를 옮긴다. 이어 그해 12월 조선건축회의 일본어 학회지《조선과 건축》의 표지 도안 현상모집에 1등과 3등으로 각각 당선되었다. 이 표지 도안은 이듬해 1930년 1월부터 12월까지 사용되었다. 이어 조선총독부에서 일본의 식민지 정책을 홍보하기 위해 발간하던 잡지《조선朝鮮》국문판에 1930년 2월호부터 12월호에 걸쳐 유일한 장편이자 처녀작인《12월 12일十二月 十二日》을 '이상李箱'이란 필명으로 연재하였다.

이어 1931년《조선과 건축》에 김해경金海卿이라는 본명으로 일어 시〈이상한 가역반응異常ナ可逆反應〉을 비롯, 모두 28편을 세 번에 걸쳐 발표한다. 국내에서 발행된 최초의 건축 관련 월간지《조선과 건축》은 일어 잡지였기에 일반 독자들은 접하기 힘든 매체였다. 그럼에도 해경이《조선과 건축》에 일어 시를 발표한 것은 건축기수라는 그의 전문성 때문이었다. 더구나 표지 도안 현상모집에 당선된 그에게 지면을 할애할 이유는 충분했다. 하지만 해경의 일본어 시 28편은 건축 전문잡지에 발표되었기에 당대 문단으로부터 이렇다할 반응을 얻지 못했다. 이상이 조선총독부 기수로 서대문 의주통의 전매국 연초 공장 공사장에 투입된 것은 1929년 4월. 여기서 그는 7개월을 일했고 1930년 3월 9일에 있었던 낙성식에 참석하기도 했다. 거기서 그는 말단 관리의 유니폼을 입은 채 행렬에서 빠져나와 황폐한 묘소같은 구덩이 속에 들어가 눈물을 흘린다. 조선총독부의 주구가 되어 설계를 담당해야 했던 해경의 고통스러운 내면은 1932년 11월 6일 일어로 쓴 미발표 수필 〈얼마 안 되는 변해辨解〉에 함축되어 있다.

리벳과 같은 묘지를 보고 그것이 지구를 표상하는 훈장이라고 생각하지 않는가. 혹은 같은 의미에서 지구의 시들어간 에로티시즘을 은닉하는, 그것이 충실한 단추라고 생각하지 않는가.

지식의 첨예각도 0°를 나타내는, 그 커다란 건축물은 준공되었다. 최하급 기술자에 속하는 그는 공손히 그 낙성식장에 참예하였다. 그리고 신의 두 팔의 유골을 든 사제한테 최경례最敬禮하였다.

줄지어 늘어선 유니폼 속에서 그는 줄줄 눈물을 흘렸다. 비애와 고독으로 안절부절못하면서 그는 그 건조물의 계단을 달음질쳐 내려갔다. 거기는 훤하게 트인 황폐한 묘지다. 한 개의 새로 판 구덩이 속에 자기의 구각軀殼을 드러눕힌 그는 산 하나의 묘를 일부러인 것처럼 만들어놓았다.

관통의 벽면에 설비된 조금밖에 안 되는 여백을 이용해서 그는 시체가 되어가지고 운명의 미분된 차差를 운산運算하고 있었다.

해답은 어디까지나 그의 기독교적 순사殉死의 공로를 주장하였다. 그는 비로소 묘지의 지위地位를 정의하였다. 그때에 시간과 공간과는 그에게 하등의 좌표를 주지 않고 그냥 지쳐가는 그 기회를 놓치지 않고 그는 현존과 현재뿐만으로 된 혹종惑種의 생활을 제작하였다. 새로운 감정 좌표에 따라서 그는 신선한 요술을 시작하기까지―(이상, 〈얼마 안 되는 변해辨解〉에서).

의주통 전매국 공장 낙성식에서 만 20세 해경은 일본인 최상급자로 추측되는 '신의 두 팔의 유골을 든 사제'에게 최대한의 예의를 갖춰 경례를 붙이고 비애와 고독으로 안절부절못한 채 계단을 내려와 자신의 육체를 어떤 묘지 구덩이 속에 눕히고 만다.

여기서 '리벳'은 영어로 'rivet'인데 대갈못을 의미한다. 교량이나 철판 등을 연결하는 데에 사용하는 머리가 굵은 쇠못이다. 그는 대갈못의 둥근 머리 모양을 무덤의 모습에 비유했던 것이다. 여기서 짚어볼 점은 1930년 처녀작 《12월 12일》을 기왕의 '이상李箱'이란 필명으로 발표한 그가 1931년 《조선과 건축》에 세 차례에 걸쳐 〈이상한 가역반응〉을 비롯, 모두 28편의 일어 시를 발표하면서는 정작 '김해경'이라는 본명을 쓰고 있다는 점이다. 비록 일어 시를 발표하고 있지만 자의식만큼은 어디까지나 조선인 '김해경'이었던 것이다.

오빠의 불행한 생활이 표면화된 것은 1933년 3월 오빠가 직장을 버리던 날로부터 시작되었습니다. 하기는 사표를 내던지고 억압된 직장을 떠난 일이 오빠로서는 시원하기까지 했을 것입니다마는 이해부터 객혈이 시작되었으니 불행의 시초로밖에 더 표현할 길이 없습니다. 흔히 객혈로 인한 건강을 오빠의 사직 이유로 말합니다마는 그렇지가 않습니다. 일본인 과장의 이제는 더 참을 수 없는 모욕을 박차고 나온 오빠였습니다.

오빠의 몸은 그때부터 극도로 쇠약하기 시작했습니다. 조용만趙容萬 선생이 말씀하신 대로 〈서양사람 같은 흰 얼굴, 많은 수염, '보헤미안 넥타이', 겨울에도 흰 구두……〉 그런 모습으로 배천 온천으로 요양을 떠난 것은 이 무렵의 일입니다. 오빠의 모습에 대한 생각이 났으니 말입니다마는 오빠만큼 몸단장에 무관심한 사람도 좀 드물 것입니다. 겨울에 흰 구두를 신고 멋으로 생각할 사람은 없습니다. 그저 있는 대로 여름에 한 켤레 신었던 흰 구두를 겨울에, 다시 여름에 그렇게 신었을 것입니다.

이런 일이 있었습니다. 오빠는 집에 들어오면 항상 이불을 뒤집어쓰고 누웠는데 그 누워 있는 동안에 무엇을 생각하고 또 쓰곤 했습니다. 마침 친구가 찾아와서 함께 나가게 되었습니다. 오빠는 벽에 걸린 외투를 입었는데, 벗었을 때 상의를 외투와 함께 벗어 걸었던 것을 그냥 입었던 탓에 한쪽 상의 소매가 팔에 꿰어지지 않고 외투 소매만 꿰었으니 상의의 소매 하나가 외투 밖으로 나올 수밖에 없었습니다.

마침 길 가는 여인들이 이것을 보고 크게 웃었는데도 오빠는 무관심했습니다. 친구가 그 모양을 보고 고쳐 입으라고 해도 내처 가는 데까지 그대로 갔답니다. 이렇게 몸단장을 하지 않는 큰오빠는 머리도 항상 수세미처럼 헝클어져 있었습니다. 저는 한 번도 오빠가 빗질하는 것을 본 일이 없습니다. 오빠는 빗질만 안 하는 것이 아니라 앉으면 일부로 머리를 흩뜨려놓곤 했습니다. 이발은 넉 달에 한 번 정도 하는 셈이었으나 그나마도 친구가 억지로 데리고 가다시피 해야 따라가는 형편이었습니다. 까무잡잡하고 긴 수염과 언제나 흐트러진 머리, 거기다가 허술한 옷차림이 오빠의 여윈 체구를 더욱 초라하게 만들었습니다.

고은의 《이상 평전》에 따르면 여기 등장하는 일본인 과장은 해경에게 기합을 주려고 일부러 복잡한 계산을 맡긴 히로세廣瀨이다. 이상이 계산에 천부적인 자질을 갖고 있다는 사실을 안 그는 관방회계과로 자리를 옮길 때 해경을 회계과 영선계로 데려갈 정도였지만 이후 방만한 근무 태도나 잦은 결근 등을 구실 삼아 모욕을 주곤 했다. 그렇지 않아도 백부와의 언약 때문에 그만두고 싶어도 그만두지 못한 해경은 백부 사망을 계기로 사표를 던지고 만다. 하필 이 시기에 객혈이 시작되었으니 그게 불행의 시초였다.

백부가 좀 더 오래 살았다면 그의 직장 생활도 좀 더 지속됐을지 모른다.

백부가 뇌일혈로 사망한 것은 1932년 5월 7일의 일이다. 해경은 백부의 장례식을 치른 뒤 유산 정리 절차에 들어간다. 유산은 통인동 154번지 집과 대지, 미아리 밖 장위동에 있는 선산, 누상동의 밭이었다고 한다(김승희 편저,《이상−한국현대시인 연구》).

　막상 백부가 세상을 떠나자 백모 김영숙은 유산 분배를 놓고 해경과 불화를 일으킨다. 백모가 데리고 들어온 아들 문경을 상속자로 만들려고 하다가 생긴 불화였다.

　　생활, 내가 이미 오래전부터 생활을 갖지 못한 것을 나는 잘 안다. 단편적으로 찾아오는 '생활 비슷한 것'도 오직 고통이란 요괴뿐이다. 아무리 찾아도 이것을 알아줄 사람은 한 사람도 없다. 무슨 방법으로든지 생활력을 회복하려 꿈꾸는 때도 없지는 않다. 그것 때문에 나는 입때 자살을 안 하고 대기의 자세를 취하고 있는 것이다.−이렇게 나는 말하고 싶다만.

　　제2차의 객혈이 있은 후, 나는 어슴푸레하게나마 내 수명에 대한 개념을 파악하였다고 스스로 믿고 있다. 그러나 그 이튿날 나는 작은어머니와 말다툼을 하고 맥박 125의 팔을 안은 채, 나의 물욕을 부끄럽다 하였다. 나는 목을 놓고 울었다. 어린애같이 울었다. 남 보기에 퍽이나 추악했을 것이다. 그러나 나는 내가 왜 우는가를 깨닫고 곧 울음을 그쳤다. 나는 근래의 내 심경을 정직하게 말하려 하지 않는다. 말할 수 없다.

　　만신창이의 나이언만 약간의 귀족 취미가 남아 있기 때문이다. 그러나 만약 남 듣기 좋게 말하자면 나는 절대로 내 자신을 경멸하지 않고, 그 대신 부끄럽게 생각하리라는 그러한 심리로 이동하였다고 할 수는 있다. 적어도 그것에 가까운 것만은 사실이다.(중략)

　　나는 물론 이래서는 안 된다고 생각한다. 작은어머니 얼굴을 암만 봐도 미워할

데가 어디 있느냐. 넓은 이마 고른 치아의 열께, 알맞은 코 그리고 작은아버지
만 살아계시면 아직도, 얼마든지 열렬한 애정의 색을 띨 수 있는 총기 있는 눈
하며, 다 내가 좋아하는 부분 부분인데 어째 그런지 그런 좋은 부분들이 종합
된 '작은어머니'라는 인상이 나로 하여금 증오의 념을 일으키게 한다.
물론 이래서 못 쓴다. 이것은 분명히 내 병이다. 오래오래 사람을 싫어하는 버
릇이 살피고 살펴서 급기야 이 모양이 되고 만 것에 틀림없다. 그렇다고 내 육
친까지를 미워하기 시작하다가는 나는 참 이 세상에 의지할 곳이 도무지 없어
지는 것이 아니냐, 참 안됐다(이상, 〈공포의 기록〉에서).

그렇지 않아도 사이가 원만하지 않았던 해경과 백모의 불화는 유산 상속
을 두고 더욱 깊어진다. 급기야 통인동 154번지의 집은 백모가 밖에서 낳
아 들여온 김문경에게 상속되고 만다. 백모 김영숙이 김연필의 처로 입적
된 건 대정 15년(1926) 7월 14일이고 김문경이 김연필 사이의 장남으로 호
적에 입적된 것은 대정 15년(1926) 7월 23일이다. 김영숙은 경성지방법원
의 재판에 의해 취적 허가를 받은 직후 아들 김문경을 호적에 장남으로 입
적했던 것이다.
　해경이 이런 사실을 인지한 것은 백부 사후 유산을 정리하는 과정에서였
을 것이다. 의당 백부 댁에서 장남 역할을 해온 해경은 백모가 내민 제적등
본을 보고 유산 상속을 포기할 수밖에 없었다. 대부분의 재산을 자기 앞으
로 명의 이전을 해놓은 백모는 통인동 154번지 집을 저당 잡혀 계동에 집
을 장만해 옮겨간다. 반면 적선동에 살고 있던 해경의 본가 식구들은 효자
동에 방 둘, 부엌 하나 있는 초가 한 채를 사서 옮긴 뒤 연초 소매허가를 내
생계를 이어간다. 초가에는 거동을 못하는 조모와 부모, 동생 운경과 옥
희, 그리고 해경을 포함해 여섯이 살았다.

젖 떨어져서 나갔다가 이십삼 년 만에 돌아와 보았더니 여전히 가난하게들 사십디다. 어머니는 내 대님과 허리띠를 접어주셨습니다. 아버지는 내 모자와 양복저고리를 걸기 위한 못을 박으셨습니다. 동생도 다 자랐고 막냇누이도 새악시꼴이 단단히 백였습니다. 그렇건만 나는 돈을 벌 줄 모릅니다. 어떻게 하면 돈을 버나요. 못 법니다. 못 법니다(이상, 〈슬픈 이야기〉에서).

한편 해경이 폐결핵에 걸려 첫 번째 객혈을 한 것은 이보다 앞선 1931년의 일이다. 조용만의 〈이상 시대, 젊은 예술가들의 초상〉에 따르면 해경은 전매청 창고 공사장에서 어느 날, 별안간 객혈을 하고 쓰러진다. 그런 사실을 나중에야 알게 된 아버지(김영창)는 당시 민중서관이 있던 체부동 입구 어디쯤 설렁탕 집을 밤 열두 시에 찾아가 설렁탕 진국을 냄비에 받아와 먹었다고 한다. 그만큼 지극한 아버지였다. 그러나 설렁탕 국물로 차도가 나아지길 기대하기란 역부족이었다. 병원에 가서 진찰한 결과 오래 휴양을 해야 한다는 의사의 진단에 따라 해경은 조선총독부 건축과를 그만두고 황해도 배천 온천으로 휴양을 가기에 이른다. 일찍이 세종이 요양한 것으로 알려진 배천 온천은 관절염이나 만성위염, 각종 피부병 등에 효과가 있는 것으로 알려진 대표적인 라듐 온천이었다.

|
오빠의 여자 금홍과 친구들

옥희의 회억은 이제 오빠의 연인 금홍에게로 진입한다. 옥희의 입장에서 보면 오빠가 황해도 배천 온천에서 만난 금홍은 매우 불편한 관계일 것이다. 요양 차 간 온천에서 연인 관계를 맺었다니 어불성설이 아니던가. 그럼에도 옥희는 금홍이라는 존재가 오빠의 인생에서 중요한 부분을 차지하고 있음을 알고 있기에 안간힘을 다해 금홍을 떠올리고 있다.

이렇듯 몸단장에 아주 관심이 없던 오빠가 배천 온천에 가서 우연히 알게 된 여자가 흔히 금홍으로 알려진 사람이었습니다. 병약한 몸에 밤새 술을 마시고 기생과 사귀었으니 그 건강은 말이 아닐 정도였을 것입니다.

종로 2가에 '제비'라는 다방을 낸 것은 배천 여행에서 돌아온 그해 6월의 일입니다. 금홍 언니와 동거하면서 집문서를 잡혀 시작한 것이 이 '제비' 다방이었습니다. 그런데 오빠가 집문서를 잡힐 때 집에서는 감쪽같이 몰랐다고 합니다. 도시 무슨 일이고 집안과는 의논이 없던 오빠인지라, 집문서 잡힐 때라고 사전에 의논했을 리는 만무한 일입니다만, 설령 오빠가 다방을 내겠다고 부모님께 미리 말했다고 하더라도 응하시진 않았을 것입니다.

오빠는 늘 돈을 벌어보겠다고 마음먹은 모양이지만 막상 돈벌이에는 소질이 없었던 것 같습니다. 더구나 장사, 그것도 다방 같은 물장사가 될 이치가 없습니다. 돈을 모르는 사람이 웬 물장사를 시작했는지조차 의심스러운 일입니다만, 거기다가 밤낮으로 문학하는 친구들과 '홀' 안에 어울려 앉아서 무엇인가소리 높이 지껄이고 있었으니 더구나 다방이 될 까닭이 없었습니다.

배천 온천에서의 해경을 가장 잘 보여주는 작품이 《여성》 1936년 12월호에 발표된 〈봉별기〉이다.

스물세 살이요—삼월이요—객혈이다. 여섯 달 잘 기른 수염을 하루 면도칼로다듬어 코밑에 다만 나비만큼 남겨 가지고 약 한 제 지어 들고 B라는 신개지新開地 한적한 온천으로 갔다. 게서 나는 죽어도 좋았다. 그러나 이내 아직 기를펴지 못한 청춘이 약탕관을 붙들고 늘어져서는 날 살리라고 보채는 것은 어찌하는 수가 없다. 여관 한등寒燈 아래 밤이면 나는 늘 억울해했다.
사흘을 못 참고 기어이 나는 여관 주인영감을 앞장세워 밤에 장고 소리 나는집으로 찾아갔다. 게서 만난 것이 금홍錦紅이다(〈봉별기〉 도입 부분).

〈봉별기〉에 "체대體大가 풋고추만 하나 깡그라진 계집이 제법 맛이 매운" 능라정 기생으로 그려진 금홍의 본명은 연심蓮心이다. 금홍은 스물한살이었지만 이미 열여섯에 머리를 얹고 열일곱에 낳은 딸을 돌 만에 놓친경산부經産婦였다.
이튿날 찾아온 화가 K(구본웅)와 함께 술을 마신 두 사람은 금홍을 여관으로 데리고 가 '짱껨뽀'를 해서 동침자를 정하기로 하지만 K가 슬그머니사라져버려 '내' 차지가 된다. '나'는 노름채를 주지 않는 대신, 프랑스 유학생 우 씨를 그녀와 함께 독탕(음란한 시설을 갖춘)에 들게 하고, 변호사 C에게 권하여 금홍의 방에서 자게 한다. '짱껨뽀'를 해서 누가 합방을 할지

정할 만큼의 성적 문란함에도 불구, '나'와 금홍은 찰떡궁합이었던 모양이
다. 이 무렵, 친구 문종혁도 애인과 함께 배천 온천을 찾아간다.

나는 그의 초청(?)을 받고 나의 여인과 같이 백천 온천(배천 온천의 오기−인용자)
에 갔고 갈 때에 전보를 쳤다. 전보를 받은 그는 역에 나와 있었다. 역시 풀대
님이오 조끼가 없는 바지, 저고리 바람이었다. 다만 이날만은 광당목이 아니었
다. 명주도 아닌 삼팔바지, 저고리였다. 3월 말 화창한 날씨에 그의 삼팔바지,
저고리는 구김살조차 없었고 우아해보였다. 그는 나와 어깨를 나란히 하고 플
레트 폼에서 나오며 "누구지?" 하고 나의 귀에 속삭였다. "나의 약혼녀……"
상은 금홍 여인도 집어치우고 구본웅 씨도 집어치우고 그 오후를 그 풀대님인
채 꼬박 나의 호텔에서 놀다 갔다. 그럴 것이 패망했던 친구(나)가 성장을 하고

—
황해남도 배천군 배천읍의 배천 온천

사랑하는 여인과 같이 쓸쓸한 백천 온천에 친구(상)를 찾아왔으니 이 착한 인간 이 즐겁지 않을 수 없었으리라(문종혁, 〈심심산천에 묻어주오〉).

이후 경성으로 돌아온 해경은 1933년 3월 조선총독부 건축과를 사직하고 금홍을 불러들여 다방 '제비'를 차린다. 김옥희가 1985년 《레이디 경향》과의 인터뷰에서 "큰오빠는 평소 집안이 기운 것에 대해 굉장한 자책감을 가지고 있었기에 뭔가 집에 보답을 하려고 카페를 했었다"고 말했듯 카페를 차린 것은 '돈을 벌 줄 모르는' 해경이 선택한 유일한 생계수단이었다.

통속잡지로 유명했던 《삼천리》의 '끽다점 평판기'에 따르면 다방 '제비'는 "총독부에 건축기사로도 오래 다닌 고등공업 출신의 김해경 씨가 경영하는 것으로 종로서 서대문 가노라면 10여 집 가서 우편右便 페−부멘트 엽헤 나일강반江畔의 유객선遊客船가치 운치 잇게 빗겨 선 집"이었다. 또 "전면 벽은 전부 유리로 되어 있어 이색적이었고, 인삼차를 마시며 바깥을 내다보면 유리창 너머 여성들의 구둣발이 지나가는 것이 아름다운 그림을 바라보듯 사람을 황홀케 했다"고 한다. 화가·신문기자·문인 등이 일 없이 차나 마시며 소일하던 곳이 다방 '제비'였다. 당시 시내의 끽다점으로서 카운터에 미모의 여인이 앉아 있는 곳은 종로 보신각 근처 '뽄·아미'와 다방 '제비'뿐이었다. 하지만 겉보기에만 근사했을 뿐 실제론 친구들이나 들락거려 타산이 맞지 않았다.

겉으로 보기에는 바둑판 같은 두꺼운 유리창이 근사해 지나는 사람의 눈을 끌었지만, 그러나 손님은 별로 없었다. 이상의 친구들이나 가끔 들르고, 다방은 늘 비어 있었다. 다방에 붙어서 차를 끓이는 주방이 있었고 열대여섯 살 먹은 소년이 차를 끓이고, 나르고, 돈을 받고 하는 유일한 종업원이었다. 이상은 다방을 소년에게 맡기고 차가 팔리거나 말거나 그냥 내버려두었다. (중략)

내가 하오 5시 조금 전에 제비에 들어서니까 물론 이상은 없었고 소년 혼자 무료하게 앉아 있었다.

"코피도 있고, 홍차도 있니?"

나는 우선 차가 다 나나 하고 물어보았더니 다행히 다 있다는 대답이었다. 상허는 저녁때 코피를 마시면 잠을 못 잔다고 해서 절대로 코피를 마시지 않았고, 반대로 이종명과 김유영은 언제나 코피지, 홍차를 마시지 않았다.

내가 소년에게 이것을 왜 물었는고 하니 손님이 없는 이 다방에 어쩌다가 손님이 들어와 코피를 찾으면 소년은 두 손을 비비면서 "마침 코피가 떨어졌는데 홍차를 드시면 어떠시겠어요?" 하고, 반대로 홍차를 달라는 손님 보고는 "마침

2012년 서울 종로구 통인동 154번지에 잠시 문을 열었던 '이상의 집'.
이상은 세 살부터 스물세 살까지 이 지붕 밑에서 살았을 것이나 처마와 기와 등이
원형을 유지하고 있지 않아 문화재급 보존가옥으로 인정받지 못했다.

홍차가 떨어졌으니 코피를 드실까요” 하는 식으로 늘 재료가 떨어져도 사놓지 못하는 형편이었기 때문이었다. “에잇, 코피 없는 다방이 어디 있어!” “에잇, 홍차가 없다니 쳇!” 하고 모처럼 왔던 손님이 달아나버리니 다방이 될 리 없었다. 소년이 이런 소리를 하면 이상은 “허허, 별 사람도 다 있군! 코피가 없으면 홍차를 마시면 될 게 아냐!” 하고 태평하게 너털웃음을 웃었다. 이 때문에 내가 두 가지 차가 있나 물어본 것이었다(조용만, 《30년대의 문화예술인들》).

김옥희 역시 다방 ‘제비’에 가끔 들렀던 모양이다. 생활비도 타고 빨랫감을 가지러 ‘제비’ 뒷문으로 해서 주방에 들어가면 어두컴컴하고 담배 연기 자욱한 다실에 오빠 해경이 앉아 있었다. 김옥희는 금홍의 인상과 해경이 이상李箱이라는 필명을 갖게 된 연유에 대해 이렇게 설명했다.

문인들만 몇몇 다실에 있었던 것 같고 손님이라곤 그저 그랬던 것 같아요. 다방에도 못 들어가게 할 만큼 봉건적이고 엄한 오빠였기에 주방에서 돈만 주어 보냈지요. ‘제비’는 효자동 집을 저당 잡혀 운영했던 것 같습니다만……. 금홍이라는 여자, 자다가 부스스 일어나 나온 모습을 몇 번 보았어요. 이미 밝혀져 있듯이 금홍이는 황해도 여자죠. 사리원 여자였던가.……별로 이야기를 나눈 기억은 없지만 굉장히 살결이 곱고 예쁜 여자였어요. 살결이 희지는 않았지만 곱고, 작고, 참 이쁘고, 너무 얼굴이 깨끗하니까 차 보였어요. 누구와 이야기 주고받는 모습은 못 보았던 것 같아요. (중략) 오빠는 유난히 수염이 빨리 자라고 따라서 머리칼도 빨리 자랐어요. 그래서 며칠만 머리손질을 안하면 상당히 거친 인상을 보였죠. 〈이상李箱〉이란 이름도 전매청 공사장 시절에 지어졌던 것 같은데 오빠가 수염이 굉장히 빨리 자라니까 거기 여사무원이, 〈선생님, 수염이 왜 그렇게 빨리 자라세요? 참 이상해요〉라고 한 데서 생긴 이름이라고 들었어요. 그랬더니 큰오빠가 〈그래 거울을 보고 있으면 수염이 나오는 게 보인다. 이상하다. 이상해〉라 했다고 합니다. 어머니는 6·25 지난 후 내가 모시고 대구 살 때 누가 〈날개〉란 영화 한다고 초대권을 주길래 영화관에 가서 〈날개〉란 것을 보았는데 너무 재미없어서 아무것도 모르시겠다고 해요. 거기서 오빠가 이상李箱이란 이름으로 바뀌어진 것을 처음 안 어머니는 〈잘난 아들이었으니까 무조건 그 아들이 하는 일은 잘 했겠지〉 하는 것으로 큰아들의 변성명 행위를 이해하시는 것 같았어요(김승희-김옥희 대담, 〈오빠 김해경은 천재 이상과 너무 다르다〉).

다방 '제비' 시절, 해경은 관철동의 한옥에 세를 들어 금홍과 동거를 하고 있었다. 안채는 시인 김소운(1907~1981)이 살고 있었고 바깥채가 둘만의 공간이었다. 김소운은 '아사히마치旭町'(지금의 회현동)에 '목마의 집'이라는 간판을 걸고 어린이 잡지《목마》를 내고 있었고 해경은 그 잡지에 표지와 삽화를 그렸다. 해경은 전매청 창고 건축 현장에서 일하던 시절, 김소운의《목마》사무실에서 잠을 잘 정도로 둘 사이는 돈독했다.

한편 금홍의 인상에 대해서는 조용만의 또 다른 증언이 있다.

이상은 다방 뒤 좁은 길 건너편, 다 쓰러져가는 초가집에 방 한 칸을 얻어서, 거기서 금홍이와 살림을 하고 있었다.

금홍이는 동기童妓라고도 할 수 없는 나이 스무 살 안팎의 앳된 시골 기생이었다. 일상 노랑 저고리에 붉은 치마를 입고, 얼굴이 해납짝한 귀엽게 생긴 여자였다. 바느질을 할 줄 모르는지 하기 싫어서 안 하는지 치마 주름이 터져도 그냥 다니고, 버선은 늘 뒤꿈치가 터져 있었다.

오정 때쯤 일어나서 둘이서 설렁탕을 시켜다 먹고 우두커니 다방에 앉았거나, 그렇지 않으면 밖으로 쏘다녔다. 이상은 이상대로 금홍이는 금홍이대로 늘 어

디로인지 나갔다. 다방은 소년에게 맡기고 차가 팔리거나 말거나 그냥 내버려
두었다(조용만, 〈구인회 만들 무렵〉).

조용만에 따르면 금홍은 "술 마시고 노래 부르고, 뭇 남성들과 희롱하던
작부 출신이라 왼종일 손님을 기다리고 우두커니 다방 구석에 앉았는 것이
역겨울 지경"이었다. 해경과도 사소한 말다툼을 하거나 수가 틀리면 다방
'제비'를 비운 채 배천으로 훌쩍 떠나갔다가 돌아오기 일쑤였다. 그럴 때면
해경은 친구들에게 "금홍이에게는 예전 생활에 대한 향수가 왔다"고 금홍
을 두둔했다고 한다. 뿐만 아니라 어느 날 새벽에 금홍이 이상을 찾아서 구
보 박태원의 집에 왔다가 정신없이 곯아 떨어져 자는 해경의 꼴을 보고 뾰
루퉁 독살이 나서 문을 닫고 나가면서 "에이 지겨워! 짐 싸들고 배천으로
가버려야지, 내가 무엇 때문에 저 새끼를 바라고 이 고생을 해"라고 쏘아붙
였다고 한다. 해경 역시 금홍이 자신의 친구들에게 그런 험한 말을 해댄다
는 것을 알고 있었을지언정 남의 말을 듣듯 무시해버리기 일쑤였다. 그는
여자를 소유하려고도, 또 믿으려고도 하지 않았다. 그럼에도 다방 '제비'는
1933년 6월 개업해서 1935년 9월 파산하기까지 2년여 지속되었다.

이 무렵 오빠와 자주 어울리던 문인들은 구보, 상허, 편석촌, 지용 등이었으며
이밖에도 오빠가 속해 있던 구인회九人會 동인으로 이효석, 이무영, 조용만-
이런 분들이 오빠와 가까이 지낸 것으로 알고 있습니다. 이분들은 다방에들 몰
려 있다가 이내 어디론지 사라져 얼근히 취해 가지고는 여럿이서 저희 집에도
가끔 들르곤 했습니다.
친구 분들 얘기로는 큰오빠가 밖에서 술을 마실 때면 노래도 곧잘 불렀다고 하
며 더듬거리는 소리로 이야기도 잘했다고 합니다. 그러나 술 마시고 친구와 동
행일 때 말고는 집안 식구와 거의 말을 하는 일이 없었습니다. 집에 오면 으레

이불을 둘러쓰고 엎드려서 무엇인가를 끼적거리고 있기가 일쑤였습니다. 도
무지 집안 식구와는 상대도 않고 자기 일만 하고 있어도 부모님께서는 오빠 일
에 아예 참견하려 들지를 않았던 것 같습니다.

구인회는 1933년 8월 이종명·김유영의 발기로 이효석·이무영·유치진·
이태준·조용만·김기림·정지용 등 9인이 결성한 문학 친목단체이다. 발족
한 지 얼마 안 되어서 이종명·김유영·이효석이 탈퇴하고 박태원·이상·박
팔양이 가입하였으며, 그 뒤 유치진·조용만이 탈퇴하고 김유정·김환태가
들어와 언제나 인원은 9명이었다. 이들은 특정한 이념이나 목적을 뚜렷이

'이상의 집'에 전시되어 있던 이상의 삽화 엽서와 관련 사진들.

드러내는 경향주의 문학에 반하여 '순수예술 추구'를 취지로 하여 3년가량
활동하는 동안 월 2, 3회의 모임과 서너 번의 문학강연회, 《시와 소설》이라
는 기관지를 한 번 발행하였다. 활동은 소극적이었으나 이들이 차지하는
문단에서의 비중 등으로 인해 '순수예술 옹호'라는 문단의 분위기를 형성
하기도 하였다. 이상의 구인회 가입에 관해서는 조용만의 생생한 증언이
남아 있다.

처음에 같이 시작한 종명·유영이 탈퇴하겠다고 자빠지고 내가 주장해 가입시
킨 유치진이 안 나와 나는 입장이 몹시 난처하였다. 이 때문에 나는 세 번째 모
이는 회합의 시간 전에 상허를 조용히 만나 의논하였다. 나도 탈퇴한 세 사람과
함께 탈퇴하지 않나 하고 상허 당신부터도 그렇게 생각할지 모르지만 나는
탈퇴하지 않겠다. 그러니 당신도 회를 깨뜨릴 생각하지 말고 우선 박태원·이상
두 사람을 가입시켜 빈 자리를 메우고 새로 출발하자고 하였다. 상허는 자기도
그렇게 생각한다고 하면서 박태원이나 이상이 다 좋으니 이번부터라도 빨리 가
입시키도록 하자고 하였다. 이래서 상허는 자기가 회에 나가 지용·기림·무영
한테 양해를 구해 놓을 테니 나보고 두 사람을 데리고 회장으로 오라고 하였다.
상허는 이상과는 구면이고, 박태원과도 인사는 없지만 호감을 갖고 있었다. 이
상과는 어떻게 알게 되었는고 하니 이상이 《가톨릭 청년》에 시를 내 지용과 알
게 되었고, 다시 지용을 통해 상허를 졸라 《중앙일보》에다가 괴상한 시 〈오감
도〉를 발표하였는데, 이것이 시냐고 사내에서 말썽이 생겨 상허가 사표를 내느
니, 어쩌느니 하고 작은 트러블이 있었으므로 이상을 알게 되었다.
나는 광교 천변에 있는 박태원의 집에 가 박을 불러 같이 제비다방으로 가서
이상과 함께 구인회 회장으로 향하였다. 두 사람은 소원 성취한 셈이었으므로
좋아서 나를 따라왔다. 지용·기림 등은 다 양해가 되어 우리들을 기다리고 있

었다. 나는 여러 사람한데 두 신입회원을 인사시켰는데, 초면에 박태원이 무슨 익살을 터뜨리자 상허는 기분이 좋아서 "글이 치렁치렁하더니 말도 치렁치렁 잘 하시는군!" 하고 10년의 지기를 만난 듯 반겼다.

그 뒤로 이 두 사람의 사이는 급속히 가까워져 상허가 《문장》지를 할 때 박태원의 단편집 《구보씨의 일일》을 출판해주었고, 해방 후에는 상허가 지용을 이끌고 좌익 측 〈문연〉의 대장노릇을 할 때 박태원도 그리로 끌려 들어갔다.

이상과 태원은 둘 다 언변이 좋아 만담·재담을 잘하므로 어느 회합이고 이 두 사람이 나타나면 웃음바다가 됐다. 두 사람은 장단이 척척 맞아 서로 주고받으면서 사람들을 웃겼다. 이날도 첫 대면이고, 첫 회합이건만 두 사람의 재담으로 폭소가 터져 나와 회합이 활기를 띠게 되었다. 두 사람 다 직업이 없으므로 상허는 회의 소집, 장소의 선택 등 모든 잡무를 맡아 해달라고 하였다. 이를테면 간사가 되란 말인데, 두 사람은 좋다구나 하고 응낙하였다. 그 뒤로 자주 회합을 열었고 두 사람이 성의껏 회를 운영해 나갔으므로 일은 잘되어 갔다. 〈카프〉 측에서는 구인회가 조직되었다는 학예면 기사가 나자 이기영이 댓바람에

박태원, 이태준, 이효석(왼쪽부터)

소부르주아들의 망동이라고 욕설을 퍼부었지만 이쪽에서 아무런 대꾸가 없자 그 뒤로는 다시 아무 말 없이 잠잠해졌다(조용만, 《30년대의 문화예술인들》).

이상이 구인회에 들어간 것은 1934년 봄의 일이다. 그의 가입을 두고 동인 사이에 찬성과 반대로 입씨름이 무성하였으나 일단 들어오고 나자 반대하던 사람들도 이상의 말솜씨에 매료되어 어느새 그의 건담健啖의 팬이 되어버렸다. 구인회에서 이상의 활약은 두드러졌다. 평범한 대화 중에서도 페이소스와 독설의 비수가 번뜩이는가 하면 신랄한 역설로 사람의 마음을 휘어잡는 그의 말솜씨는 누구도 흉내 낼 수 없었다. 구보가 대작을 하고 간간이 정지용이 새디스틱한 여자 이야기에 핀잔을 줄 정도였다. 그럴 때면 이상은 독특한 웃음을 웃고는, 언제 그랬느냐는 듯 나무젓가락에 간장을 찍어서 때가 낀 식탁에 낙서를 했다. 그리고는 그 젓가락으로 천연스레 안주를 집어먹었다. 이태준과 김기림은 연극을 보듯 그의 한 동작 한 동작을 물끄러미 보고 있었다. 그 품이 흐린 물속을 헤엄쳐 다니는 물고기 같았다. 아니 자신을 감추려고 물고기와 같은 연극을 하고 있는 배우 같았다. 그들은 그때 주로 중국집에서 모였다. 최재서도 이상의 화술에 매료되어버렸다. 그가 이상을 처음 본 것은 《기상도》 출판기념회가 끝난 뒤에 가진 영보그릴의 맥주파티에서였다. 그곳에서도 이상은 구인회 모임에서와 똑같이 시니컬한 웃음을 웃으면서 기지 발랄한 스피치를 종횡무진으로 구사하고 있었다. 그의 시나 소설보다 더욱 천재기가 번뜩이는 듯했다. 이상의 그런 대화법을 기록해둔 사람이 몇 있는데 윤태영尹泰榮도 그중 한 사람이다. 그날 윤태영은 이상과 함께 르네 클레르의 영화 〈최후의 억만장자〉를 보고 명동 뒷골목에 있는 카페 AI로 가서 술을 마셨다.

그날도 이상은 독한 술인 진을 마시고 있었다. 그는 항상 독한 술만을 찾았다.

그때 같은 감독의 〈유령, 서쪽으로 가다〉의 이야기도 나왔다. (중략) "고놈의 독재자가 그만 머리가 돌아서 사루마다(잠뱅이) 바람으로 침실에서 뛰어나오니까 독재주의 국가의 백성들은 모조리 잠뱅이 바람으로 길에 나서서 전주電柱를 얼싸안고 맴을 돌더라. 이 왜倭나라 상전들도 그렇게 되기가 십중팔구지. 우리들 엽전葉錢이야 성명 삼자도 없는 외인부대지만 말야."

이렇게 떠드는 이상은 일본이 그렇게 되어가는 꼴이 깨가 쏟아지도록 재미있다고 손뼉까지 치면서 유쾌해했다. 그것만이 아니라, 이어서 독재자 히틀러를 풍자한 영화의 여러 장면이 재미있다고 세밀하게 그것을 묘사까지 하였다(윤태영, 〈자신이 건담가健啖家라던 이상〉).

밖에 나가면 그토록 건담가였던 이상이었지만 효자동 집에 돌아오면 이불을 둘러쓰고 엎드려서 무엇인가를 끼적거리기 일쑤였다. 그만큼 변변한 책상 하나 건사하기 힘든 쪼들린 살림이었다. 말인즉 그의 서재란 배 깔고 이불 둘러쓴 한 평 구들장이었다.

오빠가 쓰던 방은 늘 지저분하고 퀴퀴한 냄새까지 나서 집안 식구가 별로 드나들지도 않는데, 오빠가 있을 때는 더욱 출입을 삼갔고 방을 비우면 그때서야 겨우 들어가 방을 치우곤 했을 뿐입니다. 큰오빠가 다방을 경영할 즈음, 나는 이따금 우리집 생활비를 얻으러 그곳에 간 일이 있습니다. 오전 열한 시나 열두 시 그런 시간이었는데, 그때야 부스스 일어난 방안은 언제나 형편없이 어지럽혀져 있었는데, 지금도 그 방안이 기억에 선한데 그것은 방이라기보다는 '우리'라고나 할 정도로 그렇게 지저분하게 흩어져 있었습니다.

'저게 너의 언니니라'고 눈짓으로만 일러줄 뿐 오빠는 금홍이 언니를 한 번도 제게 인사시켜준 일이 없었습니다. 그래서 저는 금홍이 언니와는 가까이서 말을 걸어 본 일이 없었습니다. 그러나 금홍이 언니를 이렇게 소홀히 취급했던 오빠도 집안일에는 여간 애를 태우지 않았습니다. 내가 돈을 타러 갈 때면 으레 주머니를 털어서 몇 푼이고 손에 잡히는 대로 몽땅 제 손에 쥐어주시곤 했으니 말입니다.

옥희가 회상하는 오빠의 방은 두 군데이다. '술 마시고 친구와 동행'해 찾아들었던 효자동 초가의 방 한 칸이 한 군데요, 다방을 경영할 때 길 건너 골목길에 얻은 셋방이 또 한 군데다. 후자의 방은 금홍과 동거하던 공간이다. 오죽했으면 "방이라기보다는 우리"라고 표현할 정도로 지저분한 방이다. 금홍과 살던 방은 이상의 소설 〈날개〉에 적나라하게 묘사되어 있다. 이른바 종로 우미관 골목 안 33번지 일각대문 집 18가구가 붙어사는 방들 가운데 하나가 그 공간이다.

아랫방은 그래도 해가 든다. 아침결에 책보만한 해가 들었다가 오후에 손수건만 해지면서 나가버린다. 해가 영영 들지 않는 윗방이 즉 내 방인 것은 말할 것도 없다. 이렇게 볕 드는 방이 안해 방이요, 볕 안 드는 방이 내 방이요 하고 안해와 나 둘 중에 누가 정했는지 나는 기억하지 못한다. 그러나 나에게는 불평이 없다(〈날개〉에서).

'나'는 볕도 들지 않는 윗방에 기거하면서도 불평 한마디 늘어놓지 않는다. 오히려 "내 몸과 마음에 옷처럼 잘 맞는 방 속에서 뒹굴면서, 축 처져 있는 것은 행복이니 불행이니 하는 그런 세속적인 계산을 떠난, 가장 편리하고 안일한, 말하자면 절대적인 상태"라거나 "나는 어디까지든지 내 방—집이 아니다. 집은 없다—이 마음에 들었다"라거나 혹은 "내 방은 나 하나를 위하여 요만한 정도를 꾸준히 지키는 것 같아 늘 내 방에 감사하였

고, 나는 또 이런 방을 위하여 이 세상에 태어난 것만 같아서 즐거웠다"라
고 방과 자신을 일치시킨다. "안해는 하루에 두 번 세수를 한다. 나는 하루
한 번도 세수를 하지 않는다"(〈날개〉)라는 대목에서 유추할 수 있듯 하루
한 번도 세수하지 않는 '나'의 상태와 '방'의 상태는 서로 다를 게 없다.

다시 김옥희의 회고로 돌아오면 이상이 금홍을 두고 "저게 너의 언니니
라"고 비록 눈짓으로만 일러주었을망정 호칭만큼은 '언니'라고 붙인 것은
비록 정식으로 집안에 인사를 시키지는 않았지만 내심 금홍을 옥희보다
손윗사람으로 생각한 이상의 가족관 내지 여성관을 짐작케 한다.

> 다방을 경영할 무렵에도 오빠는 〈오감도鳥瞰圖〉를 발표했고 또 '하융河戎'이란
> 이름으로 신문소설 〈소설가 구보 씨의 일일小說家 九甫 氏의 一日〉에 삽화도 그
> 리는 등 창작 활동을 하는 한편, 돈벌이를 위해 그런 대로 힘을 다한 흔적이 엿
> 보이고 있습니다. 당시 곤란했던 우리 가정의 생활을 위해 장남으로서의 의무

구인회 동인지를 편집했던
창문사에서 이상, 박태원, 김소운(왼쪽부터)

를 다해보려고 그 앓는 몸으로 온갖 힘을 기울인 오빠를 생각할 때 그지없이 가엾게 생각될 때가 있습니다.

〈오감도烏瞰圖〉 연작시는 《조선중앙일보》 1934년 7월 24일~8월 8일에 걸쳐 15회 연재된 문제작이다. 30회를 예정하고 시작한 연재는 독자들의 항의 투서와 문의 전화가 쇄도하자 결국 15회를 끝으로 중단되고 만다. 앞서 이상은 1931년 7월에서 9월에 걸쳐 《조선과 건축》에 〈이상한 가역반응〉 외 5편과 일어로 쓴 〈오감도〉 8편, 그리고 〈3차각 설계도〉 등을 통해 우리 문학사상 최초로 이성과 의지를 무시한 자동기술법, 숫자와 기하학 기호의 삽입, 난해한 한자와 일어의 사용, 띄어쓰기의 무시 등을 감행한 시들을 선보인다. 그러나 이들 작품은 한정된 독자를 가진 건축잡지에 발표된 것이어서 크게 눈길을 끌지 못했다.

그러다 《조선중앙일보》 학예부장 이태준이 지면을 배정해 〈오감도〉 연재가 시작되었던 것이다. 조용만의 〈구인회 만들 무렵〉에 따르면 정지용이 이태준에게 "여보, 상허! 그러지 말고 이상의 시를 내주시오. 제일 내가 이상이한테 졸려 죽겠으니 말이요. 그러지 말구, 새로운 경향의 시니 한번 시험조로 내보아요"라고 말했고 "지용은 내친걸음이라 어린애같이 졸랐다"고 한다.

그러나 연재 첫날부터 문선부文選部에서 소란이 빚어진다. 〈오감도烏瞰圖〉라는 말은 사전에도 없으니 〈조감도鳥瞰圖〉의 오자가 아니냐는 것이었다. 이태준이 "오감도가 맞다"고 확인해준 다음에야 조판되어 교정부에 넘어갔으나 다시 그곳에서도 재차 확인이 요구되었다. 말썽은 사내에서뿐만 아니라 신문이 독자의 손에 넘어간 뒤에도 빚어졌다.

"무슨 개수작이냐", "무슨 미친놈의 잠꼬대냐" 같은 독자 투서가 급증했고 독자 항의 중에는 "정신병이나 고쳐라"라는 극단적인 비난도 있었으니

〈오감도〉에 대한 독자들의 충격이 어느 정도였는지를 짐작할 만하다. 이태준은 사표를 호주머니에 넣고 다닐 정도였다고 한다. 급기야 이태준이 연재 중단을 결정했을 때 이상은 이런 '작자의 말'을 남긴다.

왜 미쳤다고들 그러는지 대체 우리는 남보다 수십 년씩 떨어지고도 마음 놓고 지낼 작정이냐. 모르는 것은 내 재주도 모자랐겠지만 게을러빠지게 놀고만 지냈던 일도 좀 뉘우쳐 봐야 아니 하느냐. 여남은 개쯤 써 보고서 시 만들 줄 안다고 잔뜩 믿고 굴러다니는 패들과는 물건이 다르다. 2천 점에서 30점을 고르는 데 땀을 흘렸다. 31년, 32년 일에서 용대가리를 딱 꺼내어놓고 하도들 야단에 배암꼬랑지커녕 쥐꼬랑지도 못 달고 그냥 두니 서운하다. 깜박 신문이라는 답답한 조건을 잊어버린 것도 실수지만 이태준, 박태원 두 형이 끔찍이도 편을 들어준 데는 절한다. 철鐵―이것은 내 새 길의 암시요 앞으로 제 아무에게도 굴하지 않겠지만 호령하여도 에코―이 없는 무인지경은 딱하다. 다시는 이런― 물론 다시는 무슨 방법이 있을 것이고 우선 그만둔다. 한동안 조용하게 공부나 하고 딴은 정신병이나 고치겠다(박태원, 〈이상의 편모〉).

〈오감도〉는 박태원의 〈소설가 구보 씨의 일일〉과 거의 동시에 《조선중앙일보》에 발표되었다. 그런데 이상은 〈오감도〉를 발표하면서 한편으로 박태원의 연재소설에 삽화를 그렸다. 박태원은 당시의 상황을 이렇게 진술한다.

어느 날 오후 나는 이상李箱과 함께 당시 《조선중앙일보》에 있든 상허尙虛와 더불어 자리를 함께하여 그의 시를 중앙일보 지상에 발표할 것을 의논하였다. 일반 신문 독자가 그 난해한 시를 능히 용납할 것인지 그것은 처음부터 우려할 문제였으나 우리는 이미 그 전에 그러한 예술을 가졌어야만 옳았을 것이다. 그의 〈오감도鳥瞰圖〉는 나의 〈소설가 구보씨의 일일〉과 거의 동시에 《중앙일보》 지상에 발표되었다. 나의 소설의 삽화도 '하융河戎'이란 이름 아래 이상의 붓으로 그리어졌다. 그러나 예기하였던 바와 같이 〈오감도〉의 평판은 좋지 못하였다. 나의 소설도 일반 대중에게는 난해하다는 비난을 받았던 것이나 그의 시에 대한 세평은 결코 그러한 정도의 것이 아니다. 신문사에는 매일같이 투서가 들어왔다. 그들은 〈오감도〉를 정신이상자의 잠꼬대라고 하고 그것을 게재하는 신문사를 욕하였다(위와 같음).

조용만에 따르면 '하융河戎'이라는 필명은 이상이 '물속에 사는 오랑캐'라는 의미로 지은 것이다. 상허 이태준은 이상의 삽화에 대해 "〈오감도〉의 실패가 있어서 망설였지만 하융이란 필명은 누구인지 알 사람이 없을 것이고 한쪽으로 이상에 대한 미안감" 때문에 삽화를 맡겼다고 한다.

|
옥희가 기억하는 효자 오빠

따지고 보면 옥희만큼 집안 사정을 훤히 꿰뚫고 있는 인물도 없을 것이다. 여성 특유의 섬세한 관찰력으로 쌀뒤주에 양식이 얼마나 있는지 혹은 부엌간에는 푸성귀나 양념이 얼마나 남아 있는지를 살펴보는 것은 모친과 함께 옥희의 몫이었을 뿐 아니라, 어린 시절에 출가한 오빠에 대해 주고받는 집안 어른들의 뒷말도 짐짓 모른 채 귀담아 듣곤 했을 것이다. 그런 만큼 옥희의 눈에 비친 오빠에 대한 평가는 균형 잡힌 것임에 틀림없다. 옥희에게 오빠 해경은 쪼들리고 기우는 가세를 바로 잡아보려는 건실한 생활인의 모습으로 남아 있다.

바깥일은 집에 와서 절대 이야기 않던 오빠도 부모에 대한 생각은 끔찍이 했던 것 같습니다. 지금 살아 계신 어머니도 큰오빠가 어머니에게 늘 공손했고 뭘 못 해드려서 애태우곤 했었다고 말씀하십니다. 곧 돈을 벌어서 어머니를 편안히 모시겠다는 말을 입버릇처럼 되뇌던 큰오빠를 어머니는 지금도 잊지 못하고 계십니다. 큰오빠는 어머니께뿐만 아니라 아버님이나 동생들에게도 퍽 잘했습니다. 세 살 아래인 작은오빠 운경에게나 저에게 한 것으로 미루어 보면 여느 집의 형, 오빠에 못지않았습니다. 별로 말이 없어도 언제나 다정하게 동생들을 보살펴주었고 친절

하고 너그러운 오빠임에 틀림없었습니다. 큰오빠는 정말 착하고 따뜻한 분이었습니다. 한 번도 동생들에게 매질을 한 일도 없고 호되게 꾸중을 한 일도 없습니다. 돈을 못 벌어 생활인으로는 부실했을지 몰라도 가정적으로나 인간적으로 퍽 원만했던 큰오빠는 또 친구들과의 우정관계도 모범적이었다고 듣고 있습니다. 사리 판단도 퍽 정확했던 모양으로 친구들 사이에 무슨 시비가 벌어지면 큰오빠가 중재를 맡고 나서서 화해를 시키곤 했다는 것입니다. 어떤 사람은 큰오빠를 천재, 또는 기인 혹은 괴팍한 사람으로 이야기하지만 저는 오히려 그가 그저 범상한 사람으로 가정과 친구들 사이에서 착하고 평범하게 살아보려고 애쓴 줄로 알고 있습니다.

1935년은 오빠에게 있어서 가장 불운한 해였습니다. 까먹어 들어가던 '제비' 다방은 그해 9월경에 폐업을 하지 않을 수 없게 되고 인사동에 '학'이라는 카페를 인수했는데 이것도 곧 실패로 돌아갔습니다.

한편 종로에서 다시 다방 '69'라는 것을 설계했으나 개업도 하기 전에 남의 손에 넘겨주고 말았고 명치정에서 다시 시작한 다방 '맥麥' 또한 같은 운명을 당하였습니다. 그러잖아도 돈이 있을 수 없던 오빠가 그야말로 빈털터리가 된 것입니다. 그리하여 오빠의 자학과 부정의 방랑 생활이 시작되었던 것입니다.

퇴폐와 예술지상주의라는 이미지를 먼저 떠오르게 하는 이상이지만 가족들이 기억하는 이상은 그와 달랐다. 옥희가 "어머니에게 늘 공손했고 동생들에게도 여느 집의 형, 오빠에 못지않은" 존재로 기억하는 건 이상이 아니라 해경 오빠일 것이다. 다정하고 친절하고 너그러운 오빠 말이다. 가족의 생활을 책임져야 하는 이상이었지만 언제나 빈곤에 허덕이면서도 겉으로는 온화한 인상을 잃지 않았다는 게 옥희가 일관되게 진술하는 큰오빠 해경에 대한 이미지이다.

이제 이상이 경제적으로 가장 곤란을 겪던 1935년의 상황이 펼쳐진다. 이상은 다방 '제비'의 집세를 못 내어 수차례 내용증명을 받다가 궐석재판에 불참함으로써 1935년 9월에 점포를 넘겨주고 비로소 다방 '제비'를 폐업하고 만다. '제비' 폐업 직후 카페 '쓰루鶴'를 인수하나 곧 양도해버리고 연이어 종로에 다방 '69', 명치정에 카페 '무기麥' 등을 설계하나 개업도 해보지 못한 채 흐지부지 남에게 넘어가고 만다. 이봉구와 조용만은 이렇게 회고한다.

매담도 달아나고 전화는 전화상회서 떼고 축음기도 없어지고 집세는 밀려서 내용증명서가 도장을 받아가고 이래서 이상은 다방에 얼씬도 하잖았다. 이웃집 카페에서 간혹 홍차라는 것을 마시러 여급들이 들를라치면 수영이는 신바람이 나서 시시덕거리며 심심파적을 하도록 다방 〈제비〉는 그 운명이 경각에 달려 있었다(이봉구, 〈이상〉).

금홍이가 있대야 별수 없었겠지만 금홍이가 가버린 뒤로 제비다방은 더욱 불황이 계속되어서 집세를 몇 달씩 내지 못하고 집주인 일본사람한테서 나가라

2012년 서울 통인동 154번지
'이상의 집'에 복원됐던
'제비다방'.

는 곤욕을 치러오고 있었다. 필경 집주인이 집을 내놓으라는 명도明渡 신청을 내어서 재판날이 왔다. 재판정에 나가서 이 집은 다방 영업을 하는 집이라 장식裝飾이 있기 때문에 당장에 집을 비울 수 없다고 말하면 몇 달을 더 끌 수 있다고 친구들이 가르쳐주었다. 그러나 이상은 그날 재판소에 나가지 않고 궐석闕席 판결을 받았다. "뻔뻔스럽기도 하고, 일찍 일어나서 시간에 나가기도 귀찮아서 안 나갔어." 이렇게 해서 집달리가 나와서 종로 네거리 큰길에다가 다방에 놓았던 헐어빠진 테이블과 의자를 내동댕이쳐서 쌓아놓고 다방 문을 잠그고 가버렸다. 길바닥에 내동댕이쳐진 다방 가구들은 어떻게 되었는지 다음 날이 되자 흔적도 없이 사라져버리고 이렇게 해서 다방 제비는 자취를 감추고 말았다. 이것이 엊그저께 같은 일이었는데 이상은 농담만 하면서 돌아다녔다(조용만, 〈이상 시대, 젊은 예술가들의 초상〉).

이즈음 금홍이 집을 나가 돌아오지 않자 카페를 전전하며 허탈한 마음을 달래던 이상은 카페 '쓰루'의 여급 권순옥에게 급속하게 빠져든다. 순옥은 고리키 전집을 독파한 독서가였을 뿐만 아니라 D. H. 로렌스의《채털리 부인의 사랑》을 주제로 당대 문인들과 토론할 만큼 문학에 조예가 깊은 신여성이었다. 순옥도 천재 이상을 이내 알아보았다. 그러나 두 사람의 사랑은 오랜 시간 겉돈다. 집 나간 금홍은 여전히 이상의 여인이었고 이런 이상을 순옥은 가슴 졸이며 지켜보았다.

반년 만에 돌아온 순영이 돌아서서 침을 탁 배앝는다. 반년 동안 외출했던 안해를 말 한마디 없이 도로 맞는 내 얼굴 위에다-.
부질없는 세월이 사년 흘렀다. 안해의 두 번째 외출은 십 중 다섯은 돌아오지 않는 것이었다. 나는 내 고독을 일급 일 원 사십 전과 바꾸었다. 인쇄공장 우중충한 속에서 활자처럼 오늘도 내일도 모레도 똑같은 생활을 찍어내었다. 그러면서도 나는 순영이 그의 일터를 옮기는 대로 어디까지든지 쫓아다니지 않을 수 없었다. 일급 사십 전에 팔아버린 내 생활에 그래도 얼마간 기꺼운 시간이 있었다면 그것은 오직 순영 앞에서 술잔을 주무르는 동안뿐이었다(이상, 〈환시기〉에서).

〈환시기幻視記〉에 따르면 '나'가 우물쭈물 하는 사이에 순영을 사모하는 심약한 송 군(이상의 친구 정인택의 분신으로 추정)은 순영에 대한 이루어질 수 없는 사랑에 고통스러워하며 아로날 수십 정을 입안에 털어넣는 극단적인 선택을 한다. 그날 밤 순영과 함께 송 군의 하숙집에 들른 것도, 거기서 쓰러진 송 군을 발견하고 부랴부랴 병원에 입원시킨 것도 '나, 이상'이다. 순영도 목숨을 건 송 군의 사랑에 흔들리고 있었다. 여기서 송 군으로 등장하는 정인택은 박태원, 윤태영과 함께 경성제일고보 23회 졸업생으로 경성제대 예과를 중퇴하고 1931년 동경 유학을 떠났으나 학교에 진학하지 않은 채 체류하다가 1934년 귀국, 매일신보사에 입사한 뒤 박태원의 소개로 이상과 교분을 맺게 된 사이였다.

송 선생님이세요? 이상李箱 씨하구 같이(이것은 과연 객쩍은 덧붙이개였다) 오늘 밤에 좀 놀러오세요—네?
이런 전화가 끝난 뒤였다. 송은 상반기 상여금을 받았노라고 한잔 먹잔다.
먹었다. 취했다. 몽롱한 가운데서 나는 이 땅을 떠나리라 생각했다. 머얼리 동경으로 가버리리라.
갈 테야 갈 테야. 가버릴 테야(동경으로).
아이 더 놀다 가세요. 벌써 가시면 주무시나요? 네? 송 선생님—.
송 선생님은 점을 쳐보나 보다. 괘卦는 이상에게 '고기'를 대접하라 이렇게 나온 모양이다. 그래서 송 군은 나보다도 먼저 일어섰다. 자동차를 타자는 것이다. 나는 한사코 말렸다. 그의 재정을 생각해서도 나는 그를 그의 하숙까지 데려다주는 데 그칠 수밖에 없었다. 하숙 이층 그의 방에서 그는 몹시 게웠다. 말간 맥주만이 올라왔다. 나는 송 군을 청결하기 위하여 한 시간을 진땀을 흘렸다. 그를 눕히고 밖으로 나왔을 때에는 유월의 밤바람이 아카시아의 향기를 가지고 내 피곤한 피부를 간지르는 것이었다. 나는 멕시코에서 커피를 마시면서 토하면서 울고 울다가 잠이 든 송 군을 생각했다.

순영에게 전화나 걸어 볼까.

순영이? 나 상箱이야―송 군 집에 잘 갖다 두었으니 안심헐 일―.

오늘은 어쩐지 그냥 울적해서 견딜 수가 없단다. 집으로 가 일찍 잠이나 자리라 했는데 멕시코에―. 와두 좋지―헐 이얘기두 좀 있구―.

조용히 마주 보는 순영의 얼굴에는 사 년 동안에 확실히 피로의 자취가 늘어 보였다. 직업에 대한 극도의 염증을 순영은 나지막한 목소리로 호소한다. 나는 정색하고, 송 군과 결혼하지 응? 그야말루 송 군은 지금 절벽에 매달린 사람이오―. 송 군이 가진 양심, 그와 배치되는 현실의 박해로 말미암은 갈등, 자살하고 싶은 고민을 누가 알아주나―.

송 선생님이 불현듯이 만나 뵙구 싶군요.

십 분 후 나와 순영이 송 군 방 미닫이를 열었을 때 자살하고 싶은 송 군의 고민은 사실화하여 우리들 눈앞에 놓여 있었다. 아로날 서른여섯 개의 공동空洞 곁에 이상李箱의 주소와 순영의 주소가 적힌 종잇조각이 한 자루 칼보다도 더 냉담한 촉각을 내쏘면서 무엇을 재촉하는 듯이 놓여 있었다(이상, 〈환시기〉에서).

1935년 8월 29일 이상은 동소문 밖 신흥사에서 열린 정인택과 권순옥 결혼식의 사회자로 참석한다. 이상은 이를 일컬어 〈환시기〉에 '희극'이라고 썼다. 이상이 사랑을 고백하지 못하고 겉도는 사이에 정인택은 자살 기도라는 극약 처방으로 순옥의 사랑을 얻어 이상이 결혼식 사회를 보는 기막힌 광경이 빚어졌던 것이다.

1936년 봄, 정인택 부부는 아들 태혁을 낳았지만 3년 후인 1939년 수암 水癌으로 사망했다. 턱이 썩어가는 아들을 간호하는 이들 부부의 모습은 정인택의 단편 〈단장〉에 묘사되어 있다. 그 후 1939년 12월 장녀 태선이 태어나고 1942년 10월 차녀 태연, 그리고 1948년 9월 삼녀 태온이 출생한다. 1950년 정인택은 과거 좌익 활동을 하다가 전향한 사람들로 구성된 반공단체인 보도연맹에서 근무한다.

팔봉 김기진의 회고에 따르면 한국전쟁 당시 정인택은 박영희, 정지용, 김기림과 함께 서대문형무소에 수감되었다. 전쟁의 와중에서 정인택은 아내와 세 딸을 데리고 월북하지만 1953년 지병으로 사망한다. 임종 직전 그는 단신으로 월북해 있던 친구 박태원에게 부인 권순옥을 부탁한다는 유언을 남긴다. 정인택 사망 2년 후인 1955년 권순옥은 박태원과 재혼한 뒤 권영희로 개명한다. 권영희는 말년에 전신불수와 실명상태에 처한 박태원의 구술을 받아 대하역사소설 《갑오농민전쟁》을 완성하는 데 큰 역할을 했다. 만약 이상이 권순옥과 맺어졌다면 그의 운명도 바뀌었을지도 모른다.

옥희가 말하는 '오빠의 자학과 부정의 방랑 생활'이란 해경이 경제난을 덜기 위해 가족을 신당동 빈민촌으로 이사시키고 정신적 공황 상태에서 벗어나기 위해 평남 성천과 인천 등지를 여행하던 시기를 일컫는다.

약 한 달 간에 걸친 요양 생활은 '연애' '질병' '가난' '가족'과 더불어 그의 삶과 문학에 원체험으로 각인되어 있다. 경성 토박이 근대주의자인 그에게 '성천'은 인공, 문명(근대), 도시와는 질적으로 다른 자연, 산천, 향촌으로서 일종의 '신세계'였다. '성천'은 모더니스트인 그에게 '조선적인 것'에 대해 눈을 뜨게 만든 계기였다.

'성천 체험'의 첫 기록물인 수필 〈산촌여정—성천기행 중의 몇 절節〉(《매일신보》1935. 9. 27~10. 11)에서 '성천'은 '경성'에 대비된 '자연'과 '시골'로 그려지고 있다. 그가 사망하기 4개월 전인 1936년 12월 19일, 동경의 추운 골방에서 쓴 수필 〈권태〉(《조선일보》1937. 5. 4~5. 11.)에서 '성천'은 제국의 수도 '동경'에 대비되어 고국의 산천, 조선의 재래적 삶의 방식이 온존해 있는 곳, 나아가 소박하지만 겸허한 삶이 가능한 곳으로 형상화된다. 이상은 동경이 서구 도시의 모방에 불과하고, 경성은 그런 동경의 또 다른 모방에 지나지 않음을 깨닫기에 이른다. 그는 식민지 지식인의 서구적 근대성 추구가 갖는 필연적인 한계 앞에서 '공복감'과 '절대 권태'에 빠지고 만 것이다. 동경에의 환멸감은 이상으로 하여금 성천의 여름날을 떠올리게 만들었고, 그 결과가 〈권태〉이다.

이상이 〈권태〉에서 '성천'의 모든 것이 '권태롭다'라고 말한 것은 '반어적 표현'이라 할 수 있다. 이는 그의 유고 산문들이 '성천'에 대한 긍정적인 인식과 그리움을 짙게 드러내고 있는 것과 궤를 같이한다. 일제 강점기 한국 모더니즘 문학의 최고치를 보여준 이상이, 아시아에서 가장 근대화된 동경을 체험한 후, '조선적인 것'의 가치에 다시 눈뜨게 된 것은 아이러니하다. 오랜 가난과 재래의 생활습관, 소박하지만 아름다운 산천이 어우러진 '성천'은 이상이 체험한 가장 조선적인 공간으로서, 남의 것을 모방하는 데 급급해 하지 않는, 본연의 주체적인 삶의 모습이 남아 있는 '향토'였다. 이상의 성천 시절에 관해서는 성천에서 산업 기수로 근무한 경성고공 동창 원용석의 증언이 남아 있다. 원용석은 경성고공에서 섬유공학을 전공한 이력으로 성천의 지방공무원으로 발령받아 그 지역 부녀자들에게 뽕을 따서 누에를 기르고 명주 짜는 일을 가르치고 있었다.

원: 그 당시 난 성천成川 지방에 산업 기수로 가 있어서 잘 몰랐는데, 어느 날 해경이가 불쑥 나타났는데 그 몰골이 말씀이 아니에요. 창백한 얼굴에 머리는

까치둥주리, 온천엘 가게 했는데도 밤낮 내 하숙방에 드러눕고만 있고……한 열흘 만에 또 훌쩍 자취를 감추었는데 나중에 알고 보니 그 명문장名文章〈성천기행〉의 문안이 거기서 싹텄던가 봐요(《李箱의 학창 시절》).

성천에서 경성으로 돌아온 이상은 다시 인천에서 직장 생활을 하던 친구 문종혁을 찾아가 한 달가량 정양한다. 이 경험을 토대로 쓴 작품이 단편 〈지주회시鼅鼄會豕〉이다. 〈환시기〉가 정인택과 권순옥에 대한 이야기라면 〈지주회시〉는 1935년 말~1936년 초 사이의 이야기로 이상의 10년지기 문종혁은 작품 속에서 '오뭇'로 등장한다. '지주회시'는 '거미가 돼지 만나기'라는 의미이다. 돼지를 의미하는 시豕는 '발 얽은 돼지의 걸음걸이'를 의미하는 축豕 자의 파괴로서, '거미줄에 얽힌 돼지의 걸음걸이'라는 이미지를 강조하기 위한 조어이다. 자본주의 사회에서 서로 이용하고 파괴하는 가해적인 인간관계를 상징하며 돈을 둘러싼 가정과 사회의 퇴폐와 병리를 조롱하고 있는 게 〈지주회시〉이다.

지난 봄에 오뭇는 인천에 있었다. 십 년─그들의 깨끗한 우정이 꿈과 같은 그들의 소년시대를 그냥 아름다운 것으로 남기게 했다. 아직 싹트지 않은 이른 봄 건강이 없는 그는 오뭇와 함께 사직공원 산기슭을 같이 걸으며 오뭇가 긴히 이야기해야겠다는 이야기를 듣고 있었다. 너무나 뜻밖에 일─뭇의 아버지는 백만의 가산을 날리고 마지막 경매가 완전히 끝난 것은 엊그제라는─은 여러 형제 가운데 이 오뭇에게만 단 한 줄기 촉망을 두는 늙은 기미期米 호걸의 애끓는 글을 오뭇는 속주머니에서 꺼내 보이고─저버릴 수 없는 마음이─오뭇는 운다─우리 일생의 일로 정하고 있던 화필을 요만 일에 버리지 않으면 안 되겠느냐는─전에도 후에도 한 번밖에 없는 오뭇의 종종한 고백이었다. 그때 그는 봄과 함께 건강이 오기만 눈이 빠지게 고대하던 차─그도 속으로 화폭을 던진 지 오래였고—묵묵히 머지않아 쪼개질 축축한 지면을 굽어보았을 뿐이었다. 그리고 뒤미처 태풍이 왔다. 오너라—와서 내 생활을 좀 보아라—이런 오뭇의 부름을 빙그레 웃으며 그는 인천에 오뭇를 들렀다. 사사四四—벅적대는 해안통—K 취인점 사무실—어디로 갔는지 모르는 오뭇의 형영 깎은 듯한 오뭇의 집무태도를 그는 여전히 건강이 없는 눈으로 어이없이 들여다보고 오는 날을 탄식하였다 (이상, 〈지주회시〉에서).

오뭇(문종혁)의 아버지는 경향 간에 이름 난 투기사였다. 제1차 세계대전의 호경기를 타고 투기(소위 미두)에 투신해 일확천금을 벌었는데 3,000석의 지주였다. 그러다가 하룻밤에 30만 원(1969년 기준 1억 원 상당)의 손해를 보고 경성으로 이사 와서 아들에게 취업을 강권했던 것이다. 그래서 취직한 곳이 인천의 K취인점이었고 나중엔 경성의 A취인점이었다.

나의 임무는 어느 취인점에 근무하는 일이다. 나의 월급은 30원이었다. 그런데 아버지가 나에게 용돈으로 주시는 돈은 한정이 없지만 300원 정도다. 돈은 넘쳐서 쓸 데가 없었다. 오랫동안의 데카당의 장발을 자르고 넥타이를 매었다. 양복은 일류 양복점에서 무조건 최고급지로 만들어졌다. 나는 근무처에서 일개 직원이 아니라 왕자 취급이다. 그것은 내가 잘나서가 아니라 큰 고객을 길게 놓치지 않기 위해서다. 나의 엄친은 자식이 30원 월급을 받게 하기 위해서가 아니다. 현대인들의 경영 방법을 내사해서 알아 오라는 것이었다. 큰 돈을 벌으셨을 때 현대 경영 방법으로 크게 업체를 마련하기 위해서였다. 이때의 나를 상은 나무라지 않았다. 또 슬퍼하지도 않았다(문종혁, 〈심심산천에 묻어주오〉).

이상이 인천의 K취인점으로 오뭇(문종혁)를 찾아갔을 땐 빈털터리에 잦은 객혈로 인해 최악의 심신 상태였다. 1936년에도 봄은 어김없이 찾아왔지만 금홍은 여전히 돌아오지 않고 건강도 회복될 기미가 보이지 않는다. 그는 오燮가 출근하고 나면 오의 외투를 걸치고 월미도 뒤를 돌아 산책을 하다가 꽃나무 사이 잔디밭에 누워 바다를 바라보며 일과를 보낸다. 그러다 보면 어김없이 오燮가 휘파람을 불며 잔디밭으로 찾아오는 것이다.

오후 네 시 오燮는 휘파람을 불며 날마다 같은 잔디로 그를 찾아온다. 천막 친 데서 흔들리는 포오타블을 들으며 차를 마시고 사슴을 보고 너무 긴 방둑 중간에서 좀 선선한 아이스크림을 사먹고 굴 캐는 것 좀 보고 오燮 방에서 신문과 저녁이 정답게 끝난다. 이런 한 달—그는 바로 그 잔디 위에서 어느덧 배따라기를 배웠다. 흉중에 획책하던 일이 날마다 한 켠씩 바다로 흩어졌다. 인생에 대한 끝없는 주저를 잔뜩 지니고 인천서 돌아온 그의 방에서 안해의 자취를 찾을 길이 없었다. 부모를 배역한 이런 아들을 안해는 기꺼이 이렇게 잘 뜅겨 주는구나—(문학) (시) 영구히 인생을 망설거리기 위하여 길 아닌 길을 내디뎠다. 그러나 또 튀려는 마음—비뚜러진 젊음 (정치) 가끔 그는 투어리스트 뷰우로 전화를 걸었다. 원양항해의 배는 늘 방안에서만 기적도 불고 입항도 하였다. 여름이 그가 땀 흘리는 동안에 가고—그러나 그의 등의 땀이 걷히기 전에 왕복엽서 모양으로 안해가 초조히 돌아왔다. 낡은 잡지 속에 섞여서 배고파하는 그를 먹여 살리겠다는 것이다. 왕복엽서—없어진 半—눈을 감고 안해의 살에서 허다한 지문 내음새를 맡았다(이상, 〈지주회시〉에서).

'그'가 인천에서 정양 생활을 하다가 경성으로 돌아왔을 때 안해(금홍)도 왕복엽서처럼 집에 돌아온다. 등에 땀이 걷히기 전인 여름의 끝자락에 집 나간 안해는 돌아왔지만 '그'는 그녀의 살에서 허다한 지문 냄새를 맡는다.

급기야 둘은 헤어질 수밖에 없다.

이상과 금홍의 결별 장면은 〈봉별기〉에 구체적으로 서술되어 있다. 동거 일 년이 지나고 8월을 맞은 어느 날 '나'라는 위인은 밤낮 방에서 잠만 자며 지내고 금홍이는 심심하다 못해 옛 생활이 그리워진다. '나'는 그녀의 손님 맞이를 편하게 해주려고 가끔 친구 P(박태원으로 추정)에게 가서 자곤 한다. '나'는 속으로 해석하기를, "금홍이의 간음도 내 나태한 생활을 깨우치게 하고자 함이려니 했다"는 것이다. 다시 몇 달이 지난 어느 날, '나'는 금홍이에게 몹시 두들겨 맞는다. 아파서 울며 집을 나갔다가 나흘 만에 돌아와 보니 그녀는 방 윗목에 때 묻은 버선만 남겨놓고 사라져버린 뒤다. 친구들은 홀아비가 된 '나'를 찾아와 위로도 하고, 금홍의 소식도 전해준다. 남자와 함께

이상의 친구들. 좌로부터 김소운(작가), 이승만(미술가), 박태원(작가), 정인택(작가).
박태원은 훗날 북에서 친구인 정인택의 아내 권영희와 재혼한다.

버스를 타고 과천 관악산으로 가는 걸 보았다는 것이다.

두 달 지나는 사이에 '나'는 금홍이라는 이름까지 까맣게 잊고 만다. 그런데, 흡사 왕복엽서처럼 어느 날 금홍이가 돌아온 것이다. '나'는 깜짝 놀란다. 그녀의 얼굴이 아주 초췌해진 게 슬프다. 따지거나 꾸짖지 않고 데리고 나가 맥주와 붕어과자와 장국밥을 사먹이며 위로한다. 금홍이는 좀처럼 화를 풀지 않으며 나를 원망해서 울음을 터뜨리기에 '나' 또한 덩달아 운다.

"그렇지만 너무 늦었다. 그만해두 두 달 지간이나 되지 않니? 헤어지자, 응?"

"그럼 난 어떻게 되우, 응?"

이런 대화 끝에 '나'는 한껏 위로하여 그녀를 떠나보낸다. 금홍이는 '나'에게 2인용 베개를 선물로 준다. 싫다 해도 억지로 떠맡기더니 과연 길어서 불편하다. 묘한 머릿기름내에 잠을 설친 끝에, '나'는 중병에 걸렸으니 얼른 와달라는 엽서를 띄운다.

그녀는 돌아와 '나'의 딱한 처지를 보고 놀란다. 이대로 두면 며칠 못가 굶어 죽겠거니 해선가, 이날부터 소매를 걷어붙이고 자기가 벌어 먹여 살린다고 한다. 둘은 몇 달쯤 그렇게 살다가 그녀가 다시 가출해버리자 '나'는 집안이 형편없이 짜그라진 본가로 들어오고 만다. '나'는 몇 편의 소설과 시를 쓴다. 그건 쇠망해가는 심신 위에 치욕을 배가하는 짓이기도 하다. 이제 '나'는 만나는 사람마다 곧 동경으로 건너가 무엇 무엇을 공부하고, 연구하고, 배워 오겠노라 거짓말을 탕탕 늘어놓는다. 더러는 그 말에 속는가 싶기도 하다. 그런 어느 날, 누군가가 '나'의 어깨를 치며, 금홍이 동생 일심一心의 집에 와 있다고 알려준다. '나'는 금홍을 찾아간다.

"네놈 하나 보구져서 서울 왔지 내 서울 뭘 허려 왔다디?"

"그러게 또 난 이렇게 널 찾아오지 않았니?"

"너 장가갔다더구나."

"얘 디끼 싫다. 기 육모초 겉은 소리."

"안 갔단 말이냐 그럼?"

"그럼."

당장에 목침이 내 면상을 향하여 날아들어왔다. 나는 예나 다름이 없이 못나게 웃어주었다.

술상을 보아 왔다. 나도 한 잔 먹고 금홍이도 한 잔 먹었다. 나는 영변가를 한 마디 하고 금홍이는 육자배기를 한 마디 했다.

밤은 이미 깊었고 우리 이야기는 이게 이 생生에서의 영이별이라는 결론으로 밀려갔다. 금홍이는 은수저로 소반전을 딱딱 치면서 내가 한 번도 들은 일이 없는 구슬픈 창가를 한다.

"속아도 꿈결 속여도 꿈결 굽이굽이 뜨내기 세상 그늘진 심정에 불질러 버려라 운운云云"(이상, 〈봉별기〉 끝부분).

유추해 보면 이상이 1936년 6월 변동림과 결혼해 경성 입정정에 신혼살림을 차린 시기이다. 어느 날 금홍이 동생 일심의 집에 머무르고 있다는 소식을 전해듣고 금홍을 찾아간 것이다. 그날 금홍과 마지막 밤을 보낼 때 '목침이 면상으로 날아들었을지언정' 이상은 끝끝내 그녀를 원망하지 않는다. 금홍은 이상이 잊지 못할 운명의 여성이었다.

천하의 여성은 다소간 매춘부의 요소를 품었느니라고 나 혼자는 굳이 신념한다. 그 대신 내가 매춘부에게 은화를 지불하면서는 한번도 그네들을 매춘부라고 생각한 일이 없다. 이것은 내 금홍이와의 생활에서 얻은 체험만으로는 성립

되지 않는 이론같이 생각되나 기실 내 진담이다(이상, 〈봉별기〉에서).

〈봉별기〉는 짧은 단편이지만 시간의 경과로 보면 금홍을 만난 23세하고도 3개월의 이상이 26세가 되어 동경행을 결심하기까지에 이르는 3년간의 기록이다. 그런데 이상이 금홍이가 던진 목침으로 얻어맞은 장면은 그 사이에 이상이 장가를 갔다는 사실을 추궁하는 금홍의 질문을 에둘러 피하려다가 자초한 결과다. 금홍과의 결별에 즈음한 또 하나의 회고가 남아 있다.

첫째 부인이 두 번식 이상을 버리고 다러났을제, 그는 전에도 그런 일이 있었으나 여전히 '그에게로 불쑥 도라와주기'만을 바라고 기다리며 안해가 자기를 영원히 버리고 갔다고는 믿지 않았다. 그렇게 한 달이 지내고 두 달이 지내고 하는 사히에 계절은 바뀌여 북풍이 몹시 차다. 지금은 없어졌지만 관철정貫鐵町 대항권번大亢券番 제일第一 구석방을 차지하고 여전히 게을르게 불도 안 때인 방에서 낮잠만 자던 이상이 하로는 불이나게 찾어와 돈 30전錢만 달라는 것이다. 전보를 치겠단다. 달어난 안해에게 곧 도라오라고 전보를 치겠단다. 그 전문은 이러했다.
'올래 안 올래 끝 이상'(이 부분은 일본어로 표기되어 있다―인용자)
또―그것도 역시 겨울. 눈이 몹시 내린, 무슨 음악회인지가 끝난 날 밤이다. 이상과 나와는 사람들 틈에 끼어서 공회당을 나오며 태평통太平通을 향해 걷고 있었다.
'황혼의 유납維納이 생각나네'.
'응'.
'이렇게 눈 오는 날 흔히 애수의 갈등이 생기는 법야'.
'누가 그래?'
'내가 그러지'.
그러드니 이상은 별안간 '배갈 한 잔 허세' 흐더니 우리가 그때 '떠스터엪스키이

집'이라 불르든 대한문人韓門 앞 누추한 청요리 집으로 나를 끌고 들러갔다.

그리하여 술이 얼근히 취하드니 그는 이유없이 나를 매도하며 '네까짓게 여자를 사랑할 줄 아느냐'고 상을 찡그리고, 그리고 나서 비로서 자기가 그의 두번 째 부인을 얼마나 사랑하고 있는가를 고백하기 시작하였다. 그는 처음으로 내 앞에서 눈물을 흘리며 그렇게 사랑하고 있으나 결혼할 수는 없다고 도저히 결혼할 수 없다고 그러나 사랑하지 않을 수도 없다고 하소연하고 그러다가는 별안간 식어빠진 술잔을 꿀컥 디리마시고 '그래두 결혼한다. 네까짓에 욕해두 나는 결혼허구만 다'고 웨치며 눈 속으로 뛰여나갔다. 그날 밤 그 커다란 텁석부리 이상이는 정말 동서생활同棲生活을 시작하였다(정인택, 〈불상한 이상〉).

|
임이 언니, '변동림'

이제 옥희의 추억은 임이 언니 '변동림'에게 가닿는다. 옥희에게 변동림은
시누이와 올케라는 관계 이상의 존재이다. 동경에서 숨진 오빠의 유해를
갖고 귀국한 이도, 그리고 옥희가 만주에 가 있는 동안 비록 짧은 기간일지
언정 경성 친정집을 돌본 이도 변동림이다. 자신의 부재 시기에 친정 사람
들이 음양으로 의탁했을 변동림은 그래서 옥희에게 여전히 어려운 존재이
다. 옥희는 오빠 해경과 변동림이 결혼할 때조차 만주에 가 있었다. 그렇
기에 옥희가 기억하는 변동림은 오빠와의 짧은 동거 시절에 불과하다. 아
무리 전후관계를 살피려 해도 실제로 맞대면한 기억은 너무 짧을 뿐더러,
서로간에 시누이나 올케로서의 자격을 드러낼 만한 처지도 되지 못한다.
게다가 오빠와의 정식 결혼 생활은 채 반년에 지나지 않는다. 그런 만큼 옥
희의 변동림에 대한 기억은 매우 제한적이고 조심스럽기까지 하다. 같은
여자로서, 타성他姓의 집안에 들어와 온갖 역경을 헤쳐나가야 했던 동질감
같은 게 둘 사이엔 보이지 않게 작용했을 터다.

임이 언니와 처음 알게 된 것은 그 전이겠지만 오빠가 임이 언니와 동거를 하고
명색 결혼식을 올렸던 것은 오빠가 스물일곱 살 때 일입니다. 아마 지금 내무부

건너편 청계천과 을지로 중간쯤으로 생각되는 수하동 일본 집 '아파트'에 오빠는 우거하고 있었습니다.

창문사에서 구인회의 동인지 《시와 소설》을 편집하고 있던 오빠는 그것이 1집만 나오고 그만 되자 황금정으로 이사를 하고 거기서 임이 언니와 동거를 시작했습니다. 아마 유월이었다고 생각되는데 그때 칠팔 명 '구인회' 동인들이라고 생각되는 분들과 신흥사에서 형식만의 결혼식을 올렸습니다.

작품 연보로 보아서 가장 많은 작품을 여러 가지 장르에 걸쳐 여러 곳에 발표한 것이 이 해였다고 기억됩니다. '절름발이' 세월에 '절름발이' 부부 생활이었으나마 오빠에게 그만큼 위안이 되었던 것이 사실이 아닌가 생각합니다.

임이 언니는 사실 우리 가족과는 상당히 가까이 내왕이 있었습니다. 특히 운경 오빠와는 자주 만나 친밀히 이야기하는 사이였습니다. 그런데 임이 언니의 사랑도 결코 오빠를 행복하고 안정되게 하지는 못했습니다. 오빠는 임이 언니와 동거 생활을 하던 바로 그해 동경으로 떠났습니다.

친정어머니 말씀을 들으면 오빠는 여느 때처럼 집에 들어와서는 이삼 일 동안 좀 다녀올 데가 있노라고 그러고는 집을 나섰다고 합니다. 그런데 어쩐 일인지 어머니에게는 이상한 예감이 있어 골목까지 나갔는데 오빠도 자꾸만 돌아보곤 했다고 합니다. 아마 이것이 세상에서의 마지막 작별이라는 것을 혈맥끼리가 서로 통한 것인지 모릅니다.

어머니는 그날부터 사나흘 동안을 온통 팔이 떨어져 나가는 것 같은 아픔과 한시도 앉아 있을 수 없는 안절부절못한 속에 날을 보냈다고, 이 글을 쓰는 지금도 자꾸만 되풀이하여 말씀하십니다. 그때 이미 아버지도 사경에 계시었고 집안 살림이 말이 아니었는데 떠나는 오빠의 심중은 가히 짐작이 가는 일입니다. 그리하여 오빠는 이삼 일 갔다 온다는 동경에 갔습니다.

변동림(임이 언니)은 옥희와 같은 1916년 경성 태생으로 경성여고보를 거쳐 이화여전 영문과를 나온 인텔리 여성이었다. 이상의 친구 변동욱卞東昱의 여동생인 동림은 오빠 동욱이 경영하고 있던 조선호텔 건너편의 다방 '낙랑 팔러'에 들르곤 했다. 하루는 '낙랑 팔러'에서 동욱과 함께 차를 마시던 이상 앞에 동림이 나타났다. 이상은 여동생을 소개해달라고 동욱을 졸랐다. 동림은 이상의 친구인 화가 구본웅의 서모庶母 변동숙卞東淑(1890년생)과 이복자매이다.

구본웅의 5촌 조카 구광모(전 중앙대 행정학과 교수)의 〈우인상友人像과 여인상女人像〉(2002년 《신동아》 논픽션 공모 최우수작)에 따르면 변동숙은 구본웅이 네 살 때 계모로 들어온 여인이다. 변동숙은 열아홉에 잠사蠶絲학교를 졸업했지만 집안이 기우는 바람에 어린 아들이 딸린 구본웅의 아버지와 혼삿말이 오간다. 양육해야 할 아들 구본웅이 불구라는 사실을 몰랐던 그녀는 구 씨 집안에 들어와서 몹시 당황했다고 한다.

변동숙의 부친 변국선卞國璿은 늦게 첩을 두었다. 본부인 소생이 변동숙이고 소실 소생의 1남 2녀 가운데 큰딸이 이상과 결혼한 변동림이다. 변동

구본웅과 이상.

숙과 변동림은 스물여섯 살 차이가 난다. 친정과 이복동생들에 대한 변동숙의 영향력이 적지 않았다. 그렇기에 동림이 이상과 결혼하겠다고 했을 때 변동숙은 이를 극구 만류한 것으로 알려지고 있다.

　동림을 소개받고 한눈에 매료된 이상이었지만 동림을 사귀는 과정은 만만치 않았다. 동림 곁에는 늘 오빠 변동욱의 그림자가 머물러 있었다. 변동욱은 누군가.

　조선호텔 건너편에 동경미술학교 졸업생인 이순석(전 서울대 교수·조각가)이 〈낙랑 팔러〉라는 다방을 냈다. 이 〈낙랑〉이 번창해져서 젊은 조선사람 지식층은 한때 모두 이리로 몰렸다. 이상의 친구인 변이라는 문학청년이 차를 나르는 심부름을 했고, 정인택·이상이 늘 이곳에 모였고 박태원도 나타났다. 변이란 사나이는 서양화가로 이름을 날리던 수화 김환기의 처남이었는데, 별명이 〈무린〉이었다. 무린이란 박태원이 지은 별명인데, 그때 일본에서 무전린태랑이라는 젊은 작가가 대단히 인기가 있었다. 이 무전린태랑이 동경 조일신문에 《은좌팔정》이라는 풍속 세태소설을 연재해 호평을 받고 있었는데, 박태원·정인택·이상 등이 모인 자리에서 변이 느닷없이 "내가 소설을 쓴다면 〈무린〉 정도는 되겠지" 하고 자신 있게 말하였다. 그러자 박이 이 말을 받아 자못 경멸하는 말투로 "무어, 자네가 〈무린〉만큼 쓰겠단 말야!" 하고 어이없다는 듯이 껄껄 웃었다. 그 뒤로부터 변의 별명을 박이 〈무린〉이라고 지어 툭하면 "무린" "무린"이라고 놀렸다(조용만,《30년대의 문화예술인들》).

　이상은 동림을 '낙랑 팔러'에서 처음 보고 평소의 그답지 않게 얼굴이 벌게지면서 각실탕만 만지작거려 다방 아가씨들로부터 핀잔을 들었다고 한다. 이상은 좌중을 압도할 만큼 위트와 패러독스가 넘치는 사람이었지만 동림을 만난 자리에서는 변변히 말도 붙이지 못했던 것이다.

나의 오빠의 소개로 처음 이상을 만났을 때 이상은 밤색 두루마기의 한복 차림
이었고 쭉 한복을 입었다. 후리한 키에 곱슬머리가 나부끼고 수염은 언제나 파
랗게 깎았다. 우뚝 솟은 코와 세 꺼풀 진 크고 검은 눈이 이글거리듯 타오르고
유난히 광채를 발산했다. 수줍은 듯 홍조紅潮 짓는 미소가 없으면 좀 무서운 얼
굴이었을 거다. 그러나 언제나 수줍은 듯 사람을 그리는 듯 쓸쓸한 웃음을 짓는
모습과 컬컬한 음성이 나의 기억에 남아 있다. 이상이 폐를 앓았다고 했지만 기
침하거나 객혈하는 것을 본 일이 없다. 나는 건강한 청년 이상하고 결혼했다.
〈오감도〉와 〈날개〉를 발표한 후다(김향안, 〈이젠 이상의 실상을 알리고 싶다〉).

변동욱은 누이 동림을 무척이나 아꼈다. 동림이 1934년 동경에 가서 영
학숙英學塾 입학기를 놓치고 아카데미 프랑세즈를 몇 달 다니다 돌아왔을
때 동욱은 이화여전 입학을 권유했다. 동경의 아카데미 프랑세즈는 프랑
스 유학을 가려는 예비유학생들의 언어 연수기관으로, 1921년 시인 이상
화가 1년 과정을 수료하기도 했다. 동림이 훗날 수화 김환기와 재혼해 김
향안이라는 이름으로 함께 프랑스 유학을 떠났음을 감안하면 그녀의 프랑
스어 실력은 이미 이때부터 축적됐음을 짐작할 수 있다. 동욱의 소개로 이
상을 만난 동림은 본격적으로 데이트를 시작한다.

그 후 7년 후 경기여고를 졸업하고 이대梨大에 다닐 때다. 나는 그 비슷한 허허
벌판을 이상을 따라서 한없이 걸어갔다. 한없이 걸어간 곳에 방풍림이 있었다.
우리는 방풍림 숲속을 끝에서 끝까지 걸었다. 나는 날마다 이상을 만났다. 학
교에서 돌아오는 길 거기 어디서 기다리고 있는 상箱을 만났으며 우리 집에서
나오면 부근에서 서성거리고 있는 상을 발견했다. 만나면 따라서 걷기 시작했
고 걸어가면 벌판을 지나서 방풍림에 이르렀다. 거기는 일경도 동족도 없는 무
인지경이었다. 달밤이면 대낮처럼 밝았고 달이 지면 별들이 쏟아져서 환했던

밤과 밤을 걷다가. 우리는 뭐 손을 잡거나 팔을 끼고 걸은 것은 아니다. 각기 팔을 내저으며 지극히 자연스러운 자세로 걸었다. 드문드문 이야기를 나누면서, 때때로 내 말에 상은 크게 웃었다. 그 웃음소리가 숲속에 메아리쳤던 음향을 기억한다.

"우리 같이 죽을래?" "어디 먼 데 갈까?"

이것은 상의 사랑의 고백이었을 거다. 나는 먼 데 여행이 맘에 들었고 또 죽는 것도 싫지 않았다. 나는 사랑의 본능보다는 오만한 지성에 사로잡혔을 때라, 상을 따라가는 것이 흥미로웠을 뿐이다. 그래서 약속한 대로 집을 나왔다. 나를 절대로 믿는 어머니한텐 친구한테 갔다 온다고 거짓말을 하고 조그만 가방 하나를 들고 나왔다. 약속한 장소에서 기다리는 상의 표정이 초조해 보였다. 언제나 태연하던 사람이 "왜?", "동림이가 안 나올까 봐서,", "나는 약속하면

낙랑 팔러.

지키는 사람인데." 나는 대수롭지 않게 넘겼으나 상은 간밤 내 잠을 안 잤다면서 충혈된 눈을 비비기도 하고, 오랫동안 얼굴의 홍조가 가시지 않았다. 나는 언제나처럼 경쾌한 걸음으로 상을 따랐다. 우리들은 또 벌판을 지나고 방풍림을 지나서 개울이 있고 언덕이 있는 드문드문 인가가 보이는 동리에 이르렀다. 좀 떨어져서 개울가에 서 있는 조그만 집, 방 하나와 대청마루와 부엌, 건넌방은 비었고 주인이 와서 살 거라고 했다. 조그만 마당은 필요 없었다. 대문을 열면 바로 건너편에 개울이 있고 작은 언덕 산이 그대로 우리 마당이었다. 상은 기본 생활도구와 침구를 마련해 놓고 신부를 맞을 준비를 해논 것 같았다. 그래서 나는 상하고 결혼했다. 낮과 밤이 없는 밀월을 즐겼다. 나는 우리들의 밀월을 월광月光으로 기억할 뿐이다.

나는 가방 속에 몇 권의 책(시와 소설)과 외국어 사전을 넣어 왔다. 그것들이 한 줄의 책꽂이가 되어서 침실을 장식했다. 상은 그 책꽂이를 사랑했다. 그러나 상의 고민은 〈만국발음표〉를 흉내 내지 못 하는 것, 그래서 우리는 자꾸만 웃었다. 상은 며칠에 한 번씩 시내에 들어가서 볼 일을 보고 장을 봐 왔다. 나는 개울에서 빨래도 하고 밥도 지었지만 반찬은 주로 상이했다. 상은 소의 내장으로 만드는 요리를 즐겼기 때문에, 나는 간이나 천엽 또 곰탕 같은 것을 못 먹었던 기억이 난다(김향안, 〈이상理想에서 창조된 이상李箱〉).

두 사람은 1936년 6월 일가친척과 '구인회' 동인 7∼8명이 참석한 가운데 성북동 신흥사에서 결혼식을 올린다. 그런데 결혼의 전제조건이 함께 동경 유학을 떠나는 것이었다.

서울서는 우리들의 결혼을 스캔들로서 비난하는 소리가 들렸다. 나의 오빠부터가 이상이 내 동생을 유혹했다고 잡음을 일으켰고 우리를 질투한 못난 친구는 후

일에 동경까지 가서 이상을 괴롭힌 일도 있었다. 나는 이상의 유혹이 아니고 내가 이상을 좋아해서 따라간 것이라 밝혔고 우리는 곧 동경으로 떠날 거라고 선언함으로써 상의 어머니와 나의 어머니는 서둘러서 결혼식을 올리게 마련하셨다. 당시의 우리들의 탈출구는 동경으로 가는 길밖에 없었다. 거기서도 조선인은 구속된다는 것을 미처 몰랐다. 좀 더 자유로울 수 있을 줄로, 또 좀 더 공부할 수 있으리라는 희망에서, 동경행을 택했던 거다(위와 같음).

동경 유학은 이상뿐만 아니라 동림의 꿈이기도 했다. 이 무렵 이상은 일당 1원 40전을 받고 구본웅의 아버지가 경영하는 인쇄소 창문사에서 구인회 동인지 《시와 소설》 편집 일을 맡아보고 있었다. 하지만 《시와 소설》은 창간호로 막을 내린 단명短命의 잡지였다. 이상의 누이 옥희는 변동림을 이렇게 기억한다.

결혼식 전 잠깐 변동림 씨를 본 적이 있습니다. 그때도 큰오빠는 나가서 혼자 살고 있었고…… 그 집에 들렀다가 봤어요. 그리고 결혼식 날 잠깐 본 적이 있지요. 간혹 집에다 돈을 보냈던 걸로 압니다. 제 기억에는 큰오빠가 일본엘 갈 수

김환기가 그린 변동림(왼쪽).
김향안.

있게 주선한 사람도 변동림 씨라고 기억하고 있고요(《레이디 경향》 1985. 11).

동림은 결혼 직후엔 시댁과도 내왕이 있었고 특히 이상의 남동생 운경과
는 친밀한 관계를 유지한다. 나중에 밝혀지지만 그 친밀함은 쪼들리는 집
안 살림을 돕기 위한 운경의 취직 건이다. 미당 서정주의 산문집《노자 없
는 나그네 길》(1992)에 따르면 당시 이상은 청계천 4가에서 을지로 4가로
건너가는 구석진 뒷골목(황금정 4정목)에서 안경 쓴 여인(변동림)과 살고 있
었다.

1936년 가을의 어느 해질 무렵, 스무 살의 문학청년 서정주와 함형수,
오장환, 이성범은 막 신혼살림을 차린 이상의 집에 들이닥친다. 그들은 무
릎을 맞대고 두세 시간 정도 문학 얘기를 나누며 앉아 있었다. 이상은 별다
른 말없이 '네에, 네, 네……' 하거나 '준데, 괜찮아, 준데 괜찮아, 준데 괜
찮아……'라며 동생뻘인 청년들을 상대했다. 서정주의 귀에 '준데'라는 발
음은 특이하고 인상적이었던 모양이다. '좋은데'라는 말을 이상은 '준데'라
고 독특하게 발음했던 것이다.

"산보나 나갑시다"라며 이들을 끌고 나가 새벽까지 술추렴을 하던 이상
의 기이한 행동은 다시 서정주에게 목격된다. 소공동의 한 선술집에 들렀
을 때 이상은 느닷없이 서른 댓쯤 되어 보이는 주모의 검정 스웨터 앞가슴
에 달린 단추를 누르기 시작한다. 그 행동을 두고 서정주는 "이런 SOS의
초인종의 진땀나는 누름, 거기 뚫어지는 한정 없이 휑한 구멍"이라고 회고
했다. 서정주가 'SOS의 초인종의 진땀나는 누름'이라고 했던 이 행위는 탈
아脫我에의 무의식적인 갈망을 드러내는 행동이었고 탈주의 현실적 행위
로 선택한 것이 동경행이었던 것이다.

어릴 때 백부 댁에 들어가 스물한 살 때 본가로 돌아온 이상에게 아버지
는 둘이었지만 사실 그에게 아버지는 없는 것이나 마찬가지였다. 심리적

고아라는 정체성과 입양아 비슷한 분열 증세에 사로잡힌 이상이 이 분열 증세에서 벗어날 방법으로 선택한 것이 진짜 아버지 찾기, 즉 근대(모더니즘)의 중심부인 동경행이었다.

이상은 동경으로 떠나기 전, 신당리 버티고개 빈민굴에 살고 있는 부모를 찾아가 "이삼 일 동안 좀 다녀올 데가 있다"는 말로 작별 인사를 대신한다. 이상한 예감이 들어 골목까지 나가 전송하던 어머니 박세창과 이상이 서로 눈을 잠시 마주쳤다가 돌아서는 순간, 자신에게 덧씌워진 가면을 벗고 19세기에서 20세기로 탈주하려는 이상의 창백한 맨얼굴이 드러난다.

이제 동경으로 떠날 날만 손꼽아 기다리던 이상은 햇빛도 들어오지 않는 어두컴컴한 방에 종일 누워 지낸다. 햇빛을 보지 못한 이상의 얼굴은 더욱 하얘졌고, 폐결핵은 깊어진다. 정인택은 이상이 동경으로 떠나기 전 마지막으로 머물던 곳을 황금정 4정목이 아니라 입정정(지금의 을지로 3가)으로 기억한다.

입정정笠井町 어둠컴컴한 방房 말이 났으니 말이지만 실實로 그 방이란 이상李箱이 자신보다도 불상한 방이었다.

하로종일 햇볕이 안 든다느니보다 방이 구석지고 천정이 얕고 하여 지하실같이 밤낮 어둡고 침침하고 습하고 불결하고 해서 성한 사람이라도 그 방에서 사흘만 지내면 병객病客이 되고말 지경이었다. 동경으로 떠나기 전 반년 동안을 이상은 그 쓰레기통 같은 방구석에서 그의 심신을 좀먹는 폐균을 제 손으로 키웠다.

그때 이상 부인은 밤늦도록 나아가 일하고 있어서 새벽 두시 세시가 아니면 집에 돌아오지 않을 때이라 혼자 그 음울한 방을 지킬 수 없었고 해서 부인이 벌어다 주는 돈으로 이상 역시 밤늦도록 거리로 쏘다니며 술 먹고 짖거리고, 이렇게 둘이 다 밤이 늦인지라 아침이면 오정이 넘도록 자리에서 일어날 줄을 몰랐고 일어낫대야 대낮에도 저녁때같이 어두운 방이라 아무렇게나 고추장으로 끄린 두부찌

개 한 그릇만으로 북어를 뜯어 씹어가며 점심인지 아침인지 몇 공기 퍼먹고는 그
대로 또 쓰러져 낮잠을 자고 전등불 켜질 무렵 부인이 세수하고 단장하고 밖으로
나가면 이상도 또한 터덜터덜 불결한 자태로 거리로 나와 술집으로나 아무 데
로나 부인이 집에 돌아올 때까지 헤매이는 것이다(정인택, 〈불상한 이상〉).

이 시절, 동림은 이상의 약값과 생활비를 벌기 위해 일본인이 운영하는
바에 나간다. 이상은 동거녀 금홍의 외도에 대해서는 마냥 관대했지만 정
식으로 결혼을 올리고 아내로 맞아들인 동림의 과거에 대해서는 관대할
수 없었을 것이다. 소설 〈실화失花〉에는 흔히 동림의 분신이라고 일컬어지
는 연이를 추궁하는 장면이 있다.

파이프에 불이 붙으면?
끄면 그만이지. 그러나 S는 껄껄─아니 빙그레 웃으면서 나를 타이른다.
"상! 연이와 헤어지게. 헤어지는 게 좋을 것 같으니. 상이 연이와 부부라는 것
이 내 눈에는 똑 부러 그러는 것 같아서 못 보겠네."
"거 어째서 그렇다는 건가."
이 S는, 아니 연이는 일찍이 S의 것이었다. 오늘 나는 S와 더불어 담배를 피우
면서 마주앉아 담소할 수 있다. 그러면 S와 나 두 사람은 친우였던가.
"상! 자네 'EPIGRAM'이라는 글 내 읽었지. 한 번─허허─한 번. 상! 서푼짜리
우월감이 내게는 우쉬죽겠다는 걸세. 한 번? 한 번─허허─한 번."
"그러면(나는 실신할 만치 놀란다) 한 번 이상以上─몇 번. S! 몇 번인가."
"그저 한 번 이상以上이라고만 알아두게나그려."
꿈─꿈이면 좋겠다. 그러나 10월 23일부터 10월 24일까지 나는 자지 않았다.
꿈은 없다.

(천사는—어디를 가도 천사는 없다. 천사들은 다 결혼해버렸기 때문이다.)

23일 밤 열 시부터 나는 가지가지 재주를 다 피워가면서 연이를 고문했다.

24일 동이 훤하게 터올 때쯤에야 연이는 겨우 입을 열었다. 아! 장구長久한 시간!

"첫 번— 말해라."

"인천 어느 여관."

"그건 안다. 둘째 번— 말해라."

"……"

"말해라."

"N빌딩 S의 사무실."

"셋째 번— 말해라."

"……"

"말해라."

"동소문東小門 밖 음벽정飮碧亭."

"넷째 번— 말해라."

"……"

"말해라."

"……"

"말해라."

머리맡 책상 속에는 서슬이 퍼런 내 면도칼이 있다. 경동맥頸動脈을 따면—요물妖物은 선혈이 댓줄기 뻗치듯 하면서 급사하리라. 그러나—.

나는 일찌감치 면도를 하고 손톱을 깎고 옷을 갈아입고 그리고 예년例年 10월 24일경에는 사체가 며칠 만이면 썩기 시작하는지 곰곰 생각하면서 모자를 쓰고 인사하듯 다시 벗어 들고 그리고 방—연이와 반년 침식을 같이하던 냄새나는 방을 휘 둘러 살피자니까 하나 사다놓네 놓네 하고 기어이 뜻을 이루지 못한 금붕어도-이 방에는 가을이 이렇게 짙었건만 국화 한 송이 장식이 없다(《실화》에서).

"사람이 비밀이 없다는 것은 재산 없는 것처럼 가난하고 허전한 일이다"
라는 문장을 머리에 이고 시작되는 〈실화〉의 공간적 배경은 동경에 있는
유학생 C양의 방이다. 때는 1936년 12월 23일 저녁 무렵, C양의 방을 방
문한 '나'는 쉼 없이 재잘거리는 C의 이야기를 듣고 있다. C는 학교에서 배
우고 있는 어느 영문소설, 한 청년과 사랑에 빠진 여자가 유서를 쓰고 죽어
가는 줄거리를 들려주면서 자신의 생각을 곁들인다. "죽기는 왜 죽어" 했
다가 "선생님, 이 여자를 좋아하십니까-좋아하시지요-좋아요-아름다운
죽음이라고 생각해요-그렇게까지 사랑을 받은 남자는 행복되지요-네-선
생님-선생님 선생님" 하는 상황이 이어지는 가운데 '나'는 경성의 친구 S
와의 지난 시절 대화를 떠올리며 모든 게 꿈이면 좋겠다고 생각한다.

이제 공간적 배경은 C양의 하숙방에서 경성으로 옮겨지고 '나'는 1936
년 10월 23일 밤부터 10월 24일 새벽에 걸쳐 이어진 S와 말다툼을 떠올린
다. 말다툼 속에서 연이는 일찍이 S의 것이었다는 사실과 함께 '나'와의 결
혼 이후에도 S와 수시로 통정했다는 사실이 드러난다.

그 사실을 안 뒤부터 '나'는 사체가 며칠 만이면 썩기 시작하는지에 골몰
하다가 연이와 반년 침식을 같이하던 냄새나는 방을 휘 둘러본 후 배 십 전
어치를 사서 폐병을 앓고 있는 친구 유정兪政의 빈한한 자취방을 찾아간
다. 유정의 만류로 자살을 실행에 옮기지 못한 나는 유정에게 "내일 아침
동경 가겠습니다"라고 고한 뒤 연이가 밥상을 지키고 앉은 방으로 돌아와
짐을 꾸린다.

방에서는 연이가 나 대신 내 밥상을 지키고 앉아서 아직도 수없이 지니고 있는
비밀을 만지작 만지작하고 있었다. 내 손은 연이 뺨을 때리지는 않고 내일 아

침을 위하여 짐을 꾸렸다.

"연이! 연이는 야웅의 천재요. 나는 오늘 불우의 천재라는 것이 되려다가 그나
마도 못되고 도루 돌아왔소. 이렇게 이렇게! 응?"(《실화》에서).

이상은 〈실화〉뿐만 아니라 〈단발斷髮〉, 〈동해童骸〉, 〈종생기終生記〉 등에서
변동림으로 표상되는 아내를 등장시켜 아내의 혼전 성관계를 강박적으로
추궁한다. 금홍의 방종한 남자관계에 대해서는 그토록 관대했던 이상이
동림의 정조 관념에 대해서는 엄격한 도덕의 잣대를 들이대며 과거사를
집요하게 캐묻는 그로테스크한 장면을 연출하고 있는 것이다.

이상과 변동림의 결혼 생활이 실제로 어떠했는지는 알 길이 없다. 다만
〈실화〉의 내용을 따라가자면 자유연애자로 표상되는 식민지 경성의 모더
니스트 이상은 또 한 사람의 자유연애자인 아내의 남성 편력에 대해 패배
를 선언하고 동경으로 떠나가는 것이 된다. 그런데 〈실화〉에 등장하는 유
정은 이상과 마찬가지로 폐병을 앓고 있던 소설가 김유정의 분신이다. 이
상이 도일渡日 직전, 정릉의 한 절간에서 요양하고 있던 김유정을 찾아간
정황은 조용만에 의해 복원되어 있다. 이상은 유정이 별안간 옆에 놓인 요
강에 대고 객혈을 하며 기진맥진해 쓰러진 모습을 보고 동반자살을 제안
했다는 것이다.

"김형, 우리 자살합시다."

유정이 누워 곁눈질로 보니까 이상의 표정이 아주 심각하더라는 것이다. 유정
은 그때 대꾸할 기운조차 없어서 그냥 누워 있었는데, 이상이 돌아간 다음 이
것이 마음에 걸려 이튿날 찾아온 안회남에게 그런 이야기를 하였다. 김유정 말
이 아무래도 이상이 무슨 짓을 할지 몰라 걱정이 되니 박태원이나 정인택한테
부탁해 이상의 동정을 살펴달라고 하더라는 것이었다.

안회남이란 김유정의 휘문 동창으로 일본에서 유행하던 사소설을 본떠 신변소설을 많이 쓰던 작가였다. 구인회에 못 들어간 것이 큰 원한이 되어 우리들한테 자기를 안 끼워주었다고 욕설을 하고 덤비던 사람인데, 해방 후 어느 틈에 돌연히 좌익 작가가 되었다. 사변 때 9·28 서울 수복 직전의 어느 날 미아리 큰길로 파나마 모자에 와이셔츠 바람으로 쌀 전대를 어깨에 메고 쇠꼬챙이 지팡이를 짚고 자기 패들과 떨어져 터벅터벅 창동을 향해 북쪽으로 올라가는 것을 나는 미아리 언덕에서 바라보았다.

안회남이 정인택을 앞세우고 이상의 집을 찾아갔는데, 정인택도 그 며칠 전에 이상이 아르나르라는 잠자는 약을 열대여섯 알이나 가지고 있는 것을 보고 질겁해 뺏은 일이 있었으므로 혹시나 그 수면약을 먹고 죽지 않았을까 하고 겁이 나더라는 것이다. 그러나 뜻밖에 이상은 명랑한 얼굴로 두 사람을 향해 걸걸 웃으면서, "김유정과 이상의 찬란한 정사情死라! 한때는 그런 생각도 해보았지만 이제는 단념했으니 걱정들 마시오. 나는 곧 동경으로 떠납니다. 동경에 가서 일곱 가지 외국말을 배워 가지고 올 작정이오."

"별안간에 동경은?"

처음 듣는 소리라 정인택이 놀라서 물었다.

"그전부터 별렀는데, 곧 결행할 작정이오."

이상은 태연스럽게 대답하였다. 이리해서 이상은 1936년 11월 혼자 동경으로 향하였다. 공부 좀 더하고 오겠다는 것이었다(조용만, 《30년대의 문화예술인들》).

|
동경에서의 이상

이상은 당초 9월 중에 동경으로 떠나려 했으나 막상 도항증명서가 발부되지 않았다. 1936년 10월 초 김기림에게 보낸 이상의 편지에 이런 구절이 있다.

북일본北日本 가을에 형은 참 엄연儼然한 존재로구려!
워밍업이 다 되었건만 와인드업을 하지 못하는 이 몸이 형을 몹씨 부러워하오. 지금쯤은 이 이상이 도쿄 사람이 되었을 것인데 본정서本町署 고등계高等係에서 도항渡航을 허락할 수 없음의 분부가 지난달 하순에 나렸구려! 우습지 않소? 그러나 지금 다시 다른 방법으로 도항증명을 얻을 도리를 차리는 중이니 금월 중순─하순경에는 아마 이상도 도쿄를 헤매는 백면白面의 표객漂客이 되리다.

'지난달 하순'이란 1936년 9월 하순을 의미한다고 할 때 이 편지는 10월 초에 씌어졌을 것으로 보인다. 앞서 김기림에게 보낸 편지엔 이렇게 적혀 있다.

인천에 가 있다가 어제 왔소. (중략) 여지껏 가족들에 대한 은애恩愛의 정을 차마 떼기 어려워 집을 나가지 못하였던 것을 이번에 내 아우가 직업을 얻은 기회에 동경 가서 고생살이 좀 하여볼 작정이오. 아직 큰소리 못하겠으나 9월 중에는 어쩌면 출발할 수 있을 것 같소. 형兄 도동渡東하는 길에 서울 들러 부디 좀 만납시다.

동경행이 늦춰지는 동안 추석이 다가온다. 1936년의 추석은 9월 30일이었다. 본의 아니게 경성에 발이 묶인 이상은 미아리에 있는 백부의 산소를 찾아 성묘했다. 수필 〈추등잡필秋燈雜筆〉엔 1936년 9월 30일의 '추석삽화'와 도항을 앞둔 이상의 심리 상태를 어림할 수 있는 대목이 있다.

일 년 삼백육십 일 그중의 몇 날을 추려 적당히 계절 맞춰 별러서 그날만은 조상을 추억하며 생의 즐거움에서 멀어진 지 오래된 그들 망령을 있다 치고 위로하는 풍속을 아름답다 아니할 수 없으리라.

이것을 굳이 뜻을 붙여 생각하자면, 그날그날의 생의 향락 가운데서 때로는 사死의 적막을 가끔 상기해 보며 그러함으로써 생의 의의를 더 한층 깊이 뜻있게 인식하도록 하는 선인先人들의 그윽한 의도에서 나온 수법이 아닐까……. 해는 이미 일반日半을 지났으니 나는 또 삶의 여항閭巷으로 돌아가지 않으면 안 되리라.

이번 추석 날 나는 돌아가신 삼촌 산소를 찾았다. 지난 한식寒食 날은 비가 와서 거기다 내 나태가 가加하여 드디어 삼촌 산소에 가지 못했으니 이번 추석에는 부디 가보아야겠고 또 근래 이 삼촌이 지금껏 살아계셨던들 하는 생각이 문득 드는 적이 많아서 중년에 억울히 가신 삼촌을 한번 추억해 보고도 싶고 한 마음에서, 나는 미아리彌阿里행 버스를 타고 갔던 것이다.

이상은 9월 중순 본정서에 도항 허가를 요청해놓고 백부의 산소에 성묘를 갔다. 이 성묘는 다른 해와 다르다. 공동묘지에서 '삶의 여항(인간이 사는 세속)'으로 돌아가리라는 의지를 다지는 장면이 그것이다.

〈추등잡필〉은 이상이 경성에 체류하면서 마지막으로 발표한 수필로《매일신보》1936년 10월 14~28일 자에 걸쳐 각각 '추석삽화', '구경', '예의', '기여', '실수' 등의 부제를 달고 다섯 차례 연재되었다. 연재를 마치고 도항했다면 10월 28일 이후가 될 것이고 최종원고를 미리 넘기고 도항했다면 10월 28일 이전이 될 것이다. 그런데 10월 28일 자《매일신보》에 게재된 〈실수〉는 본정本町, 즉 명동을 지나가는 인력거에 앉은 백인의 중년부부가 손에 쥔 단장이나 손가락으로 방향을 가리키는 버릇을 '크낙한 실례'라고 지적하는 내용이다. 〈실수〉의 마지막 구절은 "그 이방인은 어찌되었든 잘못된 일일 것이니 '투어리스트 뷰로'는 한낱 관광단의 유치에만 부심할 것이 아니라 이런 실수가 미연에 방지되도록 안으로서의 차림차림에도 유의하는 바가 있어야 할 것이다"라고 되어 있다.

'투어리스트 뷰어'는 노일전쟁의 승리 이후 일본인의 여행 편의를 돌보기 위해 개설한 재팬 투어리스트 뷰로J.T.B(Japan Tourist Bureau·일본교통공사의 전신)로, 조선지사는 1914년 개설되었다. 이상은 경성역~동경역을 한 장의 티켓으로 연결하는 '투어리스트 뷰어'를 이용해, 부산을 경유해 동경으로 떠났을 가능성이 높다.

이상의 도일渡日에 대해 임종국은《이상 전집》에서 음력 9월 3일, 즉 1936년 10월 17일이라고 적고 있지만 이를 방증할 만한 증거는 없다. 다만 도일 직전에 이상을 만난 조용만의 회고가 남아 있다.

"우선 동경에서 누구를 만나는고 하니, 당신이 애독하는《세르팡》잡지의 편집인 겸 시인인 하루야마를 만나야 할 게 아뇨?"

"그렇지. 그 사람하구는 늘 편지 왕래가 있었는데, 요새는 좀 뜸하군 그래. 우

리나라 지용이니 저희 나라 기타하라니 하는 사람의 시는 19세기의 케케묵은
시라는 거야. 자기하구 내 시가 새로운 시니까 우리 한번 잘 해보자는 거지."

"아주 의기상투義氣相投로군 그래."

"그렇지. 만나면 한번 크게 시론詩論을 하게 될 게요."

이상은 벌써 기분이 좋아졌다(조용만, 〈이상 시대, 젊은 예술가의 초상〉).

조용만에 따르면 이상은 동경 제일서방에서 발간하던 정가 10전의 잡지
《세르팡》(프랑스어로 '뱀')을 매월 사서 애독하면서 《세르팡》 편집장인 시인
하루야마春山行夫와 서신을 주고받으며 전위적인 시작법에 골몰했다는 것
이다. 마침내 도항 허가를 받은 이상은 경성역에서 변동림과 박태원, 정인
택의 배웅을 받으며 부산으로 향한다. 그리고 부산에서 청마 유치환
(1908~1967)을 불러내 하룻밤을 보낸다.

어느 해였는지 모르겠는데 평북 성천成川에 와서 소일하고 있노라고 두어 차
례 엽서가 있고는 소식이 없던 이상이 일본으로 가는 길이라면서 난데없이 부
산의 나의 우거寓居로 나타났었다. 그래 그날 밤은 둘이 항구港口 거리의 싸구
려 술에 취해서 불타기 전 부산 우편국 건너편에 있던 조일여관朝日旅館이란
삼류 여관에서 같이 쉬고 다음 날 저녁 연락선 부두에서 그 휘청휘청 까마귀
같은 모습을 떠나보냈었는데 그 길이 마지막 길이 될 줄을 그나 나나 어떻게
알았겠으며 따라서 그가 숙명宿命 같은 모국母國을 떠나는 최후의 순간을 내가
혼자서 쓸쓸히 보낸 셈이 되고 말았었다. 그때 부산에 시인 조벽암趙碧岩이 나
와 같은 직장에 있었는데 왜 그날 같이 어울리지 않았던지? 설령 벽암과 이상
이 전부터 안면이 없다 하더라도 물론 알면 또 얼마라도 알 수 있는 관계라 어
울렸을 터인데도 그렇지 않은 것은 아마 우리가 벽암을 경원敬遠했던 것인지

모른다. (중략)

그러나 다시 생각하면 이상이고 지용이고 다 같이 너무나도 자신들에게 성실했던 때문에 일찍 자신들을 소모消耗하고 말았으며, 따라서 우리는 빛나는 예지睿智를 일찍 잃게 된 애석한 결과를 받고 말았지 않았던가? 생각이 여기에 미치고 보면 흐리멍덩하기 짝이 없는 나 같은 위인이 둔마鈍馬처럼 오히려 그 귀한 수명을 이제껏 보지하고 있음이 죄스럽고 부끄럽기 그지없는 것이다(유치환,《나의 문단교우록》).

이상은 다음날 시모노세키로 떠나는 관부연락선에 몸을 실었다. 이상이 제국의 수도 동경에서 처음 본 곳은 동경역과 마루노우치 빌딩이었다. 1914년 네덜란드 암스테르담역을 모델로 준공된 동경역은 1925년 준공된 경성역과 별반 다를 게 없었다. 동경에 대한 이상의 첫 인상은 환멸이었다.

내가 생각하던 '마루노우찌 삘딩', 속칭 마루비루는 적어도 이 '마루비루'의 네 갑절은 되는 굉장한 것이었다. 뉴욕 브로드웨이에 가서도 나는 똑같은 환멸을 당할는지. 어쨌든 이 도시는 몹시 '깨솔링(가솔린)' 내가 나는구나! 가 동경東京의 첫 인상이다.

우리같이 폐가 칠칠치 못한 인간은 우선 이 도시에 살 자격이 없다. 입을 다물어도 벌려도 '깨솔링' 내가 삼투渗透되어 버렸으니 무슨 음식이고간 얼마간의 '깨솔링' 맛을 면할 수 없다. 그러면 동경 시민의 체취體臭는 자동차와 비슷해 가리로다. 이 '마루노우찌'라는 '삘딩' 동리洞里에는 '삘딩' 외에 주민이 없다. 자동차가 구두 노릇을 한다. 도보하는 사람이라고는 세기 말과 현대 자본주의를 비예睥睨하는 서룩한 철학인—ㅗ 외에는 하다못해 자낭자라도 신고 드나든다(〈동경東京〉 도입부).

뉴욕의 크라이슬러 빌딩이 완공된 건 1930년이고 102층 381미터의 엠파이어스테이트 빌딩이 완공된 건 1931년이다. 경성고공 시절, 이상은 사진을 통해 뉴욕 브로드웨이의 초고층 건물들을 익히 알고 있었을 것이다. 그런 이상이 동경역 앞의 '마루비루' 빌딩을 보고 실망을 느낀 것은 당연하다고 할 것이다. 그는 그토록 보고 싶었던 근대의 상징이 현해탄 '너머' 동경 어딘가에 있을 것으로 기대했으나 그 '너머'에서 목격한 건 '환멸'이었다.

아니, 이상의 눈에 비친 근대는 이미 유년기부터 몸으로 익힌 괴물이기도 했다. 어린 해경이 6세 되던 해인 1915년 경복궁에서는 일제가 시정 5주년을 기념하여 '조선물산공진회'라는 거국적인 행사를 개최했다. 이제껏 조선에서 볼 수 없었던 신기한 건축물과 신문물을 소개하는 이 전람회를 이상이 관람하지 않았을 가능성은 희박하다. 이 전람회는 단순한 볼거리가 아니었다. 일제는 식민통치 5년 동안 조선이 얼마나 발전했는지를 전람회를 통해 선전하고, 야만의 조선과 문명의 일본을 이항대립적으로 비교하고자 했던 것이었다.

이런 표면적인 이유 외에도 이 전람회는 이후 조선총독부 신청사를 건립하기 위한 명분 쌓기의 성격도 가지고 있었다. 조선총독부 신축 공사는 해경의 나이 7세 때인 1916년 시작되어 1926년까지 이어졌다. 보성고보를 졸업하고 경성고공에 입학할 때까지 해경은 공사장 옆을 지나다니면서 경복궁 안에 '식민지 근대화'의 상징인 조선총독부가 건립되는 과정을 직접 목격한다. 이러한 이항대립은 이상의 심상에 뿌리깊게 각인된다. 특히, 지반공사를 위해 1만 개에 가까운 통나무를 땅에 박아 넣는 항타 작업은 시각적인 면에서나 청각적인 면에서나 큰 인상을 주었을 것이다.

김민수의 《이상 평전》(2012)에 따르면 이상이 성장기에 목격한 조선총독부 건축 현장과 훗날 건축가로서 실무 현장에서 얻은 경험은 시적 이미지의 모체로 작용한다. 이상은 조선에 '모조 근대'만을 이식하는 일제의 심장 동경이 제대로 된 '근대'를 지니고 있는지 확인해보고 싶었을 것이다. 하지만 동경에 도착하자마자 이상은 또 하나의 '모조 근대'만을 발견하게 된다.

동경역은 경성역보다 약간 클 뿐, 똑같은 모습으로 서 있었고, 기대했던 마루노우치 빌딩도 상상했던 것보다 실망스러운 것이었다. 이제 동경 간다구神田區 진보초神保町 3정목丁目 101-4 이시카와石川 방에 하숙을 얻은 이상은 일본 미야기현 센다이시의 동북東北제국대학 문학부에서 영문학을 전공하고 있던 김기림에게 편지를 띄운다.

기림 형

기어코 동경 왔소. 와보니 실망이오. 실로 동경이라는 데는 치사스런 데로구려!

동경 오지 않겠소? 다만 이상李箱을 만나겠다는 이유만으로라도—.

〈삼사문학〉 동인들이 이곳에 여럿이 있오. 그러나 그들은 어디까지든지 학생들이오. 그들과 어우러지지 못하는 것을 보면 우리는 이제 그만하고 늙었나 보이다.

〈삼사문학〉에 원고 좀 주어주오. 그리고 씩씩하게 성장하는 새 세기世紀의 영웅들을 위하여 귀하가 귀하의 존중한 명성을 잠간暫間 낮추어 〈삼사문학〉의 동인同人이 되어줄 의사意思는 없는지 이곳 청년들의 갈망입니다. 어떻소?

편지 주기 바라오. 이곳에서 나는 빈궁貧窮하고 고독하오. 주소를 잊어서 주소를 알아가지고 편지하느라고 이렇게 늦었소. 동경서 만났으면 작히 좋겠소?

형에게는 건강도 부귀도 넘쳐 있으니 편지 끝에 상투로 빌 만한 말을 얼른 생각해내기가 어렵소 그려.

1936년 11월 14일

이상은 동경에서 식민지 지식인이 일제 파시즘과 동거할 수밖에 없는 비애를 느끼는 순간 '실화失花', 즉 '잃어버린 꽃'의 이미지를 떠올린다. 식민지 수도였던 경성을 떠나 진정한 모더니즘을 발견하고자 동경에 왔지만 그가 발견한 것은 가짜 모더니즘이었다. 신주쿠 거리에서 그는 일본의 근대와 식민지 조선의 근대, 그리고 뉴욕으로 상징되는 서구의 근대를 한꺼번에 넘어가고자 했다. 하지만 동경의 진상을 목격하고 실망을 감추지 못한다. 동경도 가짜이긴 마찬가지였다. 그렇기에 그는 표피적 모던의 악취만 풍기는 동경에 비해 '경성은 얼마나 한적한 농촌과 같은가'라고 되뇌었던 것이다. 이상은 뉴욕 브로드웨이에 갔어도 같은 환멸을 느꼈을 것이다.

환멸은 〈실화〉에 등장하는 신주쿠의 카페 'NOVA'(에스페란토어로 '새롭다'는 뜻)에서 상징적으로 드러난다. 막 카페가 들어서기 시작한 신주쿠는 여전히 중심에 대한 변두리였고 파리의 몽마르트르와 같은 곳이었다. 그는 '노바'에 앉아 차를 마시면서 당시 식민지 지식인은 물론이요, 동경 문단에 만연하고 있던 낭만적 보헤미안 풍을 해체해버리는 직관을 〈실화〉의 화자인 '나'를 통해 분출한다.

정지용이 〈카페 프랑스〉라는 시를 통해 고통조차 영롱한 빛깔을 뿜어내는 낭만적 보헤미안풍으로 그려냈다면 이상은 그것마저도 해체하는 최후의 보헤미안이었다. 이상은 보들레르와 랭보가 도달한 지점에 도착했던 것이다. 자본주의를 뽐내려고 온갖 장식으로 꾸며지기 시작한 동경의 한복판에서 그는 이미 자본주의의 총체적 파탄을 보았으며 미적 근대성을 선택한 자신의 모더니즘도 머지않아 거덜날 것임을 깨달았던 것이다. 그리하여 〈실화〉의 마지막 장면은 "사람이—비밀 하나도 없다는 것이 참 재산 없는 것보다도 더 가난하외다 그려! 나를 좀 보시지요?"라고 장식된다.

한편 1934년 9월에 창간되어 1935년 12월 통권 6호로 종간된 《삼사문학三四文學》은 1934년에 창간하였다고 하여 '삼사三四'라는 제목을 붙인 초현실주의 성향의 격월간 문예지이다. 창간호는 등사판으로 200부를 찍었으며, 1·2호는 B5판, 3호부터는 A5판으로 인쇄하였고 4호까지는 서울에서, 5·6호는 동경에서 발행하였다. 이상은 《삼사문학》 제5집(1936. 10)에 〈I

WED A TOY BRIDE(나는 장난감 신부와 결혼하다))라는 시를 발표했고 종간
호가 된 제6집(1937. 4)에 수필 〈19세기식〉을 실었다. 당시 동경에 체류 중
이던《삼사문학》동인은 신백수, 주영섭, 김병기, 정병호, 한천, 황순원 등
이었다. 이상은 이들과 교류하는 한편 동경학생예술좌 동인인 이진순
(1916~1984·전 대한민국예술원 회원 겸 극단 '광장' 대표) 등과도 어울린다.

지금 기억으로는 1936년 9월인가 10월이었던 성 싶다. 여름방학을 끝내고 일
본 동경으로 다시 돌아갔을 때다. 나는 그때 일본대학 예술과에 재학 중이었고
'동경학생예술좌東京學生藝術座' 동인同人 시대였다.
이때쯤이면 고향으로 갔던 '동경학생예술좌' 동인들이 거의 동경으로 올 때다.
'동경학생예술좌'에서는 곧 변동이 없는 한 월례회합을 한 달에 한 번은 꼭 가
졌다. 희곡, 낭독회, 연극 평, 앞으로의 계획, 그리고 친목을 겸했기 때문에 으
레 술타령도 곁들이게 마련인 즐거운 회합이었다.
바로 이러한 '동경학생예술좌' 월례회에서 이상을 처음 만났다. 첫 인상은 금
테 안경을 쓰고 깡마른 품이 몹시 신경질적으로 보였고 나이는 우리들보다 10
여 년 연상으로 생각되었다. 아니 1910년생인 그는 나보다 5, 6세 위일 뿐이었
는데 중년처럼 보였던 것은 1930년대란 시대적 분위기가 그로 하여금 그토록
나이 들어 보이게 했는지도 모른다.
그보다도 그때 이미 문단에서 새로운 형식의 시를 써서 문제를 일으켰고, 1929
년부터 총독부 내무국 건설과 기수로 근무하며 시를 발표하는 한편 회화에도
손을 대고 단편소설도 쓰고 다방 '제비', 카페 '쓰루', 다방 '무기' 등을 경영도
하다가 지방으로 유람도 해보고 여자 편력도 하고 객혈로 투병도 하는 인생 경
력이 30도 채 안 된 그를 중년처럼 보이게 했는지도 모른다(이진순, 〈동경 시절의
이상–잊을 수 없는 사람〉).

이진순은 중학생 시절인 1934년 《조선중앙일보》에 연재된 이상의 시 〈오감도〉를 읽고 동창인 시인 박남수(1918~1994)와 고개를 갸우뚱할 정도도 신선한 느낌을 받은 나머지 이상을 동경해왔다고 고백한다. 중학생 때 흠모하던 시인을 뜻하지 않게 동경학생예술좌 월례회에서 만난 그는 이상을 이렇게 기억한다.

그날은 그를 환영하는 좌석으로 되고 술잔이 오고 가고, 노래가 시작되었다. 이상의 차례가 되니 그는 느닷없이 일본 나니와부시浪花節(일본 고유의 노래로 우리나라 판소리처럼 혼자서 노래도 부르고, 사설辭說도 한다)를 걸걸한 쉰 소리를 만들어 부르는 데는 모두 요절복통을 했다. 그는 술도 잘했고 유머가 있고, 박식하고, 노래도 잘 부르고, 문학뿐만 아니라 회화, 음악, 심지어 연극에까지 일가견을 가진 데는 정말 놀랐다.

그날은 모두 다 취했다. 돌아가는 길에 그와 우연히 같은 방향으로 가게 되었다. 그는 술이 모자라는 듯하였다. 어쩌면 헤어지기 아쉬워서인지, 날더러 한 잔 더 살 용의가 없느냐는 것이다. 나는 서슴지 않고 그와 둘이서 이 집, 저 집 있는 돈을 다 털어 밤이 깊어 가는 줄도 모르고 술을 했다. 그날 밤의 교분交分이 인연이 되어 그는 사흘이 멀다 하고 내게 속달편지를 보내왔다. 꼭 만나야 할 일은 없다. 그러나 좀 만나자는 것이다. 그러면 나는 지체 없이 간다神田에 있는 그의 하숙으로 찾아갔다. 그의 방은 해도 들지 않는 2층 북향北向으로 다다미 넉 장 반밖에 안 되는 매우 초라한 것이었다. 짐이라고는 별로 없고, 이불과 작은 책상, 그리고 책 몇 권, 담배 재떨이 정도였다.

처음 그의 집을 방문한 것은 어느 날 오후 3시쯤이었는데 그는 그때까지 자리에 누워 있었다. 며칠이나 청소를 안 했는지 먼지가 뽀얗게 앉아 있고, 어둠침침한 방은 퀴퀴한 헌 다다미 냄새마저 났다. 늘 이렇게 늦게 일어나느냐 했더니 그는 오후 4시쯤 되어야 일어나게 된다며, 그제서야 부스스 일어나는 것이다. 하숙집 일본 마나님도 그가 그리 달갑지 않은 듯, 대하는 품이 시원치 못했다. 그때 그는 폐병 3기를 앓고 있던 때였다. 아마 객혈도 하고 있었는지 모른다. 그즈음 그의 문제작인 단편소설 〈날개〉가 발표된 해이기도 하다. 바로 그 〈날개〉가 게재된 잡지가 먼지가 뽀얗게 낀 책상 위에 놓여 있었다.

그가 세수를 하려는지 아래층으로 내려간 사이에 〈날개〉를 뒤적거려 읽었다. 조금 후에 그는 2층으로 올라왔는데 세수한 것 같지가 않아, 아래층에 내려가 무얼 했느냐 했더니 변소에 갔다 온다고 했다. 방금 본 〈날개〉 속의 구절이 생각났다. '아내는 하루 두 번 세수를 한다. 나는 하루에 한 번도 세수를 하지 않는다'(위와 같음).

이진순은 이상의 알려지지 않은 동경 시절을 세밀하게 회상하고 있다. 이상을 '동경학생예술좌' 동인 이옥순과 인사시킨 이도 이진순이었다. 이옥순은 동경여의전女醫專 재학생으로, '동경학생예술좌' 동인으로 활동하며 '춘향전' 공연 때 향단이 역을 맡았던 개성 출신 여자였다. 자그마한 키에 납작한 얼굴이었으나 어딘지 매력이 있었다는 이옥순은 시인 한천, 영화감독 방한준과 염문을 피우고 다녔는데 이상이 이옥순과 만나게 해달라고 집요하게 졸라대는 바람에 내키지 않는 속달편지를 보냈고 이옥순은 약속한 날, 다방으로 찾아왔다는 것이다.

이옥순을 만난 이상은 몹시 즐거워 보였다. 그는 그날 무척 말을 많이 하는 듯 보였다. 때때로 그의 화술은 그의 작품같이 알 수 없는 소리를 할 때가 있었다. 그럴 때 우리는 그 뜻을 안다고 해야 좋을지 모른다고 해야 좋을지 어리둥절한 때도 있었다. 이상은 그 후 이옥순과 다시 만났는지 어쨌는지 그것에 대하여서는 서로 다시 얘기하지 않았다.

날이 갈수록 이상의 건강은 나빠졌다. 그러면서도 만나면 술을 먹자고 했다. 박절히 대할 수도 없고 해서 또 술을 마시곤 했다. 그런데 어느 날, 같이 술을 하다 이상은 몹시 기침을 했다. 그날은 간단히 끝내버렸지만 이때 그의 병도 아주 악화되었던 성싶다. 어찌 보면 그때 수입 없고 병든 이상에게 나라는 존재는 건강하고 대포를 살 수 있는 스폰서였는지 모른다.

하여간 나는 그를 통하여 그의 난해한 시와 자의식의 과잉 같은 것을 피부로 느끼는 것 같았으며, 고도로 세련된 지식이 이해를 받지 못하는 시대에 대화가 통하지 않고 하여 고독과 분노 같은 것이 이상의 육체와 정신을 병들게 하고 있는 성싶었다. 그 후 우리는 만나는 기회가 뜸해졌다. 웬일로 이상을 만나지 않게 되었는지 지금 생각해보아도 확실치가 않다(위와 같음).

|
오빠의 임종에 대해서

옥희에게 동경은 죽음의 장소이다. 동경은 오빠가 숨을 거둔 곳이 아니던
가. 그러니 되도록 떠올리고 싶지 않은 곳이다. 거기엔 자신의 부채의식도
부지불식간 작용할 터다. 옥희는 그토록 사랑했던 오빠 해경의 장례식에
도 참석하지 못했다. 오빠의 부고에 접할 수 없었다. 그런 만큼 뒤늦게 알
게 된 오빠의 죽음은 믿어지지 않는 사실이었고 돌이킬 수 없는 일이기도
하다. 옥희에게 오빠 해경의 살아생전 마지막 모습은 전적으로 변동림의
전언에 의존하고 있다. 게다가 오빠가 숨을 거두기 전날, 경성에서 조모와
부친이 숨을 거두었으니 옥희는 스스로의 불효를 두고두고 곱씹어야 했을

변동림, 김유정(왼쪽부터)

것이다. 옥희가 오빠 해경에 대해 말을 아껴온 것도 그 때문이지만. 이제 처음이자 마지막 심정으로 오빠의 임종에 대한 자신의 심정을 토로하기에 이른다.

극도로 쇠약한 몸에 그나마도 생리에 맞지 않는 도시 동경에 간 오빠는 10월에 건너가서 피를 토하면서 한겨울을 나고, 그리고는 이듬해인 1937년 3월 니시간다 경찰서에 갇히는 몸이 되고 말았습니다. 까치집 같이 헝클어진 머리며 그 많은 수염을 달고 다녔으니 사상불온의 혐의를 받음직도 한 일입니다.

심한 고문도 받았겠지만 워낙 뼈만 남은 오빠의 몸에 더 이상 손을 댔다가는 변을 당할 것 같아서인지 한 달 남짓 만에 병으로 보석이 되었습니다.

동경에 있는 친구들이 동경제대 부속병원에 입원을 시켰는데 그때는 이미 회춘할 가망이 전혀 없었다고 합니다. 당시 진료를 맡았던 일본인 모 의학박사는 "어쩌면 젊은 사람을 이렇게까지 되도록 버려두었을까, 폐가 형체도 없으니……" 이렇게 중얼거렸다고 합니다.

문 밖에 넘치도록 들어서는 동경 유학생들 틈에서 오빠의 임종은 그리 외로운 것은 아니었나 봅니다. 밤낮을 가리지 않는 그들의 간호와 위문이 오빠가 세상에서 얻은 마지막 호강이었습니다.

몸은 다 죽어가면서도 정신은 말짱해서 마지막 숨을 거둘 때까지 쉬지 않고 무슨 이야기를 했다고 합니다. 한번은 어떤 주사 하나에 힘을 얻어 벌떡 자리에서 일어났다가는 곧 쓰러졌다는데, 아마 이 세상에 남겨두고 가는 많은 할 일을 위한 최후의 안간힘이 아니었을까 생각됩니다.

임이 언니도 마지막 병상에 달려갔고 유골도 언니의 손으로 환국還國하게 되었습니다. 오빠가 돌아가신 것은 1937년 4월 17일, 유해가 돌아온 것은 5월 4일의 일입니다. 그리하여 큰오빠의 스물여섯 해를 조금 더 산 파란 많은 일생은 끝났습니다. 그런데 야릇한 것은 오빠가 죽기 하루 전날인 4월 16일 아버지와 큰아버지께서 한꺼번에 숨을 거두어 우리 집안은 이틀 사이에 세 어른을 잃고 만 것입니다. 그러니까 오빠는 아버지와, 양부나 마찬가지인 큰아버지를 돌아가시기 하루 전날에 여읜 셈이지만 병이 하도 중태라서 그 비보조차 듣지 못하고 숨을 거두었다고 합니다.

옥희의 기억엔 약간의 오류가 있다. '오빠가 죽기 하루 전날인 4월 16일 아버지와 큰아버지께서 한꺼번에 숨을 거두어'라는 대목의 '큰아버지'는 '할머니'의 오류이다. 큰아버지 김연필은 소화昭和 7년(1932) 5월 7일 경성부 통동 154번지에서 사망했고 할머니 최 씨는 이상의 친부 김영창과 함께 신당리 버티고개 오동나뭇골 빈민촌에 살고 있었다. 그러므로 오빠가 죽기 하루 전날 숨을 거둔 이는 이상이 〈동생 옥희 보아라〉에 언급한 '송장이 다 되신 할머니와 아버지'이다.

줄초상이 난 신당리 빈민촌에는 옥희도 없었고 변동림도 없었다. 동림은 이상이 위독하다는 전보를 받고 며칠 전 동경으로 떠나고 없었으니 장례는 고스란히 어머니 박세창과 남동생 운경의 몫이었다. 이런 오류에도 불구, 옥희는 이상의 임종 장면을 꽤나 상세하게 서술하고 있다. 당시 진료를 맡았던 일본인 모 의학박사의 말이나 임종 직전까지 쉬지 않고 무슨 이야기를 했다거나 어떤 주사를 맞고 벌떡 일어났다는 오빠의 임상적 상태에 대한 언급은 직접 임종을 지켜본 변동림의 전언에 따른 것으로 보인다.

동림은 동경의 이상과 편지를 통해 가깝게 연결되어 있었다. 이상의 동경에서의 생활 가운데 가장 중요한 일과는 편지 쓰기였다. 아내 동림은 물론이거니와 김기림, 안회남 등 지인들과 주고받았던 편지는 이상이 외로움을 달랠 유일한 수단이었다. 경성의 아내나 지인들의 사신私信은 주로 이상의 빠른 귀국을 종용하는 내용이었다. 동림은 "이 편지 받는 대로 곧 돌아오세요. 서울에서는 따뜻한 방과 당신의 사랑하는 연이가 기다리고 있습니다"라고 썼고, 김유정도 "저를 진정으로 사랑하시거든 오늘로라도 돌아와주십시오. 밤에도 자지 않고 저는 형을 기다리고 있습니다"라는 내용의 편지를 보냈다.

　이 두 사람에 대한 이상의 답장은 발견되지 않았지만 이상이 친구 안회남(1910~?)에게 보낸 답장엔 이상이 동경으로 떠나온 뒤 경성에서 외롭게 지내고 있을 동림을 찾아가 위로한 안회남의 부인에 대한 감사의 마음이 적혀 있다.

> H형兄
>
> 형의 글 반가이 읽었습니다. 저의 못난 여편네를 위하여 귀중한 하루밤을 부인으로 하여금 허비하시게 하였다니 어떻게 감사해야 할른지 모르겠습니다. 부인께도 이 말씀 전해주시기 바랍니다. (중략)
>
> 저는 지금 사람 노릇을 못하고 있습니다. 계집은 가두에다 방매放賣하고 부모로 하여금 기갈飢渴하고 있으니 어찌 족히 사람이라 일컬으리까. 그러나 저는 지식의 걸인은 아닙니다. 7개국어 운운도 원래가 허풍이었습니다. 살아야겠어서, 다시 살아야겠어서 저는 여기를 왔습니다. 당분간은 모든 제 죄와 악을 의식적으로 묵살하는 도리 외에는 길이 없습니다. 친구, 가정, 소주, 그리고 치사스러운 의리 때문에 서울로 돌아가지 못하겠습니다(임종국, 《이상 전집 1》).

《금수회의록》의 작가 안국선(1878~1926)의 아들이자 안막安漠의 팔촌 동생인 안회남은 자신의 아내를 동림에게 보내 하룻밤을 지새우도록 했다. 이상은 그런 안회남에게 편지를 보내 감사의 말과 함께 "저는 당분간 어떤 고난과도 싸우면서 생각하는 생활을 하는 수밖에 없습니다. 한 편의 작품을 못 쓰는 한이 있더라도, 아니, 말라비틀어져 아사餓死하는 한이 있더라도 저는 지금의 자세를 포기하지 않겠습니다"라며 새로운 삶의 전기를 마련하겠다는 의지를 다지고 있다.

편지 말미에 "오늘은 음력으로 제야除夜입니다"라는 언급을 양력으로 환산하면 1937년 2월 10일 밤이다. 이날 밤 이상은 동생 운경에게 보내는 엽서도 함께 쓴다. 하지만 이 두 통의 편지를 끝으로 소식이 끊긴다.

어제 동림東琳이 편지로 비로소 네가 취직되었다는 소식 듣고 어찌 반가웠는지 모르겠다. 이곳에 와서 나는 하로도 마음이 편한 날이 없이 집안 걱정을 하여 왔다. 울화가 치미는 때는 너에게 불쾌不快한 편지도 썼다. 그러나 이제는 마음을 놓겠다. 불민不敏한 兄이다. 인자人者의 도리道理를 못 밟는 이 형兄이다. 그러나 나에게는 가정보다도 하야할 일이 있다. 아모쪼록 늙으신 어머님 아버님을 너의 정성으로 위로하야 드려라. 내 자세한 글, 너에게만은 부디 들려주고 싶은 자세한 말은 이삼일내二, 三日 内로 다시 쓰겠다.

음력 제야除夜 이상(위와 같음)

1937년 9월호, 월간 조광

운경에게 2, 3일 내에 다시 보내겠다는 편지는 결국 불발로 끝났다. 그 '2, 3일 내'에 이상의 신변에 무슨 변고가 생긴 것이다. 추측컨대 1937년 2월 12일 밤, 이상은 좁은 하숙방에서 차오르는 울증을 식히려고 찬바람이 부는 진보초 거리로 나갔을 것이다. 세수도 하지 않은 봉두난발의 모습 그 대로였다. 날이 추웠으므로 어쩌면 오뎅집에 들러 데운 정종 한 잔 했을지 도 모른다. 그는 다시 거리를 걷다가 일본 고등계 형사들의 불심검문에 걸려든다.

이상은 아무 항변도 하지 못한 채 1937년 2월 12일 밤부터 3월 14일까지 한 달 남짓 니시간다 경찰서 유치장에 갇혀 있었다. 유치장 마룻바닥은 얼음장이었다. 건강한 사람도 한 달 남짓을 차가운 유치장에서 지내다보면 건강을 잃을 수밖에 없다. 하물며 폐결핵을 앓고 있던 이상에게 유치장 생활은 치명적이었다.

불령선인不逞鮮人, 즉 '불온하고 불량한 조선인'이라는 이유로 옥고를 치르는 동안 모든 피검자는 자신의 신상에 대한 상세한 조서를 작성해야 한다. 이상도 일어로 조서를 썼다. 외부와의 연락이 금지되어 있는 상황에서 이상은 급속도로 건강을 잃고 만다. 선홍색 피를 쏟으며 객혈을 하고 입술

김기림(왼쪽)과 신석정(1934).

이 새파랗게 변하자 죽음을 예감한 경찰은 이상을 차에 태워 하숙집 앞에 팽개친다. 그리고 일주일 뒤 이상이 그토록 방문해줄 것을 편지로 요청한 김기림이 겨울방학을 맞아 귀국하던 길에 이상의 하숙집을 찾아온다. 김기림이 그때 목격한 장면은 문학사에 남을 극적인 드라마였다.

반년 만에 상을 만난 지난 3월 스무날 밤, 동경 거리는 봄비에 젖어 있었다. 그리로 왔다는 상의 편지를 받고 나는 지난 겨울부터 몇 번인가 만나기를 기약했으나 종내 센다이仙臺를 떠나지 못하다가 이날에야 동경으로 왔던 것이다.

상의 숙소는 구단九段 아래 꼬부라진 뒷골목 2층 골방이었다. 이 〈날개〉 돋힌 시인과 더불어 동경 거리를 산보하면 얼마나 유쾌하랴 하고 그리던 온갖 꿈과는 딴판으로 상은 〈날개〉가 아주 부러져서 기거起居도 바로 못하고 이불을 뒤집어쓰고 앉아 있었다. 전등불에 가로 비친 그의 얼굴은 상아보다도 더 창백하고 검은 수염이 코밑과 턱에 참혹하게 무성하다. 그를 바라보는 내 얼굴의 어두운 표정이 가뜩이나 병들어 약해진 벗의 마음을 상해올까 보아서 나는 애써 명랑을 꾸미면서 "여보, 당신 얼굴이 아주 피디아스의 〈제우스〉 신상 같구려" 하고 웃었더니 상도 예의 정열 빠진 웃음을 껄껄 웃었다. 사실은 나는 듀비에의 〈골고다의 예수〉의 얼굴을 연상했던 것이다. 오늘 와서 생각하면 상은 실로 현대라는 커다란 모험에 빠져서 십자가를 걸머지고 간 골고다의 시인이었다.

암만 누우라고 해도 듣지 않고 상은 장장 두 시간이나 앉은 채 거의 혼자서 그동안 쌓인 이야기를 풀어놓는다. 〈엘만〉을 찬탄하고 정돈停頓에 빠진 몇몇 벗의 문운文運을 걱정하다가 말이 그의 작품에 대한 월평月評에 미치자 그는 몹시 흥분해서 속견俗見을 꾸짖는다. 재서載瑞의 〈모더니티〉를 찬양하고 또 씨의 〈날개〉 평評은 대체로 승인하나 작자로서 다소 이의異議가 있다고도 말했다. 나는 벗이 세평世評에 대해서 너무 신경과민한 것이 벗의 건강을 더욱 해칠까 보아서 시인이면서 왜 혼자 짓는 것을 그렇게 두려워하느냐, 세상이야 알아주든 말든 값있는 일만 정성껏 하다가 가면 그만이 아니냐 하고 어색하게나마 위로해 보았다.

상의 말을 들으면 공교롭게도 책상 위에 몇 권의 상스러운 책자가 있었고 본명 김해경 외에 이상이라는 별난 이름이 있고 그리고 일기 속에 몇 줄 온건하달 수 없는 글귀를 적었다는 일로 해서 그는 한 달 동안이나 OOO에 들어가 있다가 아주 건강을 상해 가지고 한 주일 전에야 겨우 자동차에 실려서 숙소로 돌아왔다는 것이다. 상은 그 안에서 다른 OO주의자들과 마찬가지로 수기를 썼는데 예의 명문에 계원도 찬탄하더라고 하면서 웃는다. 니시간다西神田 경찰서원 속에조차 애독자를 가졌다고 하는 것은 시인으로서 얼마나 통쾌한 일이냐 하고 나도 같이 웃었다.

음식은 그 부근에 계신 허남용 씨 내외가 죽을 쑤어다 준다고 하고 마침 소운素雲이 동경에 와 있어서 날마다 찾아주고 주영섭朱永燮·한천韓泉 여러 친구가 가끔 들러주어서 과히 적막하지는 않다고 한다.

이튿날 낮에 다시 찾아가서야 나는 그 방이 완전히 햇빛이 들지 않는 방인 것을 알았다. 지난해 7월 그믐께다. 아침에 황금정 뒷골목 상의 신혼 보금자리를 찾았을 때도 방은 역시 햇볕 한 줄기 들지 않는 컴컴한 방이었다. 그날 오후 조선일보사 3층 빈 방에서 벗이 애를 써 장정을 해준 졸저《기상도氣象圖》의 발송을 마치고 둘이서 창에 기대서서 갑자기 거리에 몰려오는 소낙비를 바라보는데 창窓 선에 뱉는 상의 침에 새빨간 피가 섞였었다. 평소부터도 상은 건강이라는 속된 관념은 완전히 초월한 듯이 보였다. 상의 앞에 설 적마다 나는 아침이면 정말丁抹(덴마크-인용자) 체조를 잊어버리지 못하는 내 자신이 늘 부끄러웠다. 무릇 현대적인 퇴폐에 대한 진실한 체험이 없는 나는 이 점에 대해서는 늘 상에게 경의를 표했다. 그러면서도 그를 아끼는 까닭에 건강이라는 것을 너무 천대하는 벗이 한없이 원망스러웠다.

상은 스스로 형용해서 천재일우千載一遇의 기회라고 하면서 모처럼 동경서 만나가지고도 병으로 해서 뜻대로 함께 놀러 다니지 못하는 것을 한탄한다. 미진한 계획은 4월 20일께 동경서 다시 만나는 대로 미루고 그때까지는 꼭 맥주를 마실 정도로라도 건강을 회복하겠노라고, 그리고 햇볕이 드는 옆방으로 이사하겠노라고 하는 상의 뼈뿐인 손을 놓고 나는 동경을 떠나면서 말할 수 없이 마음이 캄캄했다. 상의 부탁을 부인께 아뢰려 했더니 내가 서울 오기 전날 밤에 벌써 부인께서 동경으로 떠나셨다는 말을 서울 온 이튿날 전차 안에서 조용만趙容萬 씨를 만나서 들었다. 그래 일시 안심하고 집에 돌아와서 잡무에 분주하느라고 다시 벗의 병상을 보지도 못하는 사이에 원망스러운 비보가 달려들었다.

"그럼 댕겨오오. 내 죽지는 않소" 하고 상이 마지막으로 들려준 말이 기억 속에 너무 선명하게 솟아올라서 아프다.

이제 우리들 몇몇 남은 벗들이 상에게 바칠 의무는 상의 피 엉킨 원고를 모아서 상이 그처럼 애써 친하려고 하던 새 시대에 선물하는 일이다. 허무 속에서 감을 줄 모르고 뜨고 있을 두 안공眼孔과 영구히 잠들지 못할 상의 괴로운 정신을 위해서 한 암담하나마 그윽한 침실로서 그 원고집을 만들어 올리는 일이다. 나는 믿는다. 상은 갔지만 그가 남긴 예술은 오늘도 내일도 새 시대와 함께 동행하리라고(김기림, 〈고故 이상의 추억〉).

이상이 살던 곳은 '구단九段 아래', 일어로 '구단시타九段下'로 표기되는 동경 중심부 오피스 지역의 하숙방이고 투옥된 곳은 니시간다西神田 경찰서 유치장이다.

이상이 일본 고등계 형사들의 취체에 걸려들어 구금당한 이유는 지금까지 명확하게 알려져 있지 않다. 하지만 이상이 김기림에게 들려주었듯 "공교롭게도 책상 위에 몇 권 이상스러운 책자가 있었고 본명 김해경金海卿 외에 이상李箱이라는 별난 이름이 있고, 그리고 일기 속에 몇 줄 온건하달 수 없는 글귀를 적었다는 일로 해서 한 달 동안이나 OOO에 들어가 있었다"는 대목에서 일경이 문제삼은 혐의점을 유추할 수 있다.

'이상스러운 책자', '별난 이름', '온건하달 수 없는 글귀'가 일본 경찰이 잡은 혐의점이었던 것이다. 전후관계를 살펴보면 일본 고등계 형사는 이상을 검문해 전신 수색을 한 후, 그를 앞세워 하숙방까지 낱낱이 뒤졌을 것이다. 그렇지 않고서는 '이상스러운 책자'나 '온건하달 수 없는 글귀'를 거동 수상자의 증거로 확보할 수 없었을 것이다. 《조광》 1937년 6월호에 실린 김기림의 〈고 이상의 추억〉은 일제의 검열에 의해 여러 글자들이 삭제당했다. 그러나 유추해보면 "상은 그 안에서 다른 OO주의자들과 마찬가지로 수기를 썼는데"에 등장하는 'OO주의자'는 '사회주의자'일 가능성을 시사한다.

이상은 유치장 안에서 다른 일본인 사상범들과 함께 사회주의자로 의심받아 조서(수기)를 스스로 작성했는데 그의 명문장에 그를 취조하는 일본 형사(계원)도 찬탄했다는 것이다. 이에 김기림은 "니시간다西神田 경찰서원 속에조차 애독자를 가졌다는 것은 시인으로서 얼마나 통쾌한 일이냐" 하고 같이 웃어주는 것으로 위로를 했다지만 여기엔 이상이 사상범 혐의로 체포되어 한 달 남짓 수감 생활을 했다는 의미가 함축되어 있다. 김기림은 훗날 그때의 기억을 다시 더듬는다.

1936년 겨울에 그는 불현듯, 서울과 또 그의 지나간 생활 전부에 고별하고 그 대신 무슨 새 생활의 꿈을 품고 현해탄을 건너갔던 것이다. 좀 더 형편이 되었더라면 물론 나와의 약속대로 파리로 갔을 것이다. 그의 이 탈주, 도망, 포기, 청산—그러한 여러 가지 복잡한 동기를 가진 이 긴 여행은, 구태 찾는다면 '랭보—'의 실종에라도 비길 것일까. 와보았댔자 구주 문명의 천박한 식민지인 도쿄 거리의 추잡한 모양과, 그중에서도 부박한 목조 건축과 철없는 '파시즘'의 탁류에 퍼붓는 욕만 감뿍 쓴 편지를 무시로 날리고 있던, 행색이 초라하고 모습이 수상한 '조선인'은, 전쟁 음모와 후방 단속에 미쳐 날뛰던 일본 경찰에 그만 붙잡혀, 몇 달을 간다 경찰서 유치장에 들어 있었다. 그 안에서 그는 비로소 존경할 만한 日人 지하 운동자들을 만났던 것이다(김기림, 〈이상의 모습과 예술〉).

한 달 남짓 수감 생활에서 일경이 단순히 조서나 꾸민 뒤 이상을 석방했을 리 만무하다. 게다가 일본 경찰이 정당한 혐의나 법적 근거를 가지고 이상을 체포했을 리도 만무하다. 여기서 짚이는 건 수감 생활 중의 가혹 행위, 즉 고문을 당했을 가능성이다. 이러한 징후는 다른 이들의 글에서도 발견되는데 박태원은 이상을 추모하면서 "여보, 상箱—당신이 가난과 병속에서 꿋꿋내 죽고 말엇다는 그 말이 정말이요?"(《이상 애사哀詞》)라고 반어법의 의문문으로 씀으로써 이상이 그냥 병사한 게 아님을 암시하고 있다.

이상은 동경에 온 뒤 왕성한 창작 활동을 이어가고 있었고, 창작 방향의 전환도 모색하고 있었다. 〈실화〉나 그 밖의 서신 등에 나타난 이상의 상태는 시도 때도 없이 찾아오는 신열에 시달리면서도 아직 한밤의 산책을 감행할 만큼의 체력을 갖추고 있었다.

변동림도 1936년 결혼할 당시 이상이 건강했다고 회고한 바 있다. 이상도 일본에 건너가기에 앞서 누이동생 옥희에게 보낸 편지에서 "한 3년 공부해보겠노라"는 포부를 밝히고 있다. 3년 버틸 건강은 너끈하다는 자가 진단이 읽히는 대목이다. 이상을 엄습한 죽음은 지병인 폐결핵이 아니라 어쩌면 외부적인 원인에 기인했을 수도 있다. 이런 전후 사정을 감안하면 이상은 일본 경찰의 가혹 행위 끝에 예상치 않은 죽음으로 내몰렸을 가능성을 배제할 수 없다. 사망 원인이 폐결핵이든, 결핵성 뇌매독이든, 여기

서 되짚어야 할 것은 한겨울에 34일간이나 갇혀 있던 강제구금과 사상범
들에게 가해지는 고문 등 폭력의 흔적이다.

1937년 봄, 경성을 중심으로 한 조선문학계도 카프 제2차 검거사건을 계
기로 좌익 문학인들은 수면 아래서 암중모색의 시기를 맞는다. 중일전쟁
을 준비하고 있던 제국주의 일본의 획책에 따라 수양동우회 검거 선풍이
분 것은 1937년 6월부터이다. 일제에 의해 죽음으로 내몰리고 제국적 폭
력의 희생양이 된 식민지 조선문학인의 운명을 이상도 피해갈 수 없었다.

이상은 그해 4월 20일쯤 동경에서 다시 만날 것을 기약하며 김기림을 경
성으로 떠나보낸다. 이상도 등을 보이며 돌아서는 김기림을 따라 훌쩍 경성
으로 돌아가고 싶었을 것이다. 하지만 이후 급속도로 건강이 악화되어 의식
을 잃을 지경에 놓인다. 소식을 전해들은 김소운 등 몇몇 유학생들은 구단
시타九段下 하숙집으로 달려가 객혈을 하고 있는 이상을 부랴부랴 동경제국
대학 부속병원에 입원시킨다. 스물두 살 변동림도 이상이 사경을 헤매고 있
다는 전보를 받고 자신이 일하던 바에서 돈을 빌려 동경으로 달려간다. 이
진순은 동경에 도착한 변동림의 행적에 대해 이렇게 들려준다.

1937년 어느 날 학생예술좌에서 이상李箱의 위독하다는 속달을 받고 그가 입
원해 있는 동대 부속 병원으로 달려가 봤더니 도저히 소생할 것 같지가 않았
다. 점차 위독해지자 고국에 전보를 쳤다. 이상이 일본 가기 전까지 동서同棲
하던 여인이 달려왔다. 젊고 퍽 건강해 보이는 여인이었다.
이상의 운명 몇 일 전에 온 그 여인을 이상은 몹시 반가와 했고, 극도로 병세가 악
화되어 죽는 날짜만 기다려야 할 때인데도 그는 그녀를 끌어안고 어찌할 바를 모
르며 좋아했다. 그리고 그 여인과 우리들이 무슨 대화라도 하면 그는 몹시 못마땅
해 했다. 그러다가 그는 마지막 애인인 그 여인의 품에 안겨 영면했다. 정말 허무
했다. 사람이 산다는 것도 허무해 보였고 죽는다는 것은 더욱 허무해 보였다. 그

의 시체를 화장하고 뒤치다꺼리를 우리 학생예술좌 일동은 정말 진심으로 했다. 한 작가가 죽었다. 하물며 재주 있고 아까운 보배스런 천재적 작가의 죽음을 그때 젊은 우리들은 슬퍼했다. 학생예술좌 동인 중에 시를 쓰는 젊은 시인이 있었다. 그들은 기성세대를 낡았다고 하며 새로운 시를 시도하고 있을 때였다. 이상은 이러한 학생예술좌 젊은 시인들에게 심볼과 같았던 존재였는데 그는 그만 죽고만 것이다.

그의 유골을 놓고 우리 학생예술좌 동인 일동은 숙연했다. 이상의 마지막 애인은 우리들의 몇 갑절의 슬픔을 안고 마지막으로 우리들과 자리를 같이하였다. 그저 고맙다는 말이었다. 그녀는 그때 무슨 생각에서였는지 이상의 유골을 안장한 후에 동경으로 와 동경대학생예술좌의 동인이 되어 연극을 하겠노라고 굳은 결의를 표명했던 것이다. 그녀의 그 말에 우리는 다시 한번 감격하고 이상의 마지막 애인의 결의와 새로운 뜻을 찬양했던 것이다. 그러나 어찌된 일인지 이상의 유골을 안장한 훨씬 후에도 이상의 마지막 애인으로부터는 아무런 기별이 없었다. 이상이 운명하기 전 병실에서 그 애인과 우리들이 무슨 얘기라도 할 것 같으면 시기심에 불타 노여워하던 것으로 보아, 그녀가 우리들과의

김소운.

약속을 이행치 않고 딴 길을 걸어가는 것이 어쩌면 지하에 누워 있는 이상이
원하고 있는 것인지도 모를 일이다(이진순, 〈동경東京 시절의 이상李箱-잊을 수 없
는 사람〉).

　임종의 순간이 다가왔을 때 동림은 이상에게 하얀 한복을 갈아입혔다.
그리고 이상의 귀에 대고 물었다. "무엇이 먹고 싶어?" 이상이 힘겹게 입
술을 떼고 가느다란 목소리로 말했다. "센비키야千疋屋의 멜론." 변동림(김
향안)은 훗날 이렇게 회고했다.

　나는 열두 시간 기차를 타고 여덟 시간 연락선을 타고 또 스물네 시간 기차를
타고 동경에 닿았다. 동대東大 병원 입원실로 직행直行하다. 이상의 입원실, 다
다미가 깔린 방들, 그중의 한 방문을 열고 들어서니 이상이 거기 누워 있었다.
인기척에 눈을 크게 뜨다. 반가운 표정이 움직인다. 나는 무릎을 꿇고 그 옆에
앉아 손을 잡다. 안심하는 듯 눈을 다시 감는다. 나는 긴장해서 슬프지 않았다.
어떻게 해야 살릴 수 있나, 죽어간다고는 믿어지지 않았다. 상은 눈을 떠보다
다시 감는다, 떴다 감았다-.
　귀에 가까이 대고 "무엇이 먹고 싶어?" "센비끼야千疋屋의 메론"이라고 하는
그 가느다란 목소리를 믿고 나는 철없이 천필옥에 메론을 사러 나갔다. 안 나
갔으면 상은 몇 마디 더 낱말을 중얼거렸을지도 모르는데……
　메론을 들고 와서 깎아서 대접했지만 상箱은 받아 넘기지 못했다. 향취가 좋다
고 미소 짓는 듯 표정이 한 번 더 움직였을 뿐 눈은 감겨진 채로. 나는 다시 손
을 잡고 가끔 눈을 크게 뜨는 것을 지켜보고 오랫동안 앉아 있었다.
　담당의사가 운명殞命은 내일 아침 열한 시쯤 될 것이니까 집에 가서 자고 아침
에 오라고 한다. 나는 상의 숙소에 가서 잤을 거다. 거기가 어디였는지 지금 생

각이 안 난다. 다음날 아침 입원실이 열리기를 기다려서 그의 운명을 지키려고 그 옆에 다시 앉았다. 눈은 다시 떠지지 않았다. 나는 운명했다고 의사가 선언할 때까지 식어가는 손을 잡고 있었던 기억이 난다. 유해실에서 몇몇 유학생을 만난 것 같은데 그 이름들이 기억에 떠오르지 않는다. 그 후 그 복잡한 병원의 절차를 밟아서 유해를 받아 안기까지 나는 몇몇 밤을 긴장으로 새웠다.

나는 상箱의 유골을 안고 또 기차를 타고 연락선을 타고 또 기차를 타고 서울에 왔다. 상의 어머니 곁에서 몇 밤을 지나고, 미아리 묘지에 안장安葬하다. 비목비木碑에 묘주墓主 변동림卞東琳을 기입했을 뿐 웬일인지 나는 그 후 한 번도 성묘하지 않았다. 그 후 이상의 시비詩碑는 세워졌을까. 비문에는 시 〈오감도〉가 새겨졌을까. 이것이 나, 이상의 아내였던 변동림이다. 이상의 꽁트식 소설에 나오는 주인공들은 변동림卞東琳이 아니다(김향안, 〈이젠 이상의 진실을 알리고 싶다〉).

레몬은 노란 빛깔이 아름답지만 자르지 않으면 향취는 없다. 반면 멜론은 깎지 않고 놔두기만 해도 향취가 진동한다. 자르면 향기로운 미각이 더해진다. 동경 센비키야 농원은 멜론 재배로 유명했다. 이상이 마지막 순간에 찾은 게 멜론인지 레몬인지는 중요하면서도 중요치 않다. 하나의 사실은 그가 진한 향기에 달콤한 맛을 내는 과일을 찾았다는 것이다. 이상이 임종 직전에 레몬을 찾았다는 문학평론가 이어령 등의 주장에 대해서도 김향안은 "(그렇다고 해서) 그릇된 것은 없다. 평소에 이상은 레몬의 향기를 즐겼으니까"라고 담담하게 회고했다.

1937년 4월 17일 새벽 4시경, 이상은 마지막 호흡을 끝냈다. 동림은 의사가 "운명했다"고 선언할 때까지 식어가는 손을 잡은 채 조용히 울고 있었고, 김소운도 안경 너머로 눈물을 흘렸다. 김소운의 기록은 좀 더 세밀하다.

영안실에 누워 있는 시체를 보고도 어쩐지 죽었다는 실감이 가지 않았다. 하도 능청맞고 익살스런 친구라 그 특이한 쓴웃음을 띠면서 금시에 일어나 앉을 것만 같다. 6, 7인이나 낯모를 사람들이 둘러앉은 곁에서 화가 길진섭이 석고로 상의 데드마스크를 뜨고 있다. 굳은 뒤에 석고를 벗겼더니 얼굴에 바른 기름이 모자랐던지 깎은 지 4, 5일 지난 양쪽 뺨 수염이 석고에 묻어서 여남은 개나 뽑혀 나왔다. 그제야 '정녕 이상이 죽었구나……' 하는 생각이 들었다. 입원료를 청산하기 전에는 사망진단서가 나오지 않고, 장사도 못 지낸다고 한다. 또 한 번 나는 사무실 계약을 단념하는 수밖에 없었다. 주머니에 준비했던 보증금이 이상의 '전주錢主 노릇'에 쓰였다. 사망진단서에 적힌 사인은 폐결핵이 아니고 '결핵성 뇌매독'이었다. 화장터에서 돌아온 상의 유골은 상의 미망인(차돌 여사와 헤어진 뒤, 상과 같이 된 변 군의 누이, 현 S화백의 부인)과 같이 내 아파트에서 첫 밤을 새웠다(김소운, 《하늘 끝에 살아도》).

변동림과 김소운의 증언은 이상이 어떤 유언도 남기지 않고 숨을 거뒀음을 암시한다. 한국문학의 근대(모더니티) 콤플렉스를 온몸으로 떠안은 천재 작가 이상은 예술가로서의 광휘를 누리지도 못한 채 스물일곱 살에 지상과 영원히 작별을 고했다. 서울 신당리 버티고개 누옥에서는 이상이 눈을 감기 하루 전인 4월 16일 낮에 아버지 김영창이 세상을 떠났고 이어 조모가 같은 날 밤에 눈을 감았다.

변동림 역시 시아버지와 시조모가 사경을 헤매고 있다는 것을 알고 있었을 것이나 이상이 위독하다는 전보에 접하자마자 동경으로 떠났다. 경성에서 부산까지 열두 시간 기차를 타고 여덟 시간 관부연락선을 타고 또 시모노세키에서 동경까지 스물네 시간 기차를 타고.

변동림은 구단자카九段坂 화장장에서 남편의 사체를 화장했다. 남편의 밀린 하숙비를 하숙집 주인 이시카와에게 지불하고 유품과 유골을 가지고 다시 신당리 버티고개의 가난한 시댁으로 돌아온 것은 그녀가 동경을 떠난 지 보름만의 일이다. 1937년 3월 29일 역시 폐결핵으로 숨진 김유정과 합동영결식을 치른 이상의 유해는 6월 10일 미아리 공동묘지에 안장했다.

변동림이 말하는 "상의 어머니 곁에서 몇 밤을 지나고"의 장소는 뒤늦게 차린 빈소로 보인다. '몇 밤'이란 말로 미뤄 빈소에서 3일장을 치렀던 것으로 추측된다.

이후 많은 작가들은 마음속에 이상의 문장을 새겼다. 이상이 소설 〈종생기〉에 "이리하여 나의 종생終生은 끝났으되 나의 종생어終生語는 끝나지 않았다"고 썼던 그 문장 말이다. 이상의 죽음은 지금도 명문으로 꼽히는 박태원과 김기림 등의 주옥같은 추도문을 낳았다.

여보, 상—당신이 가난과 병 속에서 끝끝내 죽고 말았다는 그 말이 정말이오? 부음을 받은 지 이미 사흘, 이제는 그것이 결코 물을 수 없는 사실인 줄 알면서도 그래도 좀처럼 믿어지지 않는 이 마음이 섧구료……이제 당신은 이미 없고 내 가슴에 빈 터전은 부질없이 넓어 이 글을 초초草하면서도 붓을 놓고 멍하니 창 밖을 바라보기 여러 차례요(박태원, 〈이상 애사〉).

상箱은 필시 죽음에게 진 것이 아니리라. 상은 제 육체의 마지막 조각까지라도 손수 길어서 없애고 사라진 것이리라. 상은 오늘의 환경과 종족의 무지 속에 두기에는 너무나 아까운 천재였다. 상은 한 번도 '잉크'로 시를 쓴 일은 없다. 상의 시에는 언제든지 상의 피가 임리淋漓(피가 뚝뚝 떨어지는 모양—인용자)하다. 그는 스스로 제 혈관을 짜서 '시대의 혈서'를 쓴 것이다. 그는 현대라는 커—다란 파선破船에서 떨어져 표랑漂浪하던 너무나 처참한 선체船體조각이었다(김기림, 〈고 이상의 추억〉).

국내에서 이상의 부고를 가장 먼저 전한 사람은 1937년 4월 21일 《매일
신보》에 〈상箱아 상箱아〉라는 글을 실은 박상엽으로 알려져 있다. 하지만
박상엽은 이상의 절친한 벗이었던 정인택이 친구의 죽음을 자신의 이름으
로 알리고 싶지 않아 지은 가명으로 보인다. 정인택은 당시 《매일신보》에
기자로 근무하고 있었다. 그는 2년 여가 지난 후 다시 이렇게 회고했다.

나는 신문사 3층 응접실로 뛰어올라가 혼자서 울며 이런 추도의 글을 썼다.
ㅡ〈오감도〉와 〈날개〉가 이상의 진정한 생활과 예술이 아니라고 그렇게 호오豪
語하며 죽기를 기약하고 도동渡東한 이상이었으나 반년도 더 못살고 정말 죽을
줄은 꿈에도 몰랐다. 누구보다도 상식가이오 순정한 이상을 아는 사람이 몇이
나 될른지ㅡ죽은 이상의 제일 큰 원한은 그를 그렇게 보아 주지 않는 세인의 곡
해를 풀지 못한 점일 것이다.
성격파산자 따따이스트ㅡ이상과 가장 친하다는 친구까지가 오직 그의 직즉職
咀이 이런 것인 줄만 알고 재조가 아깝다고 한탄하였다. 이상은 언제던 자기
주위에 철조망을 둘러놓고 자기의 애인조차 그 울타리를 넘지 못하게 한다. 이
상은 항시 그 안에서 자기 손으로 지은 고독이 외롭다고 하소연하고ㅡ그리고
그것을 즐겼다.
고독ㅡ이 말을 이상은 사랑했다. 그런고로 울타리 밖에 있는 사람들이 아무리
욕하고 지탄해도 그는 태연했다. 그리고 그들에게 물구나무를 서서 보인다.
'앱노오말'한 그의 근본 사념과는 정반대의 물구나무를ㅡ
혼자서 불행을 질머진 사내, 불행이라면 아무리 무서운 불행이라도 능히 감당
할 수 있으나 행복이라고 일흠이 붙었으면 털끝만치도 몸에 지니지 못하는 사
내ㅡ그는 언젠가 자기를 이렇게 불렀다. 그러나 이미 불행조차 그를 침범치 못
한다. '이상'이 '이상' 이대로 죽은 것만이 작고 나를 울린다. 바른대로 말이지

만 동무를 잃고 이렇게 슬퍼한 일, 내 평생에 다시 없었고 다시 없을 것이다(정인택, 〈불상한 이상李箱〉).

어쩌면 니시간다 경찰서나 동경 경시청 문서보관소에 이상을 취조한 기록과 친필 조서(수기)가 남아 있을 수도 있다. "그 안에서 다른 ○○주의자들과 마찬가지로 수기를 썼는데 예의 명문에 계원도 찬탄하더라"라는 바로 그 '수기' 말이다. 니시간다 경찰서의 취조기록이 언젠가 발견되기를 기대하며 〈오빠 이상〉의 마지막 단락을 읽어본다.

> 오빠가 가신 지 서른 해가 된 오늘날 유물 중에서 가장 찾고 싶은 것이 있다면 오빠의 미발표 유고와 '데드마스크'입니다. 오빠가 돌아가신 후 임이 언니는 오빠가 살던 방에서 장서와 원고 뭉치, 그리고 그림 등을 손수레로 하나 가득 싣고 나갔다는데 그 행방이 아직도 묘연하며, 오빠의 '데드마스크'는 동경대학 부속병원에서 유학생들이 떠놓은 것을 어떤 친구가 국내로 가져와 어머니께까지 보인 일이 있다는데 지금 어디로 갔는지 찾을 길이 없어 아쉽기 짝이 없습니다.
> 5월에 돌아온 유해는 다시 한 달쯤 뒤에 미아리 공동묘지에 묻혔고 그 뒤 어머

—
길진섭.

니께서 이따금 다니며 술도 한 잔씩 부어 놓곤 했던 것이, 지금은 온통 집이 들어서 버렸으니 한 줌 뼈나마 안주의 곳이 없는 형편이 되었습니다. 생전에 〈삼촌 석비三寸石碑 앞에 주과酒果가 없는 석상石床이 보기에 한없이 쓸쓸하다〉던 오빠 자신은 석비는커녕 무덤의 자취마저 없으니 남은 우리들의 마음이 편할 까닭이 없습니다.

"망령이 있다치고" 어디메쯤 오빠 시비 하나라도 세웠으면 하는 나의 의욕은, 그러나 하루의 생활마저 다급한 지금의 처지로서는 한갓 부질없는 염원에 지나지 않는 것입니다.

김옥희에 따르면 "데드마스크는 어떤 이가 국내로 가져와 어머니에게까지 보인 일이 있다는데 지금 어디로 갔는지 찾을 길이 없어 아쉽기 짝이 없다"고 데드마스크의 존재를 확인하고 있다. 옥희가 말하는 '데드마스크'는 이상의 임종을 지켜본 몇몇 지인 가운데 화가 길진섭(1907~1975)이 석고로 떴다는 데드마스크(김소운 증언)로 추정된다. 이에 비해 변동림은 훗날 이상에 대한 기억을 더듬으면서도 '데드마스크'에 대해선 한 마디도 언급하지 않았다. 데드마스크의 행방을 둘러싼 여러 얘기가 난무하는 가운데 석고를 뜬 길진섭이 1948년 월북하면서 가지고 갔다는 설이 한때 설득력을 얻기도 했다.

3·1운동 때 민족대표 33인 중 한 사람인 길선주 목사의 아들인 길진섭은 이상이 숨질 당시 일본에서 활동하다 1946년 서울대 미술학부 교수로 임용된다. 조선미술동맹 서울지부 위원장 및 중앙위원장 등을 지내면서 좌익의 미술계를 이끈 그는 1948년 8월 황해도 해주에서 열린 남조선인민 대표자대회에 참가한 뒤 북한에 정착한 것으로 알려져 있다. 그때 이상의 데드마스크를 가져갔다는 것이다.

한편 이상의 임종 순간을 지켜본 재미在美 김병기(1916~) 화백은 전기작

가 이충렬과의 인터뷰에서 이상의 데드마스크를 뜬 사람은 주영섭이라고
증언했다.

─이상이 생존해 있을 때도 만나신 적이 있습니까.

"있어요. 이상이 처음 일본에 와서 저의 방에 와서 잤어요."

─어떤 인연으로 아셨는데요.

"내가 사는 아파트 위층에 주요섭, 주요한 형제의 동생인 주영섭이 살았는데,
나하고 같은 평양사람이라 친하게 지냈어요. 그래서 한 아파트에 살았지요. 그
런데 주영섭이가 동경학생예술좌라는 연극단체를 이끌고 있으면서 서울의 문
화계 인물들과도 많이 알고 지냈지요. 그래서 이상이 일본에 오면서 그에게 몇
월 몇 일 도착해서 너의 집으로 가겠다는 엽서를 보냈는데, 나도 봤어요. 한글
도 아니고 일본어도 아니고 한문으로 썼는데 아주 잘 쓴 글씨였다고 기억해요.
그런데 주영섭의 방은 너무 좁아서 내 방에서 잤는데, 그때 몰골이 참 거시기
해서 50살 난 영감 같았어요."

─저녁 때 대화는 좀 하셨는지요.

"대화야 좀 했지만, 그가 피곤하다면서 일찍 잤고 그다음 날 아침 먹고 휘적휘적
가길래 잘 가라고 했어요. 그런데 그다음 해 경찰서에 있는 걸 주영섭이 가서 데리
고 와 대학병원에 입원시켰고, 집에다 전보를 쳤더니 얼마 후 변동림이 왔어요."

─장례식에는 참석하셨는지요.

"그때 동경학생예술좌가 주축이 되어 아카사카에 있는 어느 집에서 장례식을
했는데, 나도 예술좌 회원이라 참석했지요. 그때 변동림이 많이 울었어요."

─그러면 그때 김환기 화백도 참석했나요.

"아니에요. 그 얼마 전에 한국으로 돌아갔을 때라 장례식에는 참석 안 했어요."

─그때 누가 이상의 데드마스크를 떴다고 하는데 사실인지요.

"예. 저도 봤습니다."

―길진섭(월북 화가)이 떴다는 얘기가 있는데 맞나요.

"아니에요. 길진섭은 절대 아니고, 아마 주영섭이 떠서 갖고 있다가 고향으로 갖고 갔을 거예요."

―왜 변동림이 안 갖고 갔을까요?

"그때 나이 스무 살에 청상이 되었으니 무슨 정신이 있었겠어요. 그냥 울다가 유해를 들고 가서 미아리 공동묘지에 묻었다는 얘기만 들었어요"(2012년 9월 미국 로스엔젤레스 김병기 자택에서의 인터뷰).

주영섭은 1912년 평양 태생으로 개신교 목사 주공삼의 4남 4녀 중 넷째 아들이자 주요한, 주요섭 형제의 동생이다. 평양 광성고등보통학교 재학 중이던 1927년 1월 《동아일보》 현상공모에 〈묵은 일기책〉이 당선된 주영 섭은 1930년 3월 평양무궁소년회사건으로 검속되어 조사를 받았고 보성 전문학교 시절 조선프롤레타리아예술가동맹 산하 극단 〈신건설〉의 제1회 공연인 〈서부전선 이상 없다〉(1933)에 찬조 출연하기도 했다. 이후 일본 호 세이法政대학 법문학부에 입학한 그는 1934년 마완영馬完英·이진순李眞淳· 박동근朴東根·김영화金永華와 더불어 동경학생예술좌를 창단하고 잡지 《막 幕》의 발간을 주도하면서 모임을 이끌었다.

'조선의 신극 수립은 창작극에서'라는 취지 아래 창단 공연을 준비한 끝 에 1935년 6월 4일 동경의 축지築地소극장에서 유치진柳致眞의 〈소〉와 함께 자신의 작품인 〈나루〉를 공연해 호평을 받은 주영섭은 이미 동경 유학생 사회에서 널리 알려진 극작가였다. 그런데 이상은 동경에 도착한 당일 주 영섭의 아파트로 왔고 방이 비좁은 나머지 위층에 살고 있던 김병기에게 신세를 졌다는 것이다. 이상이 어떤 경유로 주영섭과 알게 되었는지는 구 체적으로 알려지지 않았지만 김소운(1907~1981)은 이런 회고를 남겼다.

일본 가는 이상의 청으로 부산과 도오꾜오의 친지들에게 소개 편지 몇 장을 쓴 기억이 있다. (부산 것은 도항의 편의를 보아달라는 부탁 편지였다.) 얼마 후 나도 길 막힌 아동잡지를 재생시켜보려고 도오꾜오로 또 건너갔다. 이상은 니시간다西 神田 경찰서에서 유치장살이를 하고 있었다. 몇 차례 면회를 갔으나 허행虛行 만 했다. 그러다가 세 번짼가 네 번째 때, 담당인 경부보警部補(경위警衛)와 한 바탕 입씨름이 터져버렸다. 면회도 단념했거니와, 같은 니시간다 관내인 오쨔 노미즈御茶の水 역전에다 사무실 하나 빌린 것도 포기할 밖에 없었다. 현재도 남아 있는 그 지까오까近岡 양복점 4층 빌딩은 대학가의 역전이란 위치치고는 집세도 눅은 편이었다. 그러나 독꼬오特高의 나으리와 원수를 맺고서야 거기 서 배겨날 계제가 못 된다. 어떤 명목, 어떤 구실로 보복이 미칠지도 모를 일이 다. 진보초神保町 뒷골목, 햇살이 들지 않는 좁은 2층 방에 이상이 풀려나왔다 는 말을 듣고 찾아갔더니 옛날 연건동에서 이불 속에 파묻혀 자던 그대로 한여 름에 상이 이불을 둘러쓰고 앓고 있었다(잠만 들면 땅속에 끌려 들어가는 것만 같 다던 그 시절에서 5년이 지났으니 무던히 견딘 셈이다.) 프랑스식 코페 빵이 먹고 싶 다고 해서 거리로 나왔으나, 학생가의 과자가게에 그런 것이 있을 리 없다. 레 스토랑을 몇 집 찾아다니다가 도리 없이 택시를 잡아타고 빵 한 쪽을 사러 긴 자銀座까지 갔다. 후지야不二屋에서 돌덩이같이 거죽이 딴딴한 코페에다 버터 니 잼들을 사들고 돌아왔더니, 상은 트집장이 어린애처럼 이런 게 아니라면서 짜증을 부린다. 땀을 뻘뻘 흘리면서 빵 한 쪽을 사려고 돌아다닌 내게 이상은 이런 짜증으로 친애親愛를 표시했다. 도오다이 병원東京大病院에 상이 입원한 얼마 후, 겨우 돈 준비가 되어서 새로 마련한 사무실을 계약하려고 에비스惠比 의 아파아트 문간을 막 나오려는데 상이 숨졌다는 전보가 왔다(김소운,《하늘 끝 에 살아도》).

'일본 가는 이상의 청으로 부산과 도오꾜오의 친지들에게 소개 편지 몇 장을 쓴 기억이 있다'는 대목에 유의할 필요가 있다. 이상은 김소운에게 부산에서 현해탄을 건널 때 필요한 도항허가서와 함께 동경에서 머물 임시 거처를 구해달라고 요청했을 가능성인데 그만큼 둘은 막역한 사이였다. 1933년 9월 김소운이 발행하던 《아동세계兒童世界》 편집실에서 이상과 박태원 그리고 김소운이 함께 찍은 한 컷의 사진은 이들의 격의 없는 우정을 엿보게 한다. 김소운은 이상과 친교하게 된 경위를 이렇게 회고했다.

서울서 아동잡지를 준비하고 있을 무렵이다. 종로 2가의 어느 다방에서 손님들의 낙서첩을 뒤적이다가 펜으로 그려진 자화상 하나가 눈에 띄었다. 빼빼마른 길쭉한 얼굴에다 수세미같이 엉클어진 머리털, 스케치북 한 페이지에다가 얼굴만 커다랗게 그린 능란한 그림이다. 그림 곁에 한 줄 찬讚이 있어 가로되 〈이상분골쇄신지도李箱粉骨碎身之圖〉-. 이것이 이상 김해경金海卿과 나와의 첫 대면이었다. 얼마 못 가서 이번에는 그림 아닌 실물과 서로 알게 되었다 만난 자리는 시청 앞 '낙랑' 다방, 동석했던 화가 구본웅具本雄이 소개해준 것으로 기억한다(위와 같음).

김소운은 그날 이후 거의 매일 이상을 비롯해 박태원, 구본웅, 변동욱과 '낙랑'에서 어울렸는데 하루는 이상이 이화여전 증축공사에 날품팔이로 나가 있다면서 더 이상 못해 먹겠으니 아동잡지 일을 같이 거들 수는 없겠느냐고 청하자 "그럴 수만 있다면 오죽이나 좋겠냐"며 즉석에서 받아들인다. 하지만 그때는 이상이 이미 객혈까지는 아니라도 병세가 꽤 진전되어 편집실 옆방에 이불을 쓰고 누워 있는 경우가 많았다고 한다. 둘의 우정은 이상이 동경으로 건너가서도 지속되었으니 "동경에 건너가서 자리를 잡을 때까지 잠시 거처할 숙소를 알선해달라"는 이상의 요청에 김소운은 그런 부탁을 들어줄 만한 인물인 주영섭을 주선했을 것이다.

한편 주영섭과 같은 아파트에 살고 있던 김병기는 김동인과 함께 《창조》 동인으로 활동한 김찬영의 아들이다. 1916년 평양에서 태어난 김병기는 동경 아방가르드양화연구소에서 김환기와 수학한 동창생이자, 이중섭과는 평양보통학교 동창생으로 1965년 뉴욕으로 건너가 작품 활동을 하는 동안 역시 뉴욕에 살고 있던 김향안 부부와 만나는 게 어색해 김환기의 집에는 자주 가지 않았다고 한다.

이상·변동림 부부를 김환기·김향안 부부로 변신케 한 세월의 변이를 목격한 김병기 화백의 심상이 어떠했는지를 엿볼 수 있는 대목이 아닐 수 없다. 이렇게 보면 인연의 고리란 멀리 있지 않고 시공을 초월해 늘 가까이에서 맴도는 소용돌이의 한 귀결인 것 같기도 하다.

아카사카에 있는 어느 집에서 동경학생예술좌가 주축이 된 장례식을 치른 변동림이 이상의 유골을 가지고 귀국한 것은 이상이 숨을 거둔 지 17일 만인 5월 4일의 일이고 그로부터 11일 후 이상보다 20일 앞서 숨을 거둔 김유정과의 합동추모식이 열렸다. 다시 김소운의 회고를 읽어본다.

그해 가을인가—서울로 온 나는 《조선일보》 소강당에서 열린 이상의 추도식을 구경했다. 먼 뒷자리에 앉아서—. 제 손으로 뼈를 주운 친구의 추도식 참례가 아니요, 어디까지나 〈구경군〉이었다. 사생死生의 경계와는 또 하나 다른 의미에서 나오는 인연도 없는 〈스타아〉 하나가 죽음이란 너울을 쓰고 성스럽게 등장하는 것을 보았다. 침통하고 장중한 추도시追悼詩며 조사弔辭들이 그 〈스타아〉의 등장을 알리는 팡파르처럼 내 귓전을 스쳐갔다(위와 같음).

김소운은 '그해 가을인가'라고 썼지만 추모식은 5월 15일에 치러졌고 추도식이 열린 장소도 '조선일보 소강당'이 아니라 경성 부민관府民館(지금 서울시의회 의사당)이다. 부민관은 경성에 대규모 공연장이 없던 1930년대 초 경성부가 주민들의 예술적 욕구를 충족시키고자 경성전기주식회사로부터 100만 원을 기부 받아 1934년에 준공한 부립극장으로, 지하 1층, 지상 3층으로 이루어진 한국 최초의 근대식 다목적 회관이다. 대강당은 1,800석의 관람석과 냉난방 시설까지 갖췄으며 중강당·소강당에서는 연극·음악·무용·영화 등이 공연되었는데 이상과 김유정의 추모식은 소강당에서 열렸다.

'이상·김유정 추도식'이 경성 부민관에서 열렸다는 결정적인 단서는 다음과 같이 확인된다.

인생의 무상함은 막을 길이 없습니다. 외로운 행인行人 고 김유정, 이상 양군兩君이 저같이 조서부逝함을 볼 때 우리는 다시 한 번 차탄嗟歎하였습니다. 그러나 정情과 사랑을 가진 우리는 그들에 대한 아깝고 그리운 생각을 금할 수가 없습니다. 동도同道의 전배후계前輩後繼가 조족弔燭 아래 같이 모여서 혹은 이야기하고 혹은 묵상하여 고인의 망령을 위로하고 명복을 빌고자 합니다. 세사世事에 분망하신 몸일지라도 고인을 위한 마지막 한 시간이오니 부디 오셔서 분향의 성의盛儀에 자리를 같이 해 주시면 참으로 감사하겠습니다.

　시일 5월 15일(토) 오후 7시 반

　장소 시내 부민관 소집회실

　발기인(생략)

　(이태준, 《문장강화》, 문장사 1940)

이태준이 1939년 《문장》 창간호부터 연재하다가 9회로 그친 뒤 이듬해 문장사에서 단행본으로 출간한 《문장강화》의 '서간문' 편엔 뜻밖에도 '이상·김유정 추도식 초청장'이 실려 있다. 이로 미뤄 추도식에 참석했던 이태준은 초청장을 보관하고 있다가 일종의 공지公知에 해당하는 편지 형식의 추도식 공문의 예로 이 문장을 제시했던 것이다. 간곡한 서정문의 한 형태가 부고訃告이며 추도식 공문이라는 이태준의 문장론에 힘입어 '이상·김유정 추도식 초청장'의 실물이 우리 곁에 남아 있다는 것도 예사로운 인과는 아닐 것이다.

최재서(1908~1964)는 추모식에서 〈고故 이상의 예술〉이라는 제목으로 제법 긴 강연을 했다. 《조선문학》 1937년 6월호에 실린 전문의 마지막 단락은 다음과 같다.

> 우리가 경애하고 갈망하던 작가 이상은 멀리 객리客裡에서 쓸쓸히 이 세상을 떠났습니다. 비록 양으로는 적으나마 그가 남기고 간 예술의 진의를 해명하고 또 그 정신을 살려 가는 것은 우리가 마땅히 할 일이라고 생각합니다. 이 점에 관해서는 나는 그의 유족과 또 그와 친교가 있었던 문단 제씨에게 파란 많은 그의 생활의 기록이 하루바삐 우리에게 보여주시기를 절망切望하는 바이올시다. 끝으로 고인 이상의 명복을 길이길이 비옵나이다(최재서, 〈고故 이상의 예술〉).

이상의 유골이 서울의 유족 품에 안긴 지 11일 후에야 추도식이 치러진 데는 먼저 고인이 된 김유정도 함께 기리자는 쪽으로 지인들이 뜻을 모으는 시간이 필요했기 때문으로 보인다. 김유정의 죽음에 대해서는 조용만의 회고가 남아 있다.

> 김유정은 정릉에 있다가 병이 점점 침중해져서 거동을 할 수 없게 되었다. 그러나 형수도 돈이 없어서 어떻게 할 수 없었으므로 경기도 광주에서 과수원을 하는 다섯째 누이에게 통지하였다. 그래서 그 매부가 김유정을 업고 광주로 내려갔다. 매부집 굴속 같은 방 속에 누워서 얼마동안 앓다가, 그는 이상보다 스무 날 앞선 1937년 3월 29일에 조용히 숨을 거두었다. 그의 누워 있던 방벽에

는 그가 항상 붙이고 있던 〈겸허謙虛〉라는 두 글자가 붙어 있었다고 한다. 그는 1908년생으로 이상이 1910년생인데 비해서, 2년 연장이었다. 이 슬픈 소식을 듣고 평소에 그와 친분이 두텁던 친구들이 모여서 하루 저녁 그들의 추억담을 한 일이 있었는데, 구보는, "두 사람이 정사情死를 한다더니 스무 날을 새에 두고 앞서거니 뒤서거니 찬란한 정사를 한 셈이 됐군" 하고 괘사를 떨었다(조용만, 〈이상 시대 젊은 예술가들의 초상〉 3).

김유정의 조카 김영수의 증언에 따르면 '겸허'라고 써 붙인 밑에 작은 글씨로 '나에게 계시가 있을지어다'라고 윗목 벽에 붙여놓았고 그 옆에는 원고지에 쓴 장편소설《숲밭》의 구상을 붙여놓았다고 한다. 이는 당시 와병 중이었던 자신에게 스스로 해야 할 일을 상기시킴으로써 생사의 기로에서도 희망을 품었던 인간 유정을 어림할 수 있는 대목이 아닐 수 없다. 그런데 이상의 소설 〈실화〉에 따르면 도일하기 전날, 김유정의 정릉 거처를 찾아간 이상은 그 방에 '유정아! 너무 슬퍼마라 너에게는 따로 할 일이 있느니라'라고 쓴 지비紙碑를 책상 앞에 붙여놓았다.

채만식(1902~1950)은 김유정에 대한 추모의 글 〈裕貞(유정)의 굳김을 놓고〉에서 소설이 유정을 잡아먹었다고 썼다.

나는 문필의 요술을 부리잠이 아니다. 피사의 사탑이 확실히 과학이요 요술이 아니듯이 이것도 버젓한 '사실'이다. 폐결핵 제3기의 골골하던 우리 유정裕貞이 죽은 것이 바로 그것이다.

유정이 병을 초기에 잡도리해서 나수지 못하고 더치는 대로 할 수 없이 내맡겨 3기에까지 이르게 한 것도 가난한 탓이거니와 다시 그를 불시로 죽게 한 것은 더구나 그렇다. 폐를 앓는 사람이 좋은 음식을 먹고 좋은 약을 먹으면서 좋은 곳에 누워 몸과 마음을 다 같이 쉬어야 한다는 것은 상식으로 되어 있다.

우리 유정도 그랬어야 할 것이요 또 그리하고 싶었을 것이다. 그러나 그는 그와 아주 반대로 영양이 아니 되는 음식을 먹었고 약이라고는 아주 고약한 ×× 위산胃散을 무시로 푹푹 퍼먹었을 뿐이다. 성한 사람도 병이 날 일이다. 그러면서 그는 소설이라는 것을 썼다. 소설이라는 독약! 어떤 노력보다도 더 많이 몸이 지치는 소설 쓰기! 폐결핵 3기를 앓는 사람이 소설을 쓰다니 의사가 알고 본다면 그 의사가 먼저 기색을 할 일이다.

유정도 그것이 얼마나 병에 해로운지야 잘 알고 있었다. 그러면서도 그는 소설을 쓰지 아니치 못했던 것이다. 그것은 창작욕도 아니요 자포자기도 아니었다. 그는 창작욕쯤 일어나더라도 누를 수가 있었고 자포하기는커녕 생명에 대해서 굳센 애착을 자신과 한가지로 가지고 있었다.

유정은 단지 원고료의 수입 때문에 소설을 쓰고 수필을 쓰고 했던 것이다. 원고료! 4백 자 한 장에 대돈 50전야也(금액을 나타내는 조사)를 받는 원고료를 바라고 그는 피 섞인 침을 뱉어가면서도 아니 쓰지를 못했던 것이다. 이렇게 해서 쓴 원고의 원고료를 받아가지고 그는 밥을 먹었다. 그러다가 유정은 죽었다.

그러나 이것이 어디 사람이 밥을 먹은 것이냐? 버젓하게 밥이 사람을 잡아먹은 것이지! 도향稻香·서해曙海·대섭大燮(심훈-인용자) 다 아깝고 슬픈 죽음들이다. 그러나 유정같이 불쌍하고 한 사무치는 죽음은 없었다. 유정이야말로 문단의 원통한 희생이다.

지금 조선은 가난하다. 그래서 누구 없이 고생들을 하고 비참히 굶기는 사람이 유로 셀 수 없이 많다. 그러나 다 같이 문화의 일부분을 떠맡고 있는 가운데 문단인 같이 고생하는 사람은 없다. 문단인은 '홍보興甫'(흥부전의 흥부-인용자)가 아니다. 종족을 표현하는 것은 '나치스적으로 말고' 예술 그중에도 문학이다. 인류 진화사상 종족이 별립別立되어 있는 그날까지는 한 실재요 따라서 표현이 되어야 할 것이다. 완고한 종족지상주의자도 귀를 잠깐 빌려 다음 말을 몇 구절 들으라. 폴란드를 지탱한 자 코사크나 정치가가 아니다. 폴란드 말로 된 문학이요 작가들이다. 지금 조선에 문화적으로 종족적 특색을 가진 것이 있다면 문학밖에 더 있느냐? 그렇건만 작가는 가난하다 못해 피를 토하고 죽지 아니하느냐!

아무리 빈약하더라도 지금 조선의 작가들이 일조에 붓을 꺾고 문학을 버린다면 조선의 적막한 품이야 인구의 반이 준 것보다 더하리라는 것을 생각인들 하는 자가 있는가 싶지 아니하다. 제2의 유정은 누구며 제3의 유정은 누구뇨? 이름은 나서지 아니해도 시방 착착 준비는 되어가리라! 밥이 사람을 먹으려고(채만식, 〈裕貞(유정)의 굿김을 놓고〉).

한편 추도식에 참석했던 이상의 친구 문종혁의 회고는 좀 더 상세할 뿐 아니라 슬픔을 억제하지 못하는 감정이 묻어난다. 그만큼 이상에 대한 못다한 회한과 우정이 깊었음을 알 수 있다. 이상의 영정 사진을 앞에 둔 문종혁의 애상哀喪이 그려지고도 남는다.

나는 그의 추도회를 기억한다. 초저녁이었던 것만은 알 수 있으나 어느 지점, 어느 건물인지는 모르겠다. 식장에 들어섰다. 아무도 없었다. 천정에 매달린 전등이 조는 것 같았다. 단에 상의 사진이 검은 리봉을 띠고 앉아 있었다. 사진은 컸다. 상(사진)은 부드러운 눈으로 나를 쳐다보고 있었다. 그 밤은 고 김유정 씨의 추도회를 곁들여 하였다. 거짓 없는 말로 나는 상의 영상 앞에 향불도 피어올리지 않았다. 후일 후회했기에 기억이 분명하다. 나는 어디 놓았는지 나의 명함 한 장을 꺼내놓았다고 어렴풋이 생각난다. 허술한 나무로 된 긴 벤치들이 몇 십 개 정도 놓여 있었다. 나는 한 구석 맨 끝에 쭈그리고 앉아 있었다. 다음 생각나는 것은 밤참 식사자리다. 부끄러운 이야기지만 나의 여비에서 남은 것을 털어보았다.

20여 원이었다고 생각된다. 그것이 그 밤 내빈들에게 밤참대접이 되었다.

변이라는 친구가 모든 일을 맡아했다. 변은 스물네 살 때 상과 같이 인천의 나의 집에 두어 번 놀러온 일이 있다. 그도 상과 같은 문학도다. 뒷날에야 알았지만 변은 상의 제2의 여인, B여인의 오빠였다는 것이다. 변은 나와는 아무 의논도 없이 여러 내빈 앞에 나를 소개했다. 변은 나의 출현을 퍽이나 흐뭇해 했다고 회상된다. "상의 초기 시를 읽으면 '혁'이라는 실존인물이 많이 산견된다. 이 밤 그 장본인을 만나 즐겁다. 모쪼록이면 상의 생전의 많은 이야기를 들려달라."

변은 두 번이나 나의 겨드랑이 밑에 손을 넣어 나를 일으켜 세웠다. 그러나 병신-나는 두 번 다 이그러진 자세로 주저앉고 말았다. 말할 준비가 되고 안 된 것이 문제가 아니다. 나는 그 밤 졸도하지 않으려고 전력을 기울이고 있었다. 언제 손님들이 어떻게 갔는지 나는 모른다. 다만 변과 상의 어린 동생 운경이와 나 셋이서 어두컴컴한 복도에 서서 상의 장례에 대해서 걱정(의논)하고 서 있었다.

나는 운경이에게 미안하지만 인천의 나의 직장에 좀 찾아와달라고 얘기한 기억밖에 없다. 그 후 인천 내 직장에 운경이가 찾아왔다. 어린 운경이가…… 나는 겨우 나의 1개월분 월급을 가불해서 운경의 손에 쥐어 보냈다. 1개월분밖에

미아리 공동묘지.

는 더 가불할 수가 없어서였던지 더 할 수 있었던 것을 1개월분만 했는지 그 점에 대해선 분명치 않다.

다음날 새벽 운경이는 또 한 번 찾아왔다. 서울에서 인천까지-. 그런데 내가 그냥 돌려보냈다. 아무리 물가가 싼 시대라도 50원(나의 1개월 월급) 가지고서는 무덤을 마련할 수가 없었던 것이다. 비록 화장한 유해지만-.

나는 그 후 상의 유족 앞에서도 상의 주변 사람 앞에서도 사라지고 말았다. 그리고 이 30여 년 나는 벙어리가 되어 왔다. 무슨 낯으로 내가 상의 친구라고 상의 친구였다고 나설 수 있다는 말인가? 독자는 용서하라. 나는 상에게 죄지은 사람이면서도 나의 청춘은 아름다웠다.

나는 나의 아내에게 미안한 말이지만 나는 그 여인을 잊은 후 그 이상의 사랑을 느껴본 일이 없고 나는 상箱을 잃은 후 친구가 없는 사람이다. 정말 나는 추억에 사는 사람이다(문종혁, 〈심심산천에 묻어주오〉).

이 글에 등장하는 '변'은 변동림의 오빠 변동욱이다. 조용만의 회고에서 박태원이 '무린'이라는 별명을 지어주었다는 변동욱은 이상의 처남 자격으로 합동추모식에 모습을 나타냈던 것이다. 김소운에 따르면 변동욱은 이상과 어렸을 때부터 같이 놀던 죽마고우였다. 그만큼 변동욱에게 매제인 이상의 죽음은 각별하고도 엄숙한 일대 사건이었다.

그러나 변동욱 역시 동생 동림과 마찬가지로 형편이 좋지 못했던 모양이다. 문종혁에 따르면 이상의 유해는 합동추모식이 끝난 뒤에도 무덤에 묻히지 못하고 한동안 가족 곁에 있었다. 가난 때문이었다. 오죽했으면 이상의 동생 운경이 문종혁을 찾아가 무덤을 살 돈을 빌려갔을 것인가. 그러나 1개월치 월급으로는 당장 무덤을 마련할 수 없었다. 친구의 무덤 한 채 마련해주지 못한 죄책감으로 인해 문종혁은 이 글을 쓴 1960년대 말까지 은둔하고 말았다. 믿기지 않는 사실이지만 합동추모식이 끝난 뒤에도 유족들은 이상의 유골을 미아리 공동묘지에 묻은 6월 10일까지 근 한 달 동안 무덤을 살 돈을 마련하기 위해 전전긍긍했던 것이다.

1930년대 미아리 공동묘지는 어떤 장소였을까. 경성에 공동묘지가 생긴 것은 일제에 의해 '묘지·화장·화장장에 관한 취체규칙'이 제정된 1912년 부터이다. 1913년 당시까지 경성부에서 설치한 공동묘지는 미아리·이문동·이태원·만리동·여의도·연희동 등 모두 19개소에 이르렀다. 이 가운데 만리동 공동묘지는 일본인 전용이었다. 1937년 미아리 공동묘지의 풍경은 한 익명의 기자가 쓴 르포를 통해 어림해볼 수 있다.

미아리 공동묘지에 발을 들여놓은 익명의 기자는 묘지 사무소로 들어가 어떤 이들이 묻혀 있는가를 묘지 간수에게 묻는다. 묘지 간수는 이렇게 대답한다. "네 네! 묘가 1만 6,000기나 되니까요. 잘 알 수 없습니다만" 하고 시 "최서해의 묘와 단성사 사장 박승필의 묘가 있다"고 답한다. 기자는 우선 최서해의 묘를 둘러본다.

무덤 바로 앞엔 사각으로 된 기다란 대리석으로 '서해曙海'라고 쓰고 그 아래 1935년이라고 쓴 묘석이 놓여 있다. 문인의 무덤에 더구나 그것이 문인의 가난한 주머니를 털어 만든 것이어니 그것이 화려광대할 것은 아니로되 어이 이다지도 조잡할고? 서양인 묘지에 가면 그 비석에 묘지명이 꼭 씌여 있어 평생에 그가 좋아하는 글귀나 또 경구를 써두어 그가 가졌던 생각의 일편一片이나마를 엿볼 수 있는 것이어든 이 문인의 묘비는 웨 이렇게 황량은. 고 서해는 일정한 학교 교육도 받지 못하고 때로는 중노릇도 하고 때로는 고용사리로 하면서 문단에 나온 작가로써 그의 북국적인 정열과 고난한 계급생활을 쓰어 문단에 남긴 것이 큰 것은 말할 것두 없거니와 이제 그 묘비를 보고 한 시대가 지나간다면 누가 무엇했든 사람인 것이나 알 것인가?(일一기자, 〈미아리 공동묘지 풍경〉)

그런 다음 단성사 사장 박승필의 묘, 동양극장 극장주 홍순언의 묘를 차례로 둘러본 기자는 '애아이봉근묘愛兒李鳳根墓'라는 묘석이 눈에 띄어 발길을 멈춘다. 이봉근은 1934년 숨을 거둔 춘원 이광수의 어린 아들의 묘였다. 기자는 묘비에 춘원이 새긴 글을 읽는다.

이봉근은 1927년 5월 30일 창경원의 아츰 꾀꼬리 소리에 나다. 밝고 착하고 재조 있어 사랑과 칭찬을 받다. 이화유치원 탄생 축하에 연설로 갈채를 받다. 20분 동안에 한글을 깨쳐 신문에서 받침 없는 글자를 골라 읽다. 하나님, 부처님, 죽은 뒤 전쟁, 만주사변 등 문제를 생각하고 이야기를 창작하고 그림과 음악을 즐기다. 보통학교에 입학하랴는 기쁨 속에 1934년(소화昭和 9) 2월 22일 아빠하고 가치 올라갈 마지막 웃음으로 인왕산에 지는 해와 함께 영원히 잠들다. 6년年 7개월 우리의 기쁨이오 큰 희망이든 너를 여기 묻노라. —아빠 이광수李光秀, 엄마 허영숙許英肅

운경이 문종혁에게 꾸어갔다는 한 달치 월급 50원은 제일 좋은 땅인 한 평에 7원 50전짜리 묘지를 사고도 남는 돈이겠으나 아마도 그 돈은 유족들의 생계비나 혹은 채무를 갚는 데 우선 지출할 수밖에 없는 상황이었기에 묘지 구입은 후순위로 밀려난 듯하다.

이상의 묘가 몇 구역, 몇 등급지에 있었는지는 알 길이 없지만 묘는 한국전쟁 당시 훼손됐을 가능성이 크다. 요행히 훼손되지 않았다면 적어도 서울시의 장묘 이전계획에 따라 미아리 공동묘지의 무연고 분묘들을 이장한 1958년까지는 미아리 공동묘지에 남아 있었을 가능성이 있긴 하다.

시 당국에서는 지난 5일까지 미아리 공동묘지 연고자에 대한 이장 기간을 연기해주었는데 아직 이장하지 않은 묘지에 대해서는 시 단독적으로 '무연고 묘지'로 인정, 경기도 언주면에 이장할 것이라고 한다. 현재 미아리 공동묘지에서 이장하지 않은 묘지는 1만 3천 기라고 하는데 동 묘지에 대해 시 당국에서 이장하리라는 것이다. 그 기일은 이달 말경 아니면 내달 초순경이 되리라고 당국자는 말하고 있다(《경향신문》 1958. 7. 8).

서울시의 이장 공고와 관련해서는 한때 미아리 공동묘지에 있다가 망우리 공동묘지로 옮겨온 최서해의 묘비에 적힌 글이 참고가 될 듯하다.

〈그믐밤〉, 〈탈출기〉 등 명작을 남기고 간 서해는 유족의 행방도 모르고 미아리 공동묘지에 누웠다가 여기 이장되다. 위원 일동.

북한에 가족이 있는 최서해의 묘가 현 망우리 추모공원으로 이장된 자세한 경위는 알 수 없지만 서울시가 미아리 공동묘지를 정리할 때 최서해 이장위원회가 조직됐을 가능성이 있다. 이와 달리 이상의 묘는 1958년 서울시가 택지 개발을 위해 미아리 공동묘지의 무연고 묘를 일괄적으로 경기도 언주면으로 이전하는 과정에서 연고자가 나타나지 않자 언주면으로 이장되었거나 유실됐을 가능성도 있다.

변동림은 미아리 공동묘지에 남편 이상의 유골을 묻고 묘석도 아닌 비목木에 '묘주墓主 변동림卞東琳'이라고 써넣은 것을 끝으로 두 번 다시 묘소를 찾지 않았다. 동림의 나이 스물한 살, 이상의 유골을 묻고 묘를 만든 것으로 아내로서의 의무를 마쳤던 것이다. 죽은 자는 땅에 묻혔지만 산 자는 어떻게든 살 궁리를 해야 했다. 장례를 마친 동림은 이상의 가족과 인연을 끊고 친정으로 들어간다. 어차피 호적에 올라 있는 며느리도 아니었다. 이상과 변동림의 인연은 여기까지였다.

05

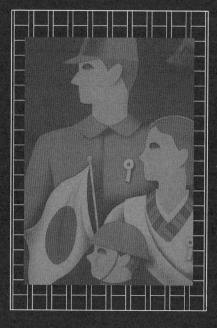

이상 유고의 행방

|
증식되는 이상의 텍스트

이상의 유고遺稿는 그가 숨을 거둔 당대는 물론이거니와 지금까지도 많은 의구심을 남기고 있다. 순차적으로 살펴보겠지만 이상의 유고에 관해서는 미망인 변동림, 여동생 김옥희 그리고 임종국 등의 증언이 남아 있다. 하지만 유고의 행방에 관해 언급하기에 앞서 김기림이 묶은 200쪽 분량의 《이상 선집李箱選集》(1948)을 언급할 필요가 있을 것이다.

《이상 선집》은 이상의 첫 개인문집인 동시에 이상의 문학적 윤곽을 처음으로 드러냈다는 점에서 각별한 의미가 있다. 김기림은 '서문'에서 이상에 대한 애정과 함께 소설가보다는 시인으로서의 면모를 강조한다.

무슨 싸늘한 물고기와도 같은 손길이었다. 대리석처럼 흰 피부, 유난히 긴 눈사부랭이와 짙은 눈섶, 헙수룩한 머리 할 것 없이, 구보丘甫가 꼭 만나게 하고 싶다던 사내는, 바로 젊었을 적 'D. H. 로-랜쯔'의 사진 그대로의 사람이었다. 나는 곧 그의 비단처럼 섬세한 육체는, 결국 엄청나게 까다로운 그의 정신을 지탱하고 섬기기에 그처럼 소모된 것이리라 생각했다.

그가 경영한다느니보다는 소일하는 찻집 '제비', 회칠한 사면 벽에는 '주르 뢰나르'의 〈에피그람〉이 몇 개 틀에 걸려들어 있었다. 그러니까 이상과 구보와 나와

의 첫 화제는 자연 불란서 문학, 그중에도 시詩일 밖에 없었고 나중에는 '르네·
끌레르'의 영화 '단리'의 그림에까지 미쳤던가보다. 이상은 르네·끌레르를 퍽
좋아하는 눈치다. (중략)

어찌 보면 그가 시 대신에 소설을 쓴 것은 속된 독자층, 아니 너무나 상식적인
문단 그것과의 타협인지도 몰랐다. 사실 그의 시를 이단異端과 같이 돌리던 사
람들조차 그의 소설에는 매우 흥미를 느낀 듯 했다. 〈봉별기逢別記〉는 한 소품이
려니와, 그 핏자국이 오히려 눈에 선한 〈지주회시〉의 고심 역작에 반해서 '날개'
의 가벼운 애상이 더 사람들의 입맛에 닿았던 것이다. 이상은 그리하여 〈날개〉 1
편으로 문단을 웅비하기 시작한 것이다. 그러나 그는 이러한 군중의 박수갈채
속에서도 실상은 호주머니 저 밑에 감추어 둔 그의 시고詩稿를 더 소중하게 주
물러보곤 한 것이다(김기림, 〈이상의 모습과 예술〉).

김기림은 "〈날개〉 1편으로 문단을 웅비하기 시작"한 이상이 "이러한 군
중의 박수갈채 속에서도 실상은 호주머니 저 밑에 감추어 둔 그의 시고詩稿
를 더 소중하게 주물러보곤 한 것"이라며 이상의 시인으로서의 위상에 주
목한다. 《이상 선집》의 수록작은 다음과 같다.

*창작-〈날개〉〈봉별기逢別記〉〈지주회시䏏䏁會豕〉
*시-〈오감도烏瞰圖〉〈정식正式〉〈역단易斷〉〈소영위제素榮爲題〉〈꽃나무〉〈이런 시
詩〉〈1933. 6. 1〉〈지비紙碑〉〈거울〉
*수상-〈공포의 기록〉〈약수藥水〉〈실낙원失樂園〉〈김유정金裕貞〉〈19세기식〉〈권태〉

1949년이면 이상 사후 12년이 흐른 시점이다. 그럼에도 불구하고 김기
림은 이상이 1931년 일어 잡지 《조선과 건축》에 발표한 일문 시 〈이상한

가역반응〉을 비롯한 초기작은 물론 이상이 가장 왕성하게 작품 활동을 했던 1936년의 발표작인 시 〈가외가전〉《시와소설》, 〈명경〉《여성》, 〈위독〉 연작시《조선일보》 등도 수록하지 않았다. 조촐한 작품목록에서도 짐작할 수 있듯 김기림은 자신이 보관하고 있던 신문이나 잡지에서 이상의 발표작을 발췌해 수록한 데 불과하다는 인상을 지울 수 없다. 김기림은 왜 이상의 발표작을 망라하지 못했던 것일까.

1939년 동북東北제국대학 영문과를 졸업하고 귀국한 김기림은《조선일보》에 복직한 뒤 학예부장으로 재직하는 동안 제2시집《태양의 풍속》을 출간한다. 하지만 1940년 8월 10일《조선일보》 폐간 이후 같은 계열의 잡지사 조광사에서 잠시 일하다가 고향인 함북 성진으로 낙향해 해방 때까지 사실상 절필한다. 1942년 5월 동북제대 후배인 김준민金遵敏의 주선으로 함북 경성鏡城고보 영어교사로 갔을 때 학생들의 질문에 "조용히 울 곳을 찾아왔다"는 김기림의 대답은 당시의 심정을 짐작케 한다. 그는 경성고보에서 영어 과목이 폐지되는 바람에 수학을 가르쳤다. 경성고보 제자 가운데는 시인 김규동과 영화감독 신상옥도 있었다.

1945년 해방 직후 북한의 조선문학가동맹에서 활동하다가 1946년 월남한 그는 중앙대와 연희전문대 강사를 거쳐 서울대 조교수로 임용되어 신

김기림(1908~?).

문화연구소를 설립하기도 했다. 하지만 그때는 해방 정국의 살벌한 분위기에서 오랫동안 집을 비워둔 바람에 수많은 서적과 가재를 탈취당하고 생활마저 곤궁했던 시절이다. 1947년 시론집 《시론》을 펴내며 시의 현실 참여의식에 몰두하던 그가 졸속으로나마 《이상 선집》을 묶은 데는 어쩌면 1936년 6월 자신의 첫 시집 《기상도》를 창문사에서 낼 때 편집을 맡았던 이상에 대한 부채의식이 작용했을 수도 있다. 이상은 당시 일본 유학 중인 김기림에게 편지를 보내 이렇게 물었다.

> K형. 어떻소? 거기도 더웁소? 공부가 잘 되오? 《기상도氣象圖》 되었으니 보오. 교정은 내가 그럭저럭 잘 보았답시고 본 모양인데 틀린 데는 고쳐 보내오. (중략) 그리고 놈부루number(번호)는 아주 빼어버리는 게 좋을 것 같은데 의견이 어떻소?(이상이 1936년 6월 김기림에게 보낸 편지)

김기림은 누구보다 더 애착을 갖고 《이상 선집》을 만들고 싶었을 것이다. 하지만 해방 이후의 혼란한 사회 분위기 속에서 이상의 작품을 게재한 신문이나 잡지를 일일이 훑어볼 엄두를 내지 못했던 것 같다. 김기림은 미완의 《이상 선집》 출간을 끝으로 한국전쟁의 소용돌이에 휩쓸려 납북되고 만다.

한국전쟁으로 인한 문학적 공백을 뒤로하고 이상의 작품 텍스트를 광범위하게 정리해 이상 문학의 범주를 확장시킨 이는 임종국(1929~1989)이다. 그는 고려대 정치학과에 재학 중이던 27세에 《이상 전집》을 펴낸다. 27세는 이상이 요절한 나이이기도 하다. 당시 고대 문학회에서 활동하던 임종국은 1955년 12월 《고대문화》 제1집에 〈이상론—근대적 자아의 절망과 항거〉를 발표할 만큼 이상에 심취해 있었다. 사법고시를 준비하고 있던 그가 이상에 심취하게 된 계기는 남다르다.

경남 창녕 태생인 임종국은 경성공립농업학교(지금은 폐교된 서울농고의 전신) 수의축산과를 나와 1945년 9월 경성공립사범학교(약칭 경성사범학교) 본과에 입학했으나 '독서회' 사건으로 공산당 가입을 강요받자 중퇴하고 만다. 평소 기타 연주에 소질이 있었던 그는 1947년 12월 서울음악전문학원에 다니다가 또다시 2학년을 중퇴하고 1949년 창녕으로 내려가 경찰학교를 수료한 뒤 합천경찰서 대병지서에서 3년간 순경으로 복무한다. 한국전쟁 당시 길거리에 즐비한 시신을 목격한 그는 억울한 죽음을 변호하겠다는 생각에 1952년 대구 피난 시절의 고려대 정치학과에 입학한다. 법조인이 되겠다는 일념으로 고시공부에 매진하던 그는 가세가 기우는 바람에 3학년만 마치고 휴학을 한 상태에서 이상에 심취했던 것이다. 임종국은 이렇게 들려준다.

퇴폐와 절망의 심연에서 허위적거리고 있을 때 눈에 띈 것이 《이상 선집》이었다. 그런데 읽어보니 그게 어쩌면 그렇게 내 처지와 심정을 그대로 옮겨 놓았는지, 나는 그만 홀딱 반해버리고 말았다. "박제가 되어버린 천재를 아시오?" 이상의 작품 〈날개〉에 나오는 첫 구절이다. 《민법총칙》 5백 페이지를 한 달 이내에 외어버린 천재(?)가 밥과 잠자리 걱정 때문에 꼼짝을 못하고 있으니, 나야말로 '박제가 되어버린 천재'가 아닌가? 이상의 사후 20년이 되어가던 그 때까지 그에 대해

임종국(1929~1989).

서는 본격 연구가 없었다. '박제가 되어버린 천재' 이상을 발굴해서 '날개'를 달아 준다? 스스로 천재라고 믿었던 나 자신 하나도 살리지 못해 고시를 포기한 녀석이 남의 천재를 살려낼 생각을 했던 것이다(임종국, 〈술과 바꾼 법률책〉, 《임종국 선집 2》).

김기림의 《이상 선집》은 비록 미완이었지만 다음 세대인 임종국을 자극했고 결과적으로 《이상 전집》을 묶는 계기가 되었다. 그는 좀벌레를 자처하며 먼지가 켜켜이 쌓인 고려대 도서관을 샅샅이 뒤진 끝에 이상이 《조선과 건축》에 발표한 일어 시를 모두 번역 수록했고 이상의 일어 유고시 9편까지 발굴해 번역 수록한 데 이어 이상의 사신私信도 공개하였다.

대학 시절에 나는 《이상 전집》을 3권으로 엮어서 펴낸 일이 있다. '이상론'을 쓰려고 작품을 모으다 보니 웬만큼 수집이 된 것 같아서 전집으로 엮었던 것인데, 그건 좀 어렵다면 어려운 과정이었다. 작품연보 하나가 안 갖춰진 상태에서의 수집은 별 수 없이 신문, 잡지를 하나하나 뒤지는 일로부터 시작하지 않을 수 없었다. 도서관에서 20년 전의 간행물들을 뽑아내면, 책 위에는 먼지가 석 자는 몰라도 1밀리미터는 충분히 쌓여 있었다. 그런 출판물을 한 장 한 장 뒤지는 지어紙魚(좀벌레) 생활 1년에 《이상 전집》은 햇빛을 볼 수 있었던 것이다(임종국, 〈시시했던 날의 시시한 이야기〉).

이런 에피소드를 뒤로 하고 임종국은 《이상 전집》 발문에서 "이상이 세상을 떠나고 난 뒤 불과 20년 만에 자료들을 찾을 수 없게 되었다"면서 "유고의 소장자가 누구인지 알고 있지만 자료에 접근할 수 없어 수록하지 못한다"며 그런 상황이야말로 비극이라고 애석해했다.

2년 동안에 시 2천 편을 썼다는 이상의 전 작품을 수집함은 불가능한 일이다. 그 대부분이 미발표인 이 작품들은, 오늘 확실한 근거로써 추산할 수 있는 잔고殘稿만 해도 수백은 훨씬 넘는다. 작자 자신이 소각해버린 것은 논외거니와, 소장 자들의 성명까지를 알면서도 이를 수록할 수 없었음은, 오직 우리가 오늘 공통 적으로 담지한 비극 그것으로 인함이었다(임종국, 〈발跋〉, 《이상 전집》).

임종국은 이상의 유고 소장자들을 알고 있었으나 그들이 내주지 않아 전 집에 수록하지 못했다고 털어놓고 있다. 한 달 만에 500여 페이지에 달하 는 《민법총칙》을 암기했다는 또 한 명의 천재 임종국. 하늘은 스스로 돕는 자를 돕는다, 라는 말이 있듯 서울 도봉리 집에 눌러 앉아 전집 작업에 몰 두하던 그는 고려대 강사 안효정을 통해 이상의 유족을 만나게 된다. 알고 보니 유족들은 고려대 정문에서 그리 멀지 않은 제기동에 살고 있었다.

본서 출판 계약을 며칠 앞두고 고인의 유족—자당慈堂과 영매令妹—을 뵈올 수 있 어 도움 된 바 적지 않았다. 서신으로 그 거처를 가르쳐주신 전 고대 강사 안효 정 선생님께 치하드리며, 이 전집을 성원해주신 많은 분들에게 다시 한번 감사 의 예를 올린다. 진통의 계절도 다아 갔구나! 이제 이 책이 주인을 찾아가는 날 이면 나는 작은 행장을 들고 바다 구경을 하러 떠나야겠다. 단기 4289년(1956) 5 월 26일(위와 같음).

《이상 전집》 제1권엔 임종국의 간행사인 '〈이상 전집〉 간행에 제際하여' 가 실려 있다. 이상의 19주기에 맞춘 1956년 4월 17일 자로 작성된 총 9개 항의 간행사 가운데 두 개 항을 소개하면 다음과 같다.

─. 이 전집에 수록된 작품들은 출판을 목적으로 수집된 것은 아니다. 오직 학구

學究를 위한 연구자료이었을 뿐이다. 인세는 유족과 상의하여 적의適宜 선용善用
할 생각이다.

—. 끝으로, 본서의 출판을 위하여 많이 수고하여 주신 조용만趙容萬, 조지훈趙芝
薰, 양兩 선생님, 유정柳呈 씨, 동인同人 인태성印泰星, 이황李榥 양 형兩兄 그리고
김규동金奎東 씨, 윤호중尹鎬重 씨의 여러분들에게 삼가 고마움을 인사드린다.

출판 계약을 목전에 둔 시점에서 극적으로 유족을 만나게 되었으니 의당
작품에 대한 인세 문제가 논의되었을 테지만 그는 수록작품은 출판을 목
적으로 수집된 게 아니라 다만 연구자료로 사용할 것이기에 인세는 유족
과 상의하여 '적의適宜 선용善用할 생각'이라고 밝히고 있다. 나아가 서지사
항에 '편자編者 임종국'이라고 표기한 뒤 자신이 활동하고 있는 '고대 문학
회 편編'이라고 부기附記하는 일도 잊지 않았다. 도움을 준 이들도 빼놓지
않고 거명한다. 조용만과 조지훈은 각각 고려대 영문학과와 국문학과에
재직하고 있던 임종국의 은사이고 유정柳呈은 《이상 전집》 2권에 수록된
미공개 일문日文 시 9편의 번역을 담당한 일본대학 예술학부 출신의 시인
이자 전문번역가이다.

편자編者의 부탁으로 그 임任이 아님을 잘 알면서도 역필譯筆을 맡은 것은 애오
라지 귀재鬼才의 시에 대한 애착에서이기는 하였으나 그러나 우생愚生의 일대
실책이 아닐 수 없었다. 되도록 고인의 어투語套를 모방하여 근사한 역문으로
하고저 애쓴 것인데 힘 부족으로 이렇게밖에 못되고 말았다. 원컨대 귀재鬼才의
명예에 과히 흙칠하는 결과가 되지 않았다는 평이나 들을 수 있었으면 할 뿐이
다(유정柳呈).

유정의 짤막한 언급에 이어 임종국은 미발표 유고 9편을 입수한 경위를

비교적 상세히 설명하고 있다.

원작이 일문日文으로 된 다음 9편의 미발표 유고는, 왕년往年 상箱이 작고했을 무렵 상의 미망인이 동경서 가지고 나온 고인의 사진첩 속에 밀봉된 채 있었던 것이다. 그 후 20여 년을 유족-자당慈堂과 영매令妹-께서도 사진첩으로만 여기고 보관하던 중, 이번 출간을 계기로 비로소 발견이 된 것이다. 제작년도는 불상不詳한, 그러나 지질이 동일한 점 등 기타 제반 사정이 동경 시절에 제작 혹은 개작한 것으로 지목케 하는 이 유고는, 상의 작품-특히 말기-의 거개擧皆가 멸실된 오늘 극히 귀중한 위치를 점하리라 믿는 바이다. 편자의 목측에서 그의 밀봉이 뜯길 때, 그것이 고인의 많은 말인 양, 감개무량이었음을 말하며. 이상 작품입수 경위를 밝힌다.

미발표 일문 유고는 변동림이 동경에서 가지고 나온 이상의 사진첩 속에 밀봉되어 있었으니 가히 이상 작고 이후 20년 만에 햇빛을 본 셈이다. 미발표 유고 9편은 다음과 같다.

*〈척각隻脚〉〈거리距離〉〈수인囚人이 만들은 소정원小庭園〉〈육친肉親의 장章〉〈내과內科〉〈골편骨片에 관關한 무제無題〉〈街衢(가구)의 추위 〉〈아침〉〈최후〉(임종국,《이상전집 2》).

하지만 미발표 유고 9편은 변동림이 동경의 이상 하숙집에서 수습한 유고의 극히 일부에 지나지 않는다.

오빠가 돌아가신 후 姓(임)이 언니는 오빠가 살던 방에서 장서藏書와 원고原稿 뭉치, 그리고 그림 등을 손수레로 하나 가득 싣고 나갔다는 데 아직 그 행방이 묘연하며(김옥희, 〈오빠 이상〉, 《신동아》).

김옥희는 임이 언니(변동림)가 오빠의 동경 하숙방에서 수습한 유고가 장
서와 원고 뭉치, 그리고 그림 등으로 그 양이 '손수레로 하나 가득'이라고
들려주고 있다. 그 많은 유고는 사라지고 유족에겐 사진첩 속에 밀봉되어
있던 9편의 유고만 덩그러니 남았다니, 대체 어떻게 된 일일까. 김향안(변
동림)은 이렇게 진술했다.

이상은 동경으로 가자마자 매문용賣文用(원고료를 벌기 위한)으로 꽁트Conte식 잡
문을 여러 편 만들었다. 일경日警이 모두 압수했지만, 이 잡문들은 정치적 사연
이 없기 때문에 흐트러진 채로 버려둔 것을 내가 얼마 동안 간직하고 있다가 서
울을 떠나게 될 때 동생 운경雲卿에게 맡겼다(김향안, 〈이젠 이상의 진실을 알리고
싶다〉).

변동림이 유고를 시동생 운경에게 맡긴 것은 그가 황해도 사리원에 있는
광성심상소학교 교사로 부임하던 1939년 초로 추정된다. 하지만 그로부터
17년이 지난 1956년, 임종국이 유족을 찾아갔을 때, 유족에게는 이상의 사

김환기·김향안(변동림) 부부(문학사상사 제공)

진첩 속에 밀봉된 일문 시 9편만 남아 있었다. 그러나 임종국이 유가족의 동의를 받아 《이상 전집》에 수록한 것은 일문 시 9편만이 아니었다.

《이상 전집》은 제1권 창작집, 제2권 시집, 제3권 수필집으로 구성되어 있는데 각 권은 300쪽 안팎의 소책자(4×6판) 크기로, 정가는 900원(제2권은 800원)이고 각 권마다 두 장 이상의 사진과 필적이 실려 있다. 이 대부분의 사진은 이상의 모친 박세창에게서 입수한 것이고 다만 이상이 일본으로 건너가기 직전 서울 흥천사興天寺에서 찍은 사진만 친구 윤태영으로부터 입수한 것이다.

제1권에는 이상의 대표작인 〈날개〉, 〈종생기〉 등 10편이 실려 있다. 말미에 부록으로 '사신록私信錄'이 첨부돼 있다. '사신록'에는 아홉 통의 편지가 실려 있다. 이 가운데 김기림을 지칭하는 'K형兄' 앞으로 보낸 것이 7통, 'K대형大兄'이 1통, 'H형兄'이 1통, 그리고 마지막 하나는 아우 운경에게 보낸 엽서로, 운경의 취직 소식을 듣고 기뻐하면서 늙으신 부모님을 잘 봉양해달라는 당부를 담고 있다.

제2권(시집)에 실린 작품을 일별하면 먼저 〈척각隻脚〉 등 미발표 유고 9편, 〈오감도〉 '시詩 제1호'부터 '시詩 제15호'까지 15편, 또 다른 〈오감도 편〉 8편, 〈무제〉 편의 13편, 〈이상한 가역반응〉 편의 7편, 〈이단易斷〉 편의 5편, 〈3차각설계도〉 편의 7편, 〈위독危篤〉 편의 12편, 〈건축무한육면각체〉 편의 7편 등 모두 83편이 실려 있다. 말미의 부록 편에는 일어 미발표 유고 9편의 원문을 실었다. 제3권(수필집)은 수필 18편을 비롯, 부록으로 이상 연구, 이상 약력, 작품연보, 관계문헌 일람 그리고 임종국 자신이 1955년 12월 《고대문화》에 발표한 〈이상론 1〉이 실렸다.

《이상 전집》은 이상이 생전에 발표한 작품 대부분을 수록한 것은 물론 미발표 일문 시와 사신 그리고 미공개 사진까지 발굴 수록함으로써 처음으로 이상 문학의 규모와 총체성을 어림케 하는 성과를 낸 게 사실이다. 이리한 성과는 전적으로 유족들이 자료를 공개하였기에 가능했던 일로, 훗날 임종국은 유족의 근황을 이렇게 들려준다.

고故 이상李箱의 유가족 되는 분들의 근황을 소개해주었으면 좋겠다는 청탁이 있었지만 곁들여서 그의 가계보를 좀 들추면 본명이 김해경金海卿인 이상李箱은 강릉江陵 김 씨金氏이다.

증조부 학준學俊이 고종 황제 치세하에 도정都正이라는 벼슬을 지나셨고 그 아래로 독자이었던 병복炳福―상箱의 조부祖父는 슬하에 형제를 두시었다.

상箱에게 백부伯父되시는 이가 김연필 씨金演弼氏이니 과거의 조선총독부에 관리를 지나시던 이 분 댁에서 상箱은 성장하여 상이 24세 되던 해에 뇌일혈로 별세하신 후 본가로 돌아왔고 상의 엄친嚴親 김영창 씨는 이발소를 자영하시었다.

상의 백부는 슬하에 1남이 있었으니 문경汶卿, 동란 당시 생사를 모르게 되어버렸고 그 아래로 남매가 모두 성혼하여 오라비는 남매, 누이는 딸 하나의 가정을 꾸미고 있다. 그리고 상의 백모가 아직 생존 중이신데 당년 75. 상을 키우신 분이 바로 이 분이시다.

상에게는 제씨弟氏와 누이동생과의 삼남매였으나 제씨인 김운경 씨는 6·25 이후 생사를 알 수 없고 제수弟嫂도 유명을 달리했으니 소생이 없던 이 계보는 여기서 끊어진다. 상도 또한 결혼한 바 있기는 하나 소생은 없으니, 큰댁에서도 양자로 대 이을 사람이 없어 완전히 절대絶代가 되어버렸다.

상의 엄친이 별세한 것은 상이 동경서 객사하기 하루 전. 그러니까 1937년 4월 26일이고 같은 날 조모님도 별세했으니 이틀 동안 3대가 한꺼번에 이승을 떠난 것이다.

상의 매씨妹氏는 문씨가(병준炳俊)에 출가하여 4남 1녀를 두고 있으며 상箱의 자당慈堂 박세창 씨朴世昌氏가 당년 79세로 유리업계에서 종사하는 사위의 집에서 외

손녀들과 함께 생활하고 계시다. 누이동생은 옥희玉姬. 이 분과 자당慈堂이 상의 직계가족 중 살아계시는 분이며, 이 분들이 포함된 8인가족의 현거지는 고려대학교 앞 제기동祭基洞이다(임종국, 〈유가족의 근황〉).

여기서 문병준이라는 이름이 처음 공개된 게 자못 흥미롭지만 여전히 궁금한 것은 변동림이 운경에게 맡겼다는 나머지 유고의 행방이었다. 그로부터 4년이 지난 1960년, 이상의 미공개 일어 노트가 기적적으로 발견되어 그 일부가 《현대문학》에 전격 공개된다. 한국 현대문학사를 통틀어 전무후무한 일대 사건이었다.

얼마 전 현재 한양공대 야간부에 재학 중인 이연복 군이 낡은 노오트 한 권을 가지고 나를 찾아왔다. 이 군은 초면이었으나 그가 문학청년이며 특히 이상을 좋아하고 있음을 곧 알 수 있었다. 그가 내보이는 노오트는 이상의 일본어 시작 습작장임이 곧 짐작되었다. 그 노오트를 이 군이 발견하게 된 것은 그의 친구인 가구상을 하는 김종선 군의 집에 놀러갔다가 그곳에서 그것을 보게 된 것이었다. 김종선 군의 백씨가 친지인 고서점에서 휴지로 얻어온 그 노오트는 그 집에서 그야말로 휴지로 사용되고 있었던 것으로서 백 면 내외의 노오트가 이미 십분지구十分之九쯤 파손되고 십분지일十分之一쯤이 남아 있었던 것이다. 이 군은 일본어가 서툴렀으나 그곳에 쓰인 문자가 신기함을 느끼고 그 노트를 얻어 와서 《이상 문학전집》과 여러 가지로 대조해 본 결과 그것이 이상의 미발표 유고로 짐작되어 나에게 가져온 것이었다.
내가 받은 이 원고철(백지에 쓰여 있다)에는 〈공포의 기록〉, 〈모색暮色〉, 〈1931年〉 등 그 밖에 6편의 습작이 기재되어 있었다. 이 초고를 내가 검토해 본 결과 이것이 이상의 유고라고 인정되는 점은 다음과 같은 점이다.

① 필체가 이미 그 전집 속에 발표되어 있는 것과 동일하다.

② 작품의 특성이 이상의 그것과 같은 것.

③ 이상이 즐겨 사용하는 '13', '방정식', '삼차각' 등의 용어로서 작품이 구성되어 있는 점.

④ 이상이 일본어로써 시를 많이 습작한 사실.

⑤ 초고 중의 연대가 1932년 또는 1935년 등으로 되어 있는데 이 시기는 이미 발표된 그의 미발표 유고와 시기가 일치되고 있는 점.

⑥ 이와 같은 원고는 타인이 조작하여 창작할 수 없으며 또 그렇게 할 이유가 없는 점.

이상과 같은 이유에서 이것이 이상의 유고임이 거의 분명한 것으로 판정되었다. 위선 그 일부를 김수영金洙暎 씨 역으로 본지에 발표하여 일반의 검토에 제공코저 한다(조연현, 《현대문학》 1960. 11).

'나'는 당시 한양대 국문학과 교수이자 《현대문학》 주간인 문학평론가 조연현이다. 한양대 학생 이연복이 조연현에게 건넨 노트는 100면 내외의 것으로 이미 10분의 9는 없어지고 10분의 1쯤이 남아 있었다. 조연현은 그 노트가 이상의 일어 습작장일 거라는 근거를 조목조목 설명하고 있다. 역사는 필연과 우연으로 이루어진다고 하지만 지금 생각해도 귀신의 장난 같기만 하다. 이 노트가 어떤 경로를 통해 예의 고서점으로 오게 되었는지는 전혀 알 길이 없다. 다만 그 임종국의 코멘트를 통해 이 노트가 이상이 남긴 10여 권의 습작노트 가운데 한 권임을 짐작할 수 있다.

상의 시가 적힌 10여 권의 대학 노우트는 처남 B씨의 소장하는 바이었으나, 오늘날의 씨의 생사를 모르니 행방을 알 수 없고, 근래 기적적으로 발견된 그 일부가 《현대문학》지에 게재된 일이 있다(임종국·박노평, 〈이상 편〉, 《흘러간 성좌》).

B씨는 이상의 처남 변동욱이다. 변동림은 이상의 장례를 치른 후 노트 10여 권을 오빠 변동욱에게 맡겼으나 변동욱은 한국전쟁 당시 행방불명되고 만다. 추측컨대 이 노트들은 주인(소장자)을 잃고 한국전쟁의 화염 속에도 용케 건재하다가 어느 고물상의 눈에 띄어 이연복의 친구 김종선의 친지가 운영하는 고서점으로 흘러들어갔으며, 휴지로 사용하기 위해 얻어온 한 권의 노트가 요행히 이연복의 눈에 띄어 빛을 보게 된 것은 천우신조라는 말 외에는 설명할 길이 없다.

조연현은 이 노트에 적힌 일어 습작시 일부를《현대문학》(1960. 11)에 번역, 공개한다. 번역자는 시인 김수영이었다. 조연현이 번역할 시를 지정해 주었는지, 아니면 김수영의 안목에 전적으로 맡긴다는 전제하에 노트 전체를 맡겼는지는 알려지지 않았다.《현대문학》에 공개된 일어 원문은 제목노 없이 모두 7행으로 된 이상 특유의 아포리즘적 시구에 해당하는데《현대문학》은 각각의 시구에 ☆를 붙여 소개했다.

☆

손가락 같은 여인이 입술로 지문指紋을 찍으며 간다. 불쌍한 수인囚人은 영원永遠의 낙인烙印을 받고 건강을 해쳐 간다.

조연현(1920~1981).

☆

같은 사람이 같은 문으로 속속 들어간다. 이 집에는 뒷문이 있기 때문이다.

☆

대리석大理石의 여인이 포오즈를 바꾸기 위해서는 적어도 살을 깎아 내지 않으면 아니 된다.

☆

한 마리의 뱀은 한 마리의 뱀의 꼬리와 같다. 또는 한 사람의 나는 한 사람의 나의 부친父親과 같다.

☆

피는 뼈에는 스며들지 않으니까 뼈는 언제까지나 희고 체온이 없다.

☆

안구眼球에 아무리 해도 보이지 않는 것은 안구뿐이다.

☆

고향故鄉의 산山은 털과 같다. 문지르면 언제나 빨갛게 된다.

이 〈무제 7행〉을 포함해 《현대문학》이 5회에 걸쳐 김수영 번역으로 게재한 작품목록은 다음과 같다(괄호 안은 게재 시기).

〈무제 7행〉(1960. 11)

〈1931년(작품 1번)〉 〈얼마 안 되는 변해辨解〉 〈무제〉 〈무제〉 〈이 아해들에게 장난감을 주라〉(1960. 12)

〈모색暮色〉 〈무제〉 〈구두〉(1961. 1)

〈어리석은 석반夕飯〉 〈습작習作〉 〈쇼윈도 수점數點〉(1961. 2)

〈무제〉 〈애야哀夜〉 〈회한悔恨의 장章〉(1966. 7)

조연현은 1960~61년까지 시인 김수영에게 이상의 일문 노트에 적힌 작품을 번역 의뢰했다. 그러다 5년이 지난 1966년 7월호에 김윤성 역의 〈 〉(아무 제목 없는 '무제')와 김수영 역의 〈애야哀夜〉, 그리고 일어 원문 〈회한悔恨의 장章〉 등 모두 3편을 싣는다.

이처럼 이상의 텍스트가 《현대문학》에 의해 발굴, 공개되고 있던 1975년 서지학자 백순재白淳在가 조선총독부 발행의 잡지 《조선朝鮮》(1930년 1월호부터 12월호까지 9회 연재)에서 이상의 첫 작품이자 유일한 장편 《12월 12일》을 발굴해 문단을 뒤흔든다.

《문학사상》은 즉각 《12월 12일》을 입수해 1975년 9~12월호에 걸쳐 독점 연재한다. 《12월 12일》은 그동안 이상의 처녀작으로 알려진 일문 시 〈이상한 가역반응〉 연작(《조선과 건축》, 1931. 7)보다 1년 5개월 전에 발표된 것이다. 《12월 12일》이 《조선》 한글판에 실린 경위에 대해 백순재는 "당시 발표 기회도 적은데다 이 잡지에 관계하고 있던 시인 이해문 씨와의 교분 관계 때문일 것"이라고 추측했다. 《12월 12일》은 이상이 20세 때 서울 의주통 건축공사장에 있을 때 쓴 것으로, 《문학사상》 이어령 주간은 《12월 12일》의 의미를 이렇게 부여했다.

첫째, 지금까지 이상 문학에 대해 가졌던 기본 도형, 즉 그가 시로서 문학을 시작했다가 소설로 옮겨갔다는 견해는 수정되어야 한다. 둘째, 《12월 12일》은 리얼리즘에 입각한 전통적인 소설 형식을 가지고 있다. 즉 〈날개〉를 비롯하여 1936년에 한꺼번에 발표한 그의 소설이 보여주는 감각적인 이미지와 메타포리컬한 문체와는 달리 사실寫實 지향의 평탄한 문장으로 기술되었다. 작품의 문체가 그렇듯이 그의 유니크한 '의식의 흐름'과는 대조적으로 스토리 중심이다. (중략)
셋째, 이상의 소설들은 한결같이 '여자'와 '나'와의 단절관계에 시각을 맞추고 있는데 《12월 12일》은 '가족'과 '나'와의 단절관계를 그리고 있다. 이것은 그의 의

식의 미분화 상태를 의미한다. 다음에 이상은 '여자'와 '나'와의 관계로 이행해
간 것이다.

넷째, 시간의 지속 문제를 든다. 이 작품에서는 '12월 12일'이라는 임의의 시간
이 세 번 등장한다. 그것은 과거의 시간을 과거에서 끝나게 버려두지 않고 현대
의 시간 속으로 이입시키기 위한 작가의 조작이다.

다섯 째, '12월 12일'이란 제목이 가지고 있는 숫자의 조작성이다. '33번지 18가
구', '4자의 방위학', '카페 69' 등 이상을 따라다닌 숫자들을 관찰할 때 거기서
공학도였던 이상이 숫자를 수數 개념에서 파악하지 않고 숫자를 사물화하여 직
관을 투입했다는 사실이다.

여섯 째, 이 작품은 매우 정상적인 도덕관 위에서 씌어졌다는 점이다. 주인공
'K'는 이상의 후기 소설에 등장하는 도덕적으로 비정상적인 인물들과는 크게
다르다. 따라서 《12월 12일》을 통해 이상 문학의 출발점을 볼 수 있으며 동시에
그 문학의 뿌리를 감지할 수 있다. 《12월 12일》은 이상 문학의 발생을 알리는
'언어의 화석化石' 같은 작품이다(《동아일보》 1975. 8. 6).

《12월 12일》이 공개된 이듬해인 1976년 《현대문학》 주간 조연현은 이상
의 일문 노트의 텍스트를 어찌된 일인지 《문학사상》으로 옮겨 발표한다.
조연현이 경쟁지라고 할 《문학사상》에 이상의 일문 노트에 적힌 텍스트를
공개한 이유나 소회는 그 자신이 쓴 〈미발표 이상의 유고 해설〉을 통해 어
림해볼 수 있다.

본지(《문학사상》-인용자)에 소개하는 이상의 일문 유고는 1960년에 입수하여 그
일부를 《현대문학》(1960년 11월부터 익년 1월호)에 발표하고 그 나머지를 내가 보
관하고 있었던 것이다. 원고가 산란하여 문맥의 연결을 맞추기 어려운 몇 편만

은 그대로 나에게 남아 있다. 이번에 소개하는 것 중에도 문맥을 찾기 어려운 것이 몇 개는 들어 있다.(중략) 이 유고를 넘기면서 이것이 일문이 아니고 국문으로된 것이었다면 얼마나 더 좋았을까 하는 생각이 들었다(조연현, 〈미발표 이상의 유고 해설〉).

조연현의 진술은 그 자신이 이상의 일문 유고에 대해 더 이상 흥미를 잃은 나머지 후속 게재를 《문학사상》에 넘겼을 개연성을 시사한다. '문맥의 연결을 맞추기 어려운 몇 편'이라는 진술이 그것이다. 《문학사상》 1976년 6월호에 유정柳呈 번역으로 실린 네 편은 다음과 같다.

〈회한의 장〉〈단장斷章〉〈습작 쇼우윈도우 수점〉〈황獚〉

그런데 이들 작품은 이미 《현대문학》 1966년 7월호에 실린 텍스트이다. 편집과정에서 실수를 범한 것이다.

다만 상편(1976. 6)에서 〈회한의 장〉, 〈단장〉, 〈습작 쇼우윈도우 수점〉, 〈황獚〉 네 편이 미발표 시로 소개되었는데 이것은 위본僞本 제공자와 역자가 기 발표분에 표시해 놓은 것을 착각한 데서 비롯된 실수이다(《문학사상》 1976. 7.).

조연현은 《문학사상》에 10년 전 《현대문학》에 실었던 네 편을 포함해 미발표 일어 습작시를 건넸는데 편집자가 기 발표분 표시를 잘못 이해해 결과적으로 중복게재하고 만 것이다. 그 실수를 만회하듯 《문학사상》은 1976년 7월호에 유정 번역으로 이상의 미공개 일문 시 9편을 새로 공개한다. 목록은 다음과 같다.

〈첫 번째 방랑〉(장문의 여행기), 〈각혈의 아침〉(1933. 1. 20), 〈황獷의 기記(작품 제2번)〉, 〈작품 제3번〉, 〈여전준일與田準一〉(요다 준이치·1930년대 일본의 동요시인-역자 주), 〈월원등일랑月原橙一郎〉(츠키하라 도이치로·1930년대 일본의 현대시인), 〈불쌍한 계승繼承〉(미발표 소설)

하지만 조연현은 이상의 일어 습작노트에 대한 완역을 매듭짓지 못하고 1981년 11월 24일 별세하고 만다. 이제 조연현의 유업은 미망인 최상남 여사에게 넘어간다. 최상남은 부군 사후 5년 만인 1986년 《문학사상》 10월호에 이상의 노트에 적힌 나머지 일문 텍스트를 직접 번역해 공개한다. 목록은 아래와 같다.

〈공포의 기록(서장)〉 〈공포의 성채〉 〈야색夜色〉

이를 끝으로 이상의 일문 습작노트에 적힌 더 이상의 텍스트는 지금까지 번역 공개되지 않고 있다. 습작노트에 남아 있는 나머지 일어 메모는 문학적 텍스트로 취급하기 어려운 난삽한 상태이다.

최상남 여사의 배려로 이상의 일문 습작노트를 직접 살펴본 평론가 김윤식에 따르면 노트는 모두 64장이다. 페이지 숫자가 매겨지지 않은 상태의 면수로 따져 64장이라는 것인데, 일문은 일본식 표기인 세로쓰기로, 왼쪽에서 오른쪽으로 적혀 있고 구두점과 띄어쓰기 역시 일본식 표기법을 따르고 있다. 지질은 대학노트 크기의 방안지로, 네모난 칸이 촘촘히 박힌 건축설계용 노트이다. 제일 짧은 것은 두 행으로 된 〈여전준일與田準一〉이며 가장 긴 것은 〈第一の放浪〉(첫 번째 방랑)으로 모두 10장이다.

김윤식은 이상 탄생 100주년 기념 특별기고인 〈이상의 유고 소개 및 번역 경위와 그 문제점〉(《서정시학》 2010년 봄호)에서 "조연현 씨 소장의 이상 유고는 김수영 씨의 〈작품 1번〉에서 김윤성 씨의 번역을 거치고 유정 씨의 〈황獷의 기記-작품 제2번〉과 〈작품 제3번〉이 역출되었고 최상남 씨의 〈야색〉(산문)으로 총 64편의 유고가 거의 마무리되었다고 볼 것이다"라고 쓰고 있다. 나머지는 거의 판독 불능 및 문맥 부재로 어찌해 볼 도리가 없다는 것이다.

제3자의 심한 낙서로 인해 판독 불능인 문장들이 그것인데 여기엔 조연현이 유고의 여백에 서툰 문체로 메모를 한 흔적 등이 포함되어 있다. 하지만 이상의 노트를 직접 본 사람은 극소수일 뿐이다. 이상의 노트는 해석 불능 혹은 여러 가지로 해석될 소지가 있는 단어들이 무작위로 포진되어 있는 것으로 알려지고 있다. 하지만 그렇기 때문에 학계나 일반에 공개되어 그 전모에 대한 접근이 이루어져야 할 것이다.

|

정인택의 사소설과 이상의 유고

이상 유고의 행방을 거론할 때 빠뜨릴 수 없는 또 하나의 인물이 정인택 (1909~1952)이다. 1930년 1월《중외일보》현상공모에서 사회주의자의 좌절과 전향을 다룬〈준비〉(1930. 1. 11~16 연재)가 2등 당선되어 문단에 나온 정인택은 본격적인 작품 활동을 하던 1939~1941년 이상, 최명희, 허준 등 당대 문인들의 자의식을 자신에게 내면화한 작품들을 발표해온 이른바 메타 픽션 혹은 사소설 류類의 작가이다.

정인택은 소설뿐 아니라 산문을 통해서도 이상에 대한 많은 회고담을 남겼다. 산문〈꿈〉(《박문》 1938. 11),〈축방〉(《청색지》 1939. 5),〈불상한 이상〉(《조광》 1939. 12),〈고독〉(《인문평론》 1940. 11),〈신록잡기〉(《춘추》 1942. 5)가 그것이다.

1909년 9월 12일, 서울 안국정安國町에서 태어난 정인택은 서북학회 회장이자 《경성일보》주필을 지낸 정운복의 차남으로 1920년 부친을 여읜 뒤 일본의대를 졸업한 의사였던 형 정민택의 보호 속에서 성장한다. 경성 제일고보 1학년 때 같은 반이었던 박태원·조용만과 문학서클을 조직해 문학에의 꿈을 키워간 그의 학적부엔 졸업 후 희망이 '내지 유학', 즉 일본 유학으로 적혀 있다.

1927년 경성제국대학에 입학하지만 곧 중퇴한 그는 1930년《중외일보》

를 통해 등단하지만 작품 활동을 하지 않고 1931년 동경으로 건너간다. 하지만 정규 학교에 다니지 않은 채 1934년 귀국한 그는 1939년 4월까지《매일신보》학예부 기자로 재직한다.

1935년 8월 29일 이상이 경영하던 카페 '쓰루鶴'의 여급이었던 권순옥과 결혼한 그는 이상이 사망한 후 이상의 사생활과 연애담, 애정도피 행각 등을 소재로 하거나 문체까지 흉내 낸 〈준동〉(《문장》 1939. 4), 〈미로〉(《문장》 1939. 7), 〈업고〉(《문장》 1940. 7), 〈우울증〉(《조광》 1940. 9), 〈여수〉(《문장》, 1941. 1), 〈고드름〉(《조광》 1943. 3) 등을 발표한다. 이 작품들은 이상과 안해(아내)의 생활, 누이 김옥희의 만주행을 직접적 내용으로 하여 하나의 연작소설로 연결된다는 점에서 허구와 실재 사이의 문제를 제기할 뿐 아니라 그 텍스트가 이상의 유고에서 직접 인용되었거나 변용되었을 가능성을 추론케 한다.

그중에서 이상의 유고를 직접 언급한 작품은 이상 사후 4년 만인 1941년 1월《문장》에 발표한 단편 〈여수旅愁〉이다.

생각하니 김 군이 세상을 떠난 지 벌써 일 년이 지났다. 그러니까 두 자 길이가 넘는 김 군의 유고 뭉치를 내가 맡아 간직한 지도 이미 한 해가 넘는 셈이다. 살릴 길 있으면 살려주어도 좋고 불살라버리거나 휴지통에 넣어도 아깝게 생각 안 할 터이니 내 생각대로 처치하라고─그것이 김 군의 뜻이었노라고 유고 뭉치를 내게 갖다 맡기며 김 군의 유족들은 이렇게 전했었다. 그 유고 속에는 김 군이 삼십 평생을 정진하여온 문학적 성과가 모조리 들어 있었다. 장편 단편 합하여 창작만이 이십여 편, 시가 사백 자 원고지로 삼사백 매, 그리고 일기, 수필, 감상 나부랭이는 부지기수였다(정인택, 〈여수旅愁〉 '작가의 말' 일부).

정인택은 〈여수〉의 '작가의 말'에서 "김 군이 세상을 떠난 지 일 년이 지났으며 유고 뭉치를 자신이 맡아 간직한 지도 이미 한 해가 넘었다"면서 "장편 단편 합하여 창작만이 이십여 편, 시가 사백 자 원고지로 삼사백 매, 그리고 일기, 수필, 감상 나부랭이는 부지기수"라고 언급함으로써 이상 유고의 존재와 그 분량에 대한 무수한 추측을 낳았다. 정인택의 진술은 사실일까, 아니면 소설적 관심을 끌기 위한 창작기법에 불과한 것일까. '작가의 말'은 허구를 위한 허구였을까. 아니면 실제와 어떤 개연성이 있는 것일까.

이상의 유고를 둘러싼 이 같은 의혹을 풀기 위해 전후관계를 살펴볼 필요가 있다. 이상 사후 이상의 문우들은 이상에 대한 추모의 글을 앞다퉈 발표하고 있었다. 박태원의 〈이상 애사〉(《조선일보》 1937. 4)와 〈이상의 편모〉 《조광》 1937. 6), 김기림의 〈고 이상의 추억〉(《조광》 1937. 6) 등이 그것이다. 하지만 문우들이 이상의 죽음을 애도할 때, 정인택은 애도의 대열에 끼지 않았다. 그러다 1년 6개월의 시차를 두고 이상에 대한 짧은 산문을 〈꿈〉 《박문》 1938. 11)이라는 제목으로 발표한다.

도동渡東을 하루 앞두고 하룻날 밤 이상이는 배갈에 취하여, "자네는 분糞일세" 했다. 생활이고 예술이고 간에 내가 한 개의 전기轉機에 부딪힐 때마다 이상이는 아무 소리 없이 이렇게 나를 매도할 뿐이었다. 그러면 그것이 나에게는 준엄한 꾸지람같이도 들리고 격려같이도 들리어 허둥지둥, 그 여윈 털보의 얼굴을 야소耶蘇 얼굴과 흡사하다고 생각하고 마는 것이다.

흐트러진 머리와 찢어진 '샤쓰'와 '골덴' 양복이 눈앞에 선하다. 좀먹어가는 몸으로 미친개같이 거리를 쏘다니며 술 마시고 떠들고 격려하고—경성의 미관을 위하여 우중충하고 우울하기 없는 존재였으나, "나 내일 동경 가네" 할 적엔 내 주위에서 이상이를 아주 잃는 듯하여 무척이나 서운하였다. (중략) 경성을 떠날 적엔 그래도 그 꼴에 새 옷 입고 머리 깎고 구두까지 닦아 신었다. (중략) 나는 일어날 생각도 없이 다시 이불을 뒤집어쓰고 이상이가 죽었다는 통지를 받은 날 "이상이가 하다 남긴 일, 제가 기어코 일우겠습니다"라고 편지 쓴 것을 생각하고, 그 꿈이나 또 한번 꾸고 이상이가 하다 남긴 일이 무엇인가를 곰곰 생각하였다. 그러나 결코 이상이 같이 자주 꾸고 싶은 꿈은 아니다(정인택, 〈꿈〉).

〈꿈〉에는 "길 가는 사람들이 모두 한 번씩은 발을 멈추고 희한하다는 듯이" 쳐다보는 장면이 나온다. 그 장면은 "한없이 쌀구루마 뒤를 따라가며 한 알씩 두 알씩 쌀섬에서 흐르는 쌀알을 주워 주머니에 넣고 넣고" 하는 이상한 행동으로 묘사된다. 그러나 이 꿈은 "어쩌면 이상이 그런 꿈을 꾸었을지도 모른다"는 가정하의 꿈 이야기로 그 주된 내용은 정인택 자신이 생전의 이상에게서 느낀 강박이다. 그렇기에 〈꿈〉에서는 이상에 대한 추모나 애도보다 오히려 이상에 대한 애증이 느껴진다. 그가 이상에 대한 애도의 글을 발표한 것은 그로부터 1년이 지난 《소광》 1939년 12월호의 〈불상한 이상〉이다.

"더운 물 한 모금 길어줄 사람은 어디 있소. 다시는 고향 땅 밟지 못하고 이대로 죽나보오. 억울한 일이오."
이런 엽서를 받은 지 며칠 되지는 않으나 역시 한 개의 수사修辭요, 과장으로 생각하였고, 무슨 신앙과도 같이 나는 이상의 기사회생을 믿고 있었던 것이다.

—
정인택(1909~1952).

지금 생각하면 그것은 한 개의 어리석은 기원인 상 싶기도 하다.

겨우 정신을 가다듬어 일어나서 세수를 하고 밥상을 대하니 비로소 눈물이 펑펑 쏟아져서 나는 남부끄러운 줄도 모르고 한참 동안을 흐느껴 울었다. 그리고 젊은 미망인에게 이런 회답을 썼다.

─이상이가 하다 남긴 일, 제가 기어코 이루겠습니다. 지난 봄 이상이 그 야윈 어깨에 명재경각命在頃刻의 저를 짊어지고 밤 깊은 종로거리를 헤매던 일, 제가 어찌 잊겠습니까. (중략)

이런 생활을 거듭하며 술만 먹으면 항상 너털웃음을 치는 이상李箱이라, 또 그것이 결코 자조自嘲 같지도 않은지라, 모다들 돌아서선 그 생활을 비난하고 그의 심중을 헤아리지 못하야 쩔쩔 매는 것이나, 혼자 남어있을 때의 이상이 얼마나 고독해하고 슬퍼하고 하는지를 잘 아는 나는 아모 말없이 그가 하자는 대로 가치 술 먹고 가치 떠들고 가치 쏘다니고─나는 애써 이상에게 충고나 격려의 말을 하지 않고 가장 그의 나쁜 동무가 되려고 노력했다(정인택, 〈불상한 이상〉).

정인택은 동경으로 떠나는 이상을 변동림과 함께 서울역에서 배웅한 인물이다. 늙고 병든 부모와 몰락한 가문을 뒤로 하고 동경행을 택한 이상을 그는 진심으로 격려한다. 그런 만큼 이상의 급작스런 죽음은 그에게 커다란 충격으로 다가왔다. 젊은 미망인(변동림)에게 보낸 편지에서 그는 이상의 요절을 두고 "그가 하자는 대로 가치 술 먹고 가치 떠들고 가치 쏘다닌" 것이 자신의 탓인 양 가슴 아파하면서 급기야 "이상이가 하다 남긴 일, 제가 기어코 이루겠습니다"라고 맹세하기에 이른다. 이 편지를 보낸 직후, 정인택은 '이상이가 하다 남긴 일'을 자신에게 부과하기 위해 젊은 미망인(변동림)으로부터 이상의 유고를 건네받았을 가능성이 있다. 〈여수〉의 '작가의 말'은 이렇게 이어진다.

지금부터 한 달포 전, 나는 우연한 기회에 벽장 속에서 다시 그 유고 뭉치를 찾아내고 스스로 부끄러움을 금치 못하여 얼굴을 붉혔다. 죽은 벗의 뜻을 저버림이 이보다 심할 수 있으랴. 죽은 벗의 믿음을 배반함 이보다 더 할 수 있으랴. 나는 혼자서 백 번 얼굴을 붉혔다. 그날부터 열흘 동안 나는 그 수많은 유고를 샅샅이 뒤지고 샅샅이 읽었다. 그렇다고 지하의 김 군의 조소를 면할 수는 없었지만. 그 유고 뭉치 속에서 나를 가장 감격시킨 것이 이 한 편의 소설의 골자가 된 일기이다. 아니 그것은 완전한 일기랄 수도 없는 순서 없이 씌어진 한 개의 '노트'에 불과할지도 모른다. 다른 원고에서는 그렇게도 찬찬함을 보이던 김 군이 이 글에 이르러는 무슨 커다란 충격을 억제할 수 없었음인지 두서도 확연치 않으려니와 글씨조차 어지러워 심지어는 아무리 해도 뜯어볼 수 없는 대목까지 한두 군데가 아니었다. 이것이 첫째로 내 호기심을 끌었다. 나는 그 노트를 그야말로 단숨에 다 읽고 말았다. 나는 그때 얻은 감격을 지금 이 글을 쓰는 이 순간까지 잊을 수가 없다(정인택, 〈여수〉 '작가의 말' 일부).

'작가의 말'에 등장하는 '노트'의 상태에 관해서는 분별력이 요구된다. "두서도 확연치 않으려니와 글씨조차 어지러워 심지어는 아무리 해도 뜯어볼 수 없는 대목까지 한두 군데가 아니었다"라는 대목은 하나의 단서가 될 수 있을 것이다.

유고 뭉치 속에서 그를 가장 감격시킨 것이 "이 한 편의 소설의 골자가 된 일기"인데 이 일기는 "완전한 일기랄 수도 없는 순서 없이 씌어진 한 개의 '노트'에 불과하다"는 그의 진술은 "원고가 산란하여 문맥의 연결을 맞추기 어려운 몇 편만은 그대로 나에게 남아 있다. 이번에 소개하는 것 중에도 문맥을 찾기 어려운 것이 몇 개는 들어 있다"(조연현, 〈미발표 이상의 유고 해설〉)라는 말과 일맥상통한다.

이러한 정황은 정인택이 보았다는 노트가 조연현의 수중에 들어온 일어 습작노트의 상태와 비슷하다는 것을 말해준다. 이로 미뤄 정인택이 이상의 일어 습작노트를 비롯한 유고 뭉치를 변동림에게서 건네받았을 것이라는 추측은 유효하다. 그는 '이상이가 하다 남긴 일'을 자신이 마저 마무리하겠다는 일념으로 이상의 유고를 검토하기 시작했을 것이다. 그러나 유고들은 그 필체가 난삽할 뿐더러 완성된 문장도 아니었다.

그는 유고를 읽어나가는 동안 첨삭과 가필을 스스로에게 용인하여 자신의 이름으로 '김 군'의 미완성 유고를 완성해 발표할 용단을 내렸을 공산이 크다. 이제 정인택은 이상의 유고를 토대로 자신이 알고 있는 이상과 결부된 이야기들을 소설이라는 미명하에 풀어가면서 실제를 왜곡하기 시작한다.

일 년이 넘도록 입때껏 생사조차 알리지 않는 것은 너머도 무심하다고 그러나 겨우 제 길 찾어든 사람을 꾸짖고 싶지도 않고 나무라고 싶지도 않고 다만 속으로 더욱 가까이 느낄 따름이요 물구나무서서 용용 죽겠지 하는 꼴이 눈에 선하니 정말이지 생사만이라도 좀 알고 싶고나 알고 싶고나……(정인택, 〈축방〉).

정인택이 1937년 5월 15일 치러진 이상과 김유정의 합동영결식을 몰랐을 리 없다. 이미 〈꿈〉에서 이상의 죽음을 언급했지 않았던가. 그런 그가 이상 사후 1년이 넘도록 "정말이지 생사만이라도 좀 알고 싶고나"라고 간절함을 토로한 데는 이상의 죽음을 인정하고 싶지 않은 그 자신의 간절함의 반영일 것이다.

정인택은 이상의 유고 소설 〈환시기〉의 주인공이기도 하다. 동경 시절, 이상이 쓴 〈환시기〉는 이상의 연인이었던 권순옥이 정인택의 자살 소동으로 인해 그의 아내가 되는 과정을 소상히 진술하고 있다. 그런데 〈환시기〉를 《청색지》에 소개한 인물이 정인택일 가능성이 있다. 그의 도움 없이 유족의 힘만으로는 이상의 유고를 매체에 발표하기란 버거운 일이기 때문이다.

생전의 이상은 〈산촌여정〉(《매일신보》 1935. 9. 27~10. 11)을 정인택에게 보낸 적이 있다. 뿐만 아니라 이상은 동경에 가서도 정인택에게 작품을 보냈다. 이상이 동경에서 쓴 동화 〈황소와 도깨비〉(《매일신보》 1937. 3. 4~9)와 〈공포의 기록〉(《매일신보》 1937. 4. 25~5. 15)이 그것이다. 이에 근거하면 문우들이 이상에 대한 애도의 글을 발표하고 있을 때 정인택은 이상이 남긴 유고들을 여러 매체에 소개하는 일을 맡았을 가능성이 있다. 유고로 발표된 이상의 작품은 다음과 같다.

1937년: 수필 〈슬픈 이야기〉(《조광》 1937. 6) 시 〈파첩〉(《자오선》 1937. 11)

1938년: 시 〈무제〉(《맥》 1938. 10) 소설 〈환시기〉(《청색지》 1938. 6) 수필 〈문학과 정치〉(《사해공론》 1938. 6)

1939년: 시 〈무제〉(《맥》 1939. 2) 소설 〈실낙원〉(《조광》 1939. 2) 〈실화〉(《문장》 1939. 3) 〈단발斷髮〉(《조선문학》 1939. 4) 〈김유정〉(《청색지》 1939. 5) 수필 〈병상 이후〉(《청색지》 1939. 5) 〈동경〉(《문장》 1939. 5) 〈최저낙원〉(《조선문학》 1939. 5)

이상 유고는 1939년 5월 〈김유정〉 등 2편이 《청색지》에, 〈동경〉이 《문장》에, 〈최저낙원〉이 《조선문학》에 각각 게재되면서 정점을 찍는다. 정인택은 그제야 자신의 소임을 다했다는 생각에 한숨을 돌렸을 것이다. 하지만 정인택의 수중엔 또 다른 유고가 남아 있었을 가능성이 있다.

학계에서는 이를 근거로 정인택이 이상의 나머지 유고를 표절하거나 변용하여 소설을 썼을 가능성을 배제하지 않고 있다. 박태원에 따르면 이상은 동경으로 떠나기 전, 정인택에게 "다시 〈오감도〉나 〈날개〉를 쓰는 일 없이 오로지 정통적인 소설을 창작하리라 하였다"(박태원, 〈이상의 편모〉)라고 말했다고 한다.

하지만 이상은 동경에서 일제의 연행과 감금 그리고 폐병에 시달린 나머지 새로운 창작방법을 모색할 기회마저 봉쇄되었다. 그렇기에 정인택은 이상의 유고들을 검토하는 과정에서 자신이 이상의 뒤를 이어 이상의 자의식을 내면화한 작품들을 집필하기로 결심했을지도 모른다. 정인택의 작품이 이상 사후에 눈에 띄게 늘어난 것은 이와 무관치 않다.

정인택의 작품은 1930년 〈나그네 두 사람〉(《매일신보》 연재)을 시작으로 모두 4편, 1936년 1편이던 것이 이상 사후인 1939년 9편, 1940년 8편, 1941년 6편, 1942년 3편, 1943년 2편 등으로 크게 늘어난다. 작품량의 급격한 증가는 그가 이상의 죽음을 통해 작가로서의 의식을 더욱 자극받았음을 보여준다.

이상이 즐겨 쓴 문체를 답습하거나 사소설적 형상화를 통한 정인택의 이상 문학 수용은 일종의 코스프레(흉내 내기)라는 측면에서 오히려 당연할 수 있다. 하지만 〈여수〉의 '작가의 말'은 코스프레를 뛰어넘어 이상 텍스트의 진위에 대한 혼란을 가중시킨다.

이 글을 세상에 발표하는 것은 혹은 김 군의 본의가 아닐지도 모른다. 그러나 이미 내 어리석음을 알고 이 글을 맡기고 간 김 군인지라 새삼스러이 노할 리 없고 웃고 말아줄 것이다. 더구나 성불한 지금에 있어서 이 탁세에 김 군이 남겨놓을 무슨 은원恩怨이 있으랴. 한 편의 소설을 만들기 위하여 군데군데 가필도 했고 내 투의 글로 뜯어고친 데도 적지 않으나 되도록은 원문을 그대로 살리려고 애썼다. 그러니까 정말 이 소설의 작자는 내가 아니오 김 군일 것이다. '작자의 말'이라 하여 군혹을 부친 것은 그렇다면 무척 외람된 일인지도 알 수 없다(정인택, 〈여수〉 '작가의 말' 일부).

정인택은 "군데군데 가필도 했고 내 투의 글로 뜯어고친 데도 적지 않으나 되도록은 원문을 그대로 살리려고 애썼다"고 밝히고 있다. 이 말이 사실이라면 이상의 유고를 어떤 형태로든 〈여수〉에 녹여냈다는 의미가 된다. 과연 그럴까.

오늘은 대체 어디서 자야 하나, 오늘 하루만은 꾹 참고 더 이 어두컴컴한 가게방에서 자야 할까—그러자 나는 문득 10여 일 전에 아무 말도 없이 홀연히 집을 나간 안해를 생각하였다. 안해를 생각하자 지난 1년 동안의 안해와의 썩어진 생활이 일순 굉장한 속도로 머릿속을 스치며 지났다. 안해가 황해도 산골에서 나를 믿고 나를 따라 쫓아 올라온 것은 이 다방을 시작한 지 한 달도 못 되어서였다. 생각도 안했던 안해가 뜻밖에 내 품으로 뛰어들자 나는 전부터 의가 맞지 않던 늙으신 어머니와 성년한 누이와 아주 의를 끊다시피 하고 이 어두컴컴한 가게방 속에 둘이서만 처박히고 말았다. 그리하여 안해의 품속에서만 완전히 1년—나는 가족들뿐 아니라 세상과도 완진이 인연을 끊고 지내왔다. 그 안해가 무슨 때문이지 표연히 종적을 감춘 지 열흘—이나 열하루, 그 밖에 안 되는 오늘 나는 이 다방을 어떤 시골 청년에게 그대로 넘기고 만 것이다. 그것이 아무리 생각해도 우연같이는 생각되지 않고, 역시 안해와 무슨 인연이 맺어진 듯만 싶어, 그러면 역시 내 마음 속에는 아직도 부정한 안해에 대한 애착이 남아 있어 그 때문에 안해의 체취가 배어 있는 이 다방을 내 옆에 남겨놓고 바라보기가 싫어, 헐값으로 허둥지둥 팔아버린 것이라고 두 번 고쳐 생각해도 그런 마음이 잠재해 있는 것으로만 꼭 그렇게만 생각되어 나는 아무도 보는 사람은 없었고, 누가 옆에 있다 치더라도 마음속까지야 설마 들여다보랴마는 누구에게 들려나 주려는 듯이 자조의 빛을 뚜렷이 나타내고 혀를 끌끌 차보는 것이나 그래도 그것을 전연 거짓말이라고는 할 수 없어서 나는 쓰디쓴 일종의 쾌감조차 느끼며 몇 번이고 그 생각을 몰래 되풀이해보는 것이다(정인택, 〈우울증〉 일부).

〈우울증〉은 안해(금홍)의 가출로 고독감에 휩싸인 채 급기야 다방 '제비'를 처분하기에 이른 이상의 심리가 반영된 작품이다. 그렇더라도 '전부터 의가 맞지 않던 늙으신 어머니와 성년한 누이와 아주 의를 끊다시피'라는 표현은 "한창 자유연애가 새로운 사조로 여겨지던 속에서도 우리들을 향한 윤리관은 항상 좀 봉건적으로 엄했던 터요, 그러나 모든 일에 신학문인 다운 관용으로 대해주셨다"거나 "일본에 건너가서까지 동생들에게 부친 편지에도 늘 빼놓지 않고 부모님과 집안 걱정을 해 오시곤"(《오빠 이상》) 했다는 옥희의 진술을 참고할 때 지나치게 작위적인 냄새를 풍긴다.

"안해의 체취가 배어 있는 이 다방을 내 옆에 남겨 놓고 바라보기가 싫어, 헐값으로 허둥지둥 팔아버린 것"이라는 대목도 실제에 있어 집 주인인 일본인에게 월세를 내지 못하는 극심한 경영난으로 인해 다방을 정리한 상황과도 거리가 있다.

"오늘 아침에 사실은 자네 매씨를 만났지."

"순힐?"

나는 깜짝 놀라 되물었다.

"응. 그래서 자네 얘길 다 들었지…… 왜 순희씨가 뭐 어쨌나?"

"순희가 입때 경성에 있었나?"

"경성에 있었나, 라니?"

"응, 아니."

아차—속으로 나는 외치고 가늘게 말없이 얼마 동안 박 군의 얼굴을 바라보았다. 남의 일이라면 10년 후까지도 빠안히 내다보면서 제 일엔 왜 저렇게 돼지같이 둔감할고, 순희는 이미 자네 마음 곁에서 사라진 지 오래여. 광년으루 계산해두 미치지 못할 만큼 머언 거리가 생기고 만 것일세. 순희의 자네에게 대한 호의는 결국 오라비의 동무라는 점뿐이었다네. 자네는…… 그러나 말끝을 흐리는 것쯤으로 이 말초신경 덩어리 같은 박 군을 속일 수는 없으리라 생각하고 나는 마치 내 자신이 무슨 중대한 선고 앞에 선 양으로 오들오들 마음을 떨며 "순희는 사랑을 위해 몸을 바치겠단다네, 내게는 그저께 밤차루 신경으루 떠난대드니……"
처음 박 군은 뜨끔한 듯이 얼굴빛까지 변하더니 다음 순간 억지로 냉정을 가장하고 내가 말을 계속하는 동안 여전히 얼굴을 쳐들고 있었으나 떨리는 손으로 담배를 꺼내어 언제까지든지 주무르고만 있었고 입에 물려하지 않는 것은 역시 마음에 커다란 격동이 일어난 증거일 것이다. 나는 눈 딱 감어뒀네 "……, 제 갈 길 지가 찾아가겠지, 외로워할 사람은 늙으신 어머니허구……."
나는 거기서 말을 끊고 잠깐 고개를 떨어뜨렸다. 내가 무슨 죄인 것 같이만 생각되었기 때문이다. 그러나 박 군은 그 이상 더 알려고도 안 하고 듣고 싶어도 안 하고 그것이 너무나 의외이어서 믿을 수 없다는 듯이 침묵을 지키고, 있을 뿐이다(읽아 간읍).

이 장면 역시 옥희(순희)의 만주행에서 소재를 가져온 것이다. 오빠(이상)를 보기 좋게 따돌리고 서울역에 나오지 않은 옥희를 이틀 뒤 아침, 박 군(박태원)이 만난 것으로 에피소드를 설정하고 있다. 하지만 실제로 박 군이 옥희를 만났는지 여부는 차치하고라도 "순희는 사랑을 위해 몸을 바치겠단다네, 내게는 그저께 밤차루 신경으루 떠난대드니……"라고 말하는 화자가 실제 이상이냐, 아니면 정인택이 이상의 입장에서 진술한 것이냐가 이 텍스트의 귀속 문제의 결정적인 관건이 될 수 있다.

결론부터 말하자면 〈동생 옥희 보아라〉에서 옥희의 만주행을 둘러싼 소회를 소상하게 밝힌 이상이 똑같은 이야기를 다룬 또 다른 유고를 남겼을 가능성은 희박하다. 문체 역시 이상의 것으로 볼 수 없는 평범한 문장이다. 친구들 사이에서 위트와 패러독스로 가득 찬 순발력 있는 입담의 소유자로 통했던 이상이 박 군에게 "순희의 자네에게 대한 호의는 결국 오라비의 동무라는 점뿐이었다네"라고 해명 따위를 했을 리 만무하다.

여기서 소설이란 사실에 기초한 허구(픽션)로 포장되어야 한다는 일반적인 소설 창작법과는 달리 허구(픽션)를 사실로 보이게 하려는 정인택의 의도가 읽혀진다. 나아가 그는 〈여수〉에서 '김 군의 일기'라고 밝힌 〈일기 제1〉, 〈일기 제2〉, 〈서소문정 시대의 일기〉를 인용하고 있다.

일기 제1第一

봄이면 내게로 다시 온다 하였다. 만 번 고쳐 생각해도 그 말을 믿은 내가 잘못이라고는 여겨지지 않는다. 한 해, 두 해, 세 해……. 까마아득한 3년이었다. 3년 동안이 이렇게 긴 세월이란 것을 나는 요새 비로소 깨달았다.

그러나 어떻게 생각하면 어제같이도 여겨지는 것이 안타깝다. 더욱이 그 '야가스리矢飛白(새의 날개처럼 짜인 옷감-인용자)'의 세루(양복지-인용자) 옷만은 지금도 눈앞에 환하게 얼씬거린다. 그리고 귀를 덮은 숱 좋은 머리도, 쌍꺼풀 진 눈도, 적고 붉은 입술도……아니, 호리호리한 몸맵시도……아니……. 아니, 그 사진 속의 여자가 그렇더란 말이다. 같은 사람도 있다고 생각하였었다. 어쩌면 저렇게 같을 수 있느냐고 의아스러웠다. 그렇게 마음먹은 순간 내 전신은 사시나무 떨듯 떨리고 있었다.

보잘것없는 사진관이었다. 하얗게 먼지 앉고 이그러진 진열장이었다. 대체 나는

—
1934년경의 소설가
정인택, 박태원, 화가 이승만(왼쪽부터)

무엇 때문에 그 군색스런 진열장을 들여다보았더란 말이냐. 멋없는 사진들이 난잡스럽게 진열된 한구석에 그 여자의 사진은―아니 유미에의 사진은 수줍은 듯이 조촐하게 꽂혀 있었다. 그럴 리 없다고 암만 뜯어보아도 그것을 틀림없는 유미에의 사진이었던 것이다.

나는 금방 쓰러질 듯하다가 화끈화끈 단 이마를 유리창에 갖다 대고 얼마동안 가만히 눈을 감아보았다. 눈을 감았으나 금시로 마음속에 아로새겨진 사진 속의 얼굴만은 지워지지 않는다. 봄이 되면 내게로 다시 오겠다고 맹세하던 목소리가 귓속에 쟁쟁하다(정인택, 〈여수〉).

유미에는 '나'와 동경에서 만나 결혼한 후 함께 서울에 와 불과 석 달 만에 다시 동경으로 돌아간 일본인 여성이다. 유미에가 떠난 후 '나'는 황해도 촌구석 오천에 요양하러 들어있을 때 사신관에서 함께 찍은 유미에의 사진을 보고 유미에와의 만남과 이별 과정을 복기한다.

유미에가 있는 고장이라 그런지 불과 사흘에 이 빈한한 온천장이 몸에 마음에 깊게 새겨져 정이 든 듯싶다. 기다리던 짐이 도착하였다. 기다리던 초상과 사진이 도착하였다. 짐을 찾아다 끌러서 방안에 벌려놓고 보니 반나절이 넘었다. 그러나 근래에 없이 즐거운 반나절이었다. 내가 자리에 누우면 마주 바라보이는 벽에 조선옷 입고 그린 유미에의 초상화를 걸고 책상머리 양 옆에는 왼쪽으로 유미에 혼자서 박은 전신상 바른 쪽으로 동경 떠나던 날 나와 같이 박은 사진을 장승 모양으로 세워놓았다. 이제 그 사진관 진열장에 있는 사진마저 사다가 초상화와 맞서게 이번엔 이편 벽 중턱에 걸리라(위와 같음).

'빈한한 온천장'은 황해도 배천 온천에서 요양했던 이상을 떠올리게 한다. 하지만 이 역시 소설의 상황을 이상과 긴밀하게 결부시키려는 기법일 뿐, 실제 이상과는 아무 관련이 없는 허구이다. 정인택은 사신이 사모하던 일본인 여성 유미에와 이상의 여자였던 '금홍'의 캐릭터를 마구 뒤섞어놓고 있다. 게다가 〈여수〉에서 '김 군의 낙서'라고 밝힌 네 개의 '작가 주'까지 덧붙이고 있다. 하지만 이 역시 자신이 의도하는 픽션의 캐릭터를 강화하기 위한 기법으로 읽힌다.

① (작가 주作家 註) 김 군은 여기까지 쓰고 며칠 붓을 쉬었던 모양이다. 그것은 난외欄外에다 장난같이 쓴 글이다.

－나는 무엇 때문에 이것을 쓰느냐?

－소설 쓰기보다도 더 어려운 일 있다는 걸 알았습니다.

－잊어선 안 될 일을 잊는다는 것도 딱한 일이려니와 마땅히 잊어야 할 만한 일을 잊지 못한다는 것은 더욱 딱한 일이다.

－봄풀이 푸르거든 즉시 돌아오소서.

－사랑받는 깃보다 사랑하는 게 행복이라구요? 누가 그래요?

질서 없이 늘어놓은 이런 말로 짐작할 수 있을 것이다. 이외에도 의미 모를 말이 가로 세로 수없이 적혀 있고 유미에인 듯한 여자의 얼굴이 채색한 것까지 합쳐 대여섯 장 원고지 사이에 섞여 있었다. 그러다가 불쑥 다음의 일기가 시작되는 것이다. 그것도 원문은 무척 혼란되어 있다. '동경 시대의 일기'니 '서소문정 시대의 일기'이니 하고 구분하여 놓은 것은 오로지 독자의 편의를 위하여 작자가 한 짓이다.

② (작가 주作家 註) 여기서부터 날짜를 따져보니 김 군은 이 사건 직후에 동경서 돌아와서 약 반년 동안 시골에 틀어박혀 요병療病에 전심했던 모양이다. 그리하여 위대한 정신력으로 그는 거의 병마를 물리치다시피 했었다. 그러나 그동안은

일기가 중단되어 자세치 않다. 일기는 여기서 일단 끝을 맺고 다음에 계속되는 '서소문정 시대의 일기'와 사이에 5, 6매의 무슨 감상문이 끼어 있으나 그것은 이 이야기 줄거리와 별로 관련이 깊지 않은지라 생략하기로 한다.

③ (작가 주作家 註) 날짜만 기입되어 있지 또 여러 날 동안 일기는 중단된 채이다. 서로 사랑하는 두 젊은 사람의 생활에는 특별히 기입할 만한 사건도 없으리 만큼 행복스러웠을 뿐인지도 모른다. 그리하여 일기는 껑충 뛰어 가을철로 넘어갔다.

④ (작가 주作家 註) '서소문정 시대의 일기'는 아직도 4, 5일 더 계속된다. 그러나 김 군은 연필로 그 위에다 죽죽 금을 그어 뭉개놓아서 그것을 말살하려는 의사를 표시한 듯하다. 그 뜻을 존중하여 나는 여기서 그 대문을 삭제한다. 그 대문 속에는 유미에가 경성을 떠나던 전후의 그들의 생활과 유미에가 정말 떠난 후 2, 3일 동안 그 서소문정 셋방을 외롭게 지키는 김 군의 하소연이 면밀히 적혀 있다. 이것으로 '일기 제2'는 끝을 맺는다. 따져보니 나와 김 군의 교분이 생긴 것은 바로 이 직후인 성 싶다. 그때 김 군은 집에서 매일 앓고만 있었다. 아마도 유미에를 잃은 김 군은 그 '늦어도 반년'을 기다리지 못하고 기진맥진했던 모양이다. 그러한 김 군 혼자를 서울에 남겨두고 어떤 사정이 있었는지 유미에는 드디어 서울에 돌아오지를 안 했다. 쫓아간다던 김 군마저 병마에 붙잡힌 채 꼼짝을

이상의 유고 가운데
〈동경〉이《문장》에 실렸다.

못 했다. 그러한 상태로 김 군의 말에 의하면 무척 '오랜 3년' 동안이 지났던 것이다(위와 같음).

네 개의 '작가 주' 역시 정인택이 이상의 일기를 읽은 것으로 설정하기 위한 메타 픽션의 한 기법일 뿐, 실제로 이상이 남긴 일기 같은 게 존재했을 가능성은 희박하다. "유미에인 듯한 여자의 얼굴이 채색한 것까지 합쳐 대여섯 장 원고지 사이에 섞여 있었다"거나 "동경서 돌아와서 약 반년 동안 시골에 틀어박혀 요병療病에 전심했던 모양"이라거나 "유미에가 정말 떠난 후 2, 3일 동안 그 서소문정 셋방을 외롭게 지키는 김 군의 하소연이 면밀히 적혀 있다"거나 하는 진술은 '유미에'를 이상의 여인이었던 '금홍'과 대체해서 읽는다 해도 전후관계가 전혀 맞지 않는다.

정인택은 〈여수〉의 스토리 라인을 의도적으로 이상의 연애담과 결부시킴으로써, 소설적 허구를 강화한 데 이어 그 허구를 지탱하는 현실성의 붕괴를 지향하는 메타 픽션으로 나아가고 있다. 유미에는 누군가. 정인택은 이렇게 해명했다.

졸작 〈미로〉 〈준동〉 〈조락〉 등등의 여주인공 '유미에'를 논하여 그 실재 여부와 및 세인의 곡해 여하에 급及함─하는 것이 이 단문의 원래의 제목이다. (중략) 그렇다고 물론 졸작 속에 나오는 사실이 전부가 허구라는 것은 아니요, 또 '유미에'란 여성이 전혀 가공의 인물이란 것도 아니다.

'유미에'란 여성은 확실히 존재하고 있었다. 지금도 중야역中野驛 앞에 'Ca et la'라는 낏다점의 마담의 본 이름이 '유미에'였다. 지금은 어찌되었는지 몰라도 그 당시 '유미에' 여사는 내 가장 친한 친구의 부인 내지 연인이었다. 나와 실재하는 '유미에' 여사와의 관계는 임시로 야소교도가 되어 하느님에게 맹세하거니와 절대로 이 이상의 아무 것도 아니었다. 이미 시효도 지났을 것이요, 또한 그 친구가 이 글을 읽을 리 만무한 고로 솔직히 고백하거니와 내가 그 친구의 부인 '유미에' 여사에 대하여 심상치 않은 감정을 품었던 듯도—아니 품었던 것 같기도 하다. 삼 년 동안의 동경 생활을 '퓨리턴'과 같이 지내온 내가 내지 여성을 생각할 때에 이런 엷은 인연이나마 있었던 '유미에' 여사를 맨 먼저 생각해내인 것은 결코 무리가 아니라 할 것이다. 그래서 그 후 나는 내 소설 속에 나오는 내지 여성의 여주인공이면 무턱대고 '유미에'라고 써왔다. 또 금후로도 쓸 예정이다 (정인택, 〈유미에론〉).

"'유미에'란 여성이 전혀 가공의 인물이란 것도 아니다"라는 정인택의 진술을 〈여수〉에 적용시켜보면 〈여수〉에 등장하는 '김 군'(이상의 분신)도 전혀 가공의 인물이란 것도 아니다"가 된다. "'유미에'란 여성이 확실히 존재하고 있었"듯 "'김 군(이상)'도 확실히 존재하고 있었"다. 그러니까 어디까지가 사실이고, 어디까지가 허구인지 가늠할 수 없는 의도성을 갖고 쓴게 〈여수〉인 것이다.

따라서 "장편 단편 합하여 창작만이 이십여 편, 시가 사백 자 원고지로 삼사백 매, 그리고 일기, 수필, 감상 나부랭이는 부지기수"라는 〈여수〉의 '작가의 말'은 이상 유고의 존재와 그 분량을 언급하고 있고 있다는 점에서 어느 정도 사실에 근거한 진술로 볼 수 있지만 이 부분을 제외한 나머지 부분은 허구일 가능성이 높다.

'유미에'는 정인택의 해명대로 동경에서 만난 친구의 부인이자 그가 짝사랑한 여성이다. 이후 '유미에'의 이미지는 그의 소설에 등장하는 여주인공의 분위기를 지배하게 된다. 하지만 정인택은 당대에서조차 자신이 생산한 텍스트의 곡해를 유발시킴으로써 질타를 받았던 모양이다.

내가 동경에 가 있었고 그리고 〈나〉와 비슷한 경우에 있었다는 내 경력을 약간

(단연코 약간이다) 짐작하는 사람들의 곡해를 사기 쉬운 모든 조건이 구비되어 있는 셈이다. 그래서 기회 있을 때마다 그들은 나와 〈나〉를 구별치 못하고 오직 소설 속에 나오는 소설적 사실만을 근거로 나를 희롱하고 모멸하고 하는 것이다 (위와 같음).

정인택은 이른바 '순희' 계열과 '유미에' 계열의 소설을 통해 자신의 문학을 이상과 결부시키고자 했다. 이상과 결부된 소설을 쓰는 한에서 이상은 그에게 여전히 살아 있는 존재였다. 정인택은 이상과 자신을 일치시키고자 했다. 그럼에도 그는 이상李箱다운 소설은 창작할 수 없었다. 이상 코스프레를 시도한 그의 미묘한 심정은 《춘추》 1942년 5월호에 발표한 다음 글에

—
1935년 8월 25일, 서울 돈암동 흥천사에서 이상의 사회로 치러진 정인택·권순옥(앞줄 중앙의 두 남녀)의 결혼식. 김동인, 박종화, 이승만, 강노향, 유광렬, 조용만, 정지용, 양백화, 이상철, 김환태, 박태원, 윤태영, 김소운이 왔고 뒤늦게 구본웅이 화구를 챙겨 왔다.

서 잘 드러난다.

　교외에 나온 덕택으로 그럭저럭 이해 봄은 무사히 넘어갈 것 같아 지금 나는 제
일 그것이 반갑다.

　청량리—라니, 문득 생각나는 것이 이상의 죽음이다. 이상이 죽었다는 소식을 나는
청량리 우거寓居에서 역시 지금 모양으로 화단을 가꾸다가 받았던 것이다.

　지난 사월 십칠 일이 이상이 죽은 지 다섯 해 되는 날이었다. 그날 나는 아무 이
유 없이 새삼스럽게 죽은 벗에 대하여 부끄러움을 느끼고 얼마 동안 망연자실하
였다. 죽은 사람 매질한다고 나는 일찍이 어느 동무를 꾸짖은 일 있으나 참으로
매질하고 있던 것은 내가 아니었던가? 그렇게 생각하다가, 아차, 이번에 내 자
신마저 불길不吉 속에 처넣으련다고 나는 쓰디쓴 웃음을 웃고 말았다.

　네게 이민 몹실안 생각의 싹을 불어 넣어주고 간 것은 암만 생각해도 이상李箱
이 같다고, 몹쓸 놈이라고 나는 늘 하는 버릇으로 이상李箱이 욕지거리를 속으
로 늘어놓으며 이번 공일날은 비만 안 오면 꼭 이상李箱이 무덤에 가리라고 스
스로 기약하는 것이다(정인택, 〈신록잡기〉).

　이에 근거할 때 정인택은 1942년까지도 이상의 망령에 시달렸다고 볼
수 있다. 아니, 그는 숨을 거둘 때까지 이상으로부터 자유로울 수 없었을
것이다. 그가 말하는 '부끄러움'이란 이미 고인이 된 이상의 사생활에서 취
한 소재에 그 자신의 이야기를 혼합한 소설을 썼다는 일종의 자괴감에 기
인한 것은 아닐까. 요컨대 요절한 친구의 사생활을 재탕, 삼탕의 소재로
우려낸 정인택의 속내는 부끄러움으로 점철되고 있다.

　이후 그는 1942년 6월 1일부터 약 한 달 간 장혁주, 유치진과 함께 만주
개척민 부락을 시찰하고 돌아와 쓴 보고서 성격의 〈개척민 부락장 현지 좌
담회—좌담회 전기〉(《조광》 1942. 10)를 발표하는 등 점점 친일적인 행각으

로 기운다. 1949년 과거 자신의 과오를 청산하고 대한민국에 충성을 다할 것을 맹세한 그는 1950년 5월 《자유신문》에 소설 〈청포도〉를 연재하던 도중 한국전쟁에 휩쓸려 박영희, 정지용, 김기림과 함께 서대문형무소에 수감되었다가 풀려나 1953년 부인과 세 딸을 데리고 월북했으나 그해에 사망한다.

이상-정인택-박태원으로 이어지는 우정과 인연의 중심축에 권순옥이라는 인물이 존재했다는 건 흥미롭다. 이상이 카페 '쓰루'를 경영할 때 권순옥을 만나 반한 것은 어쩌면 문학적 반려자로서의 이미지였을지도 모를 일이다. 정인택은 스스로를 이상과 동일시하는 강박에 시달린 나머지, 이상의 자의식을 허구로 변조한 메타 픽션을 쓸 수밖에 없었고 그 변조된 텍스트는 천재 이상을 친구로 둔 한 인간 존재의 비극적 본질과 욕망을 고스란히 보여준다고 할 것이다.

|

이상의 유고에 대한 김향안의 가역반응

이제 궁금한 것은 이상의 급서로 인해 스물한 살 꽃다운 나이에 미망인이 된 변동림(김향안·1916~2004)의 행적과 이상의 유고를 둘러싼 그 자신의 언급이다.

이상 사후 7년 만인 1944년 화가 김환기(1914~1974)와 재혼해 예술 여정의 동반자가 된 그의 행적은 이상의 아내라는 전사前史, 김환기의 아내라는 후사後史로 나눌 수 있다. 하지만 그는 전사와 후사가 분리되지 않는 어떤 지점, 두 자아가 실은 하나의 자아였다는 일원론적인 존재라는 접근은 이상 사후 그의 행적을 가늠하는 데 여전히 유효한 잣대가 될 수 있을 것이다.

그가 '김향안'이라는 이름으로 이상에 대한 회고를 남긴 건 1978년 미국 뉴욕에서 환기재단을 출범시킨 뒤, 남편의 작품을 전시할 미술관을 만들기 위해 한국에 체류하던 1986년이다. 그는 그해 4월부터 《문학사상》에 '격월 연재-파리와 뉴욕을 오가며'라는 문패를 달고 이상에 대한 단상을 다섯 차례에 걸쳐 게재한다. 연재 제목은 다음과 같다.

〈'마로니에의 노래'와 인터뷰 봉변〉《문학사상》 1986. 4)
〈이젠 이상의 진실을 알리고 싶다〉《문학사상》 1986. 5)

〈이상理想에서 창조된 이상李箱〉《문학사상》 1986. 8)

〈헤프지도 인색하지도 않았던 이상〉《문학사상》 1986. 12)

〈이상이 남긴 유산들〉《문학사상》 1987. 1)

　그가 이상에 대한 단상을 쓰기로 작정한 직접적인 계기는 1985년 6월 프랑스 파리에서 진행된 《주부생활》과의 인터뷰였다.

　50년은 나에게도 기억이 돌아오기엔 시간이 걸리는 건데 무슨 준비했던 문제의 답처럼 요구해 오는 문의에는 응할 수 없어서 자기의 머리를 짜서 편집하도록 부탁하고 헤어졌다. (중략) 그러나 막상 잡지를 보니까 참으로 저속한 잡지구나, 다시 한번 문화의 저질화가 실감으로 온다. 노인의 이야기를 취급하는데 분위기를 만들 줄 모르고 사진을 배우처럼 클로즈업해서 추하기 비할 데 없고 기사를 읽어 보니 내 얘기를 잘 듣지도 않았다. 사실이 틀려 있다. (중략) 더러 속인들이 나를 가리켜 인내심이 강한 사람이라고 했지만 사실 나는 참을성이 없다. 열熱하면 타버리는 성급한 사람이다. 다만 나는 초월하는 재주가 있어서 초월해버리니까 자존으로 버티는 거지(김향안, 〈마로니에의 노래'와 인터뷰 봉변〉).

　그 인터뷰를 '봉변'이라고 규정한 김향안은 그동안 이상에 대한 어떤 회상이나 발언을 자제했던 건 자신의 기질상 특징인 '초월'에 있었다고 진술했다. 그런 그를 '초월'에서 '세속'으로 끌어내린 게 바로 '인터뷰 봉변'인 것인데 '봉변'을 만회하고자 그는 이상에 대한 단상을 쓸 결심을 하기에 이른다. '단상'은 기승전결의 형식을 갖춘 연대기적 회상과는 거리가 있는 문자 그대로 '두서없는 생각의 단면'이다. 먼저 이상의 장례를 치른 직후의 행적을 따라가 본다.

나는 동경 다녀오는 비용을 바Bar에서 빚을 내었기 때문에 1937년 여름, 가을, 다시 직장에 나갔다. 일본인이 경영하던 바, 이름도 생각이 안 난다. 고녀高女 출신일인 여급들이 조선인을 차별하려고 했지만, 나는 유창하게 일본말을 했고, 또 그시대 인텔리 여성으로서의 조건을 갖추고 있었기 때문에 꿀릴 것이 없었다.

나는 거기서 재미나는 사회구조의 이면을 관조觀照하는 데 여념이 없었다. 또 그 당시의 나처럼 순수했던 일군의 청년들을 만났던 일, 물론 그들은 누구였던지, 이름도 몰랐다. 밤마다 와서 술을 마시고 노래를 부르고 춤을 추면서, 끝까지 유쾌한 분위기를 깨뜨리는 일 없이 예의바르던 청년들이 기억에 떠오른다. 그러나 바에 나가면 돈을 많이 벌 수 있다고 생각했던 기대와는 달리, 그 직장은 돈을 벌 만한 곳은 아니었다. 나는 간신히 빚을 갚고는, 직장을 그만두었다.

이상은 자기 힘으로 여비를 마련해서 동경으로 떠났다. 이상의 뒤를 이어 나도 동경에 가기 위해서 내 여비와 가서 머물 비용을 준비하기 위해서 그 직장엘 나갔었다. 가족은 어머니 한 분이었으므로, 동생을 취직시키면 된다고 생각해서 내가 맡았던 거다. 정인택의 글에는 우리가 입정정笠井町에서 반년을 살았다고 했지만, 이상과 나와의 결혼생활은 3개월 남짓이며 동소문 밖에서 살았고 시내는 이상을 떠나보내기 위한 임시 우거로 한 달 남짓 머물렀을 뿐이다. 또 우리 생활을 〈날개〉의 주인공들처럼 기록했는데, 나는 이상이 떠난 후 본격적으로 직장에 나갔던 거다. 그리고 한참 후에 친정에 들어가서 어머니와 같이 살았다. 오빠가 결혼하고 모두 같이 살 때다. 이듬해 나는 다시 동경에 갔다. 일본의 권위 있는 문학상인 아쿠다가와 상芥川賞에 응모하려고 열심히 일본말로 시 같은, 소설 같은 산문을 썼다. 일본은 전쟁이 패전으로 기울면서, 동경에는 식량기근으로 하루 한 번씩 고구마 배급을 타던 때다. 방공防空 휘장을 친 거의 마지막인 기차를 타고 돌아왔다(김향안, 〈이상이 남긴 유산들〉).

이상의 장례를 치른 변동림은 "가족은 어머니 한 분이었으므로, 동생을 취직시키면 된다"는 생각으로 잠시 시댁의 살림을 돕기 위해 다시 일본인이 경영하던 바에 나간다. 하지만 시동생 운경이 이왕가李王家 사무실에 취직하자 시댁과의 인연을 청산하고 오빠 변동욱 부부와 어머니가 함께 살고 있는 친정으로 들어간다.

친정에서의 생활은 길지 않았다. 1938년 봄, 동림은 아쿠타가와 상에 도전하기 위해 동경으로 건너간다. 그녀의 동경행엔 오빠의 권유가 있었을 것으로 짐작되지만 한편으로는 이상과의 결혼에 반대했던 어머니의 눈총에서 벗어나고자 한 것도 또 하나의 요인이 되었을 것이다. 결과적으로 이상이 짧은 일생을 통해 가장 뜨거운 불꽃을 태웠던 동경에서의 문학 행위와 접목된 어느 시기가 동림에게도 주어졌던 것이다.

동림이 동경에 체류하던 1938년은 중일전쟁이 한창 전개되던 시기다. 일본 내지內地는 '국민정신 총동원운동'이 전개되고 있었다. 동경의 모든 카페들은 국가의 지시로 성냥갑 겉면에 욱일승천기의 문양을 인쇄해야 할 정도로 서슬 퍼런 전시체제였다.

'동경에는 식량기근으로 하루 한 번씩 고구마 배급을 타던 때'라는 대목은 이런 전시 분위기를 여실히 보여준다. 고구마로 연명하며 원고지를 메워나가던 동림이 이상의 영혼과 숱하게 조우했을 것임은 상상이 가고도 남는다. 어쩌면 이상이 이루지 못한 문학의 꿈을 자신이 이루겠다는 원대한 계획이었는지도 모른다.

그때는 일본군이 10만을 넘는 중국인을 참살하는 남경학살사건(1937. 12)을 자행한 직후여서 항일의식으로 고양된 중국공산당군들의 강력한 저항에 부딪혀 일본군은 고전을 면치 못했다. 동경 거리는 전시를 방불케 하는 긴장감이 몰아치고 있었고 이런 분위기에서 동림은 '방공 휘장을 친 거의 마지막 기차'를 타고 경성으로 돌아온다.

동림은 비록 귀국했지만 친정으로 들어갈 명분이 없어 화가 구본웅의 서모庶母이자 자신의 이복언니인 변동숙의 집에 들어가 구본웅의 아들 환모(당시 초등학생)의 가정교사로 잠시 유숙한다. 그러다 이화여전 한 해 선배인 조영원의 소개로 황해도 사리원에 있는 광성심상소학교 교사로 부임한 게 1939년 초의 일이다.

조영원은 숭실대 총장과 환기재단 초대 이사장을 지낸 철학자 조요한(1926~2002)의 누이이기도 하다. 조영원은 이상과 사별하고 마음을 추스르지 못하는 동림을 자신의 함경도 고향집으로 불러들였고 사리원에 있는 광성심상소학교에 자리가 나자 동림을 교사로 소개한다. 김향안(변동림)이 이상의 유고를 시동생 운경에게 맡겼다고 진술한 게 바로 이 시기이다.

이상은 동경으로 가자마자 매문용賣文用(원고료를 벌기 위함)으로 콩트Conte식 잡문을 여러 편 만들었다. 이 잡문들은 정치적 사연이 없기 때문에 흐트러진 채로 버려둔 것을 내가 얼마동안 간직하고 있다가 서울을 떠나게 될 때 동생에게 맡겼다. 이상이 작고한 후에 발표된 이러한 글들은 이상의 미발표의 작품은 아니다. 〈동해童骸〉, 〈실화失花〉, 〈종생기終生記〉를 기억한다(김향안, 〈이젠 이상의 진실

일제가 학도병을 모집하기 위해 제작한
'국민정신총동원운동' 포스터

을 알리고 싶다》).

그는 조영원의 함경도 고향집으로 떠나던 1938년 이상이 동경에서 남긴 유고를 운경에게 맡겼으나 그것은 이상 사후에 발표된 〈동해〉, 〈실화〉, 〈종생기〉 등의 유고였다고 진술한다. 이 작품들에 대한 그의 소회는 후술하기로 하고 일단 변동림의 행적을 계속 따라가 본다.

심상소학교는 1938~1941년 재조선 일본인을 위한 초등교육기관과 조선인을 위한 초등교육기관의 통칭이다. 1938년 제3차 〈조선교육령〉이 개정 공포되면서 일본인을 위한 초등교육기관으로서의 소학교와 조선인을 위한 초등교육기관으로서의 보통학교 명칭을 통일해 '심상소학교'로 칭했다. 수업 연한이 6년인 심상소학교는 1941년 모든 심상소학교가 국민학교로 개칭되면서 막을 내리기까지 4년 동안 존속하였다.

변동림은 심상소학교에 근무할 때 어머니가 위독하다는 소식을 듣고도 가보지 못했고 급기야 어머니의 장례식에도 불참하고 만다. 이상과의 결혼을 위해 가출까지 감행한 그로서는 어머니 영전에 나설 면목이 없었던 것이다. 동림은 마음의 치유가 무엇보다 급했다.

시골학교에서 아이들과 생활하며 가슴속 상처를 어느 정도 치유한 그는 교사 생활을 마치고 서울로 돌아와 단편 〈정혼淨魂〉을 일어로 집필해 일어 잡지 《국민문학》 1942년 12월호에 발표한다. '영혼을 깨끗하게 한다'라는 뜻의 〈정혼〉은 황해도 구월산 아래의 한 학교에서 아이들을 가르치는 교사를 주인공으로 한 자전소설로, 담백하고 순수한 여교사의 심상이 드러나 있다. 도입부는 소학교 교사로 부임하기 위해 황해도 구월산 자락의 한 산골마을을 찾아가는 주인공 '정희'의 시선을 따라간다.

정희正姬가 영원永嫄의 말에 의지하여 찾아간 깊은 산속 마을의 소학교는 마을에서 떨어진 언덕 위에 있었다. 언덕 아래에서는 새파란 하늘만 보였다. 언덕 중턱에서는 수려한 산의 자태가 보였다. 언덕을 다 오르자 비로소 넓은 운동장이 나타났다. 그 왼쪽에 그 넓은 운동장과 비교해 너무나도 빈약한, 그러나 갓 지은 조촐한 목조 교사가 덩그러니 세워져 있었다. 교실 여섯 개, 직원실 한 개, 변소 둘 외에는 건물이 눈에 띄지 않았다(《정혼淨魂》).

교장 한 명, 수석 교사 한 명, 교원 두 명, 그리고 열댓 살 소사로 구성된 기독교 계열의 심상소학교에 부임한 정희가 어린 학생들과 어울리며 전원 속에서 상처 입은 영혼을 치유하는 과정을 그린 소설은 작가의 미망인으로서의 상흔은 전혀 드러나지 않는 반면 처녀 시절 변동림의 내면을 반영한 대목이 슬쩍 등장하기도 한다.

그녀는 또다시 눈부심을 느끼고 얼굴이 화끈거려 옴을 깨달았으나, 문득, 옛 시절 자기가 집을 뛰쳐나왔을 때의 대담함을 회고했다. 그리고 잊으려고 잊으려고 노력했던 어머니의 슬픈 얼굴이 번쩍 흐릿하게 떠오르자, 갑자기 또 슬퍼졌으며, 슬퍼지자 저절로 침착하게 되었다(위와 같음).

'슬퍼지자 저절로 침착하게 되었다'는 대목은 훗날 김향안이 〈마로니에의 노래와 인터뷰 봉변〉에서 진술한 '초월' 의식과도 상통하는 것은 물론 그 슬픔은 변동림이 이상과의 동거를 위해 집을 뛰쳐나왔던 사실과도 맞물린다. 소설엔 동림의 분신이라 할 1인칭 화자 '나'(정희)와 '영원'(조영원의 분신)이 주고받은 편지도 등장한다.

영원永嫄님, Y촌은 당신 말 이상으로, 그리고 내 상상 이상으로 아름다운 곳입니다. 당신이 말씀하셨듯이, 상처 입은 영혼을 치유하고 육체를 쉬게 하기 위해서는 정말로 안성맞춤의 자연입니다.

나는 과수원에 둘러싸인 장로님 댁에 하숙을 정했습니다. 여기까지는 아직 전선이 들어오지 않아서 여전히 태고 적처럼 램프 빛이 사용되고 있습니다. 그래서 램프 불빛 아래에서 당신께 편지를 쓰자니, 나는 천 년이나 옛날로 거슬러 올라온 듯한 낭만을 느껴 마지 않습니다. 여기는 또 이 Y촌에서 가장 전망이 좋은 곳이라고 합니다. 오늘은 아침 일찍 이슬을 밟으며 밭 안의 우물가에 내려가 보니, 아, 논을 사이에 둔 저 편의 교회 종루鐘樓 부근의 풍경이 아침 이슬 속에 아스라이 흐려져 마치 꿈속처럼 떠올라 형언할 수 없이 아름다웠습니다. 글만으로는 어떻게 해도 그 아름다움을 완전히 전할 수 없습니다. 언젠가 이것을 캔버스에 그려 보내드리겠습니다(위와 같음).

심상소학교를 떠나 서울로 돌아온 변동림은 N시인으로 알려진 일본인 노리다케 가쓰오則武三雄(1919~1990)로부터 만나자는 연락을 받는다. 노리다케 가쓰오는 정지용, 이태준, 서정주, 정비석, 노천명 등과도 교분이 있던 시인으로 한때 신의주에 거주하면서 압록강 너머 중국 땅 단동세관에서 근무하던 백석과도 교류하던 지한파이다.

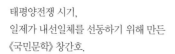
태평양전쟁 시기,
일제가 내선일체를 선동하기 위해 만든
《국민문학》 창간호.

서울에 돌아오니까 뜻밖에도 N시인이 나를 기다리고 있었다. 그리고 취직을 시켜주었다. 총독부, 거기서 내가 무슨 일을 할 수 있었을까. 상업학교 출신들이 부기 같은 것을 보는 부서에 그냥 자리를 하나 만들어준 거다. 나는 좀 더 본격적으로 글을 쓰기 시작했고 《매일신보》 등에 발표했다.

N은 직장을 파할 때면 정문에 와서 기다리고 있었다. N은 부처님같이 착했으나, 괴벽도 있어서 싫은 사람이 나타나면, 어느 사이엔지 없어져버렸다. 불구는 아닌데, 불구처럼 체구가 왜소했다. 어머니와 둘이서 살면서 가끔 우리(나와 직장 여성친구)를 초대했다(김향안, 〈이상이 남긴 유산들〉).

노리다케는 조선 땅을 기행하며 쓴 수필집 《압록강》(1943)을 펴내기 위해 여러 조선인 시인들의 작품을 인용하고자 했고 이상의 시 〈한 개의 밤〉을 인용하는 문제로 동립에게 민님을 청했다.

여울에서는도도한소리를치며
비류강이흐르고 있다
그수면에아른아른한자색층이어린다.

십이봉봉우리로차단되어
내가서성거리는훨씬뒤까지도이미황혼이깃들어있다
으스름한대기를누벼가듯이
지하로지하로숨어버리는하류는검으틱틱한게퍽은싸늘하구나.

십이봉사이로는
빨갛게물든노을이바라보이고

종이울린다.

불행이여

지금강변에황혼의그늘

땅을길게뒤덮고도오히려남을손불행이여

소리날세라신방에창장을치듯

눈을감은자나는보잘것없이낙백한사람.

이젠아주어두워들어왔구나

십이봉사이사이로

하마별이하나둘모여들기시작아닐까

나는그것을보려고하지않았을뿐

차라리초원의어느일점을응시한다.

문을닫은것처럼캄캄한색을띠운채

이제비류강은무겁게도도사려앉은것같고

내육신도천근

주체할도리가없다.

(이상, 〈한 개의 밤〉)

일본 시인 노리다케 가쓰오.

비류강은 평남 신양군에서 발원해 대동강으로 흘러드는 강으로, 노리다케는 압록강 유역의 강을 답사하다가 이상의 시에 등장하는 비류강을 기억해내고 동림을 수소문했던 것이다. 이후 노리다케는 총독부 청사 앞에서 퇴근하는 동림을 기다릴 만큼 친숙한 사이가 된다. 그러던 어느 날 노리다케는 자기가 좋아하는 화가가 있다면서 꼭 소개시켜주고 싶다고 말하지만 동림은 한 귀로 듣고 한 귀로 흘려버린다. 며칠 뒤 노리다케는 "그 화가가 조만간 상경하는데, 초대하면 오겠느냐"고 다시 얘기를 꺼낸다.

나는 초대일에 혼자 가는 것이 쑥스러워서 P(직장의 친구)하고 같이 갔다. P는 나보다 어린 소녀. N의 어머니가 정성껏 만들어서 대접하는 저녁을 맛있게 먹었으나, 가좌 섬에서 온 화가는 별로 인상에 남지 않았다. 키만 큰 시골뜨기라는 그런 첫 인상이었다. 한 번 만난 그 화가의 인상은 이내 기억에서 사라지고, 덤덤히 지내는 어느 날, 가좌 섬이라는 데서 편지가 한 장 날아왔다. 편지란 언제나 반가운 것-. 별 내용은 없었으나 다감스러운 인사에 곁들여 곧 또 서울에 오는데 이번엔 자기가 저녁을 대접하겠노라는 사연이 적혀 있었다(김향안, 〈이상이 남긴 유산들〉).

어렵사리 동림의 허락을 받아낸 노리다케는 홀어머니와 함께 살고 있던 남산골 자신의 집에서 동림과 김환기의 만남을 주선했고 이를 계기로 두 사람은 여러 차례 편지를 주고받는다.

당시 전남 신안군 가좌도에 거주하던 김환기는 본처와 이혼한 뒤 세 딸과 함께 살면서 예술가로서의 재기를 위해 힘겹게 살고 있었다. 환기는 동림에게 호감이 갔으나 차마 자신의 처지를 다 털어놓지 못하다가 동림이 〈정혼〉이 실린 《국민문학》 1942년 12월호를 환기에게 보낸 것을 계기로 상경해 동림에게 청혼하기에 이른다. 환기는 〈정혼〉에 그려진 주인공 '정희'의 아이들을 좋아하는 순수한 마음과 곧은 성격에서 자신의 세 딸을 충분히 길러낼 수 있는 여인상을 읽어냈을지도 모른다. 둘의 결혼 이야기가 나오자 양쪽 집안은 발칵 뒤집힌다. 김환기의 외조카인 소설가 서근배 (1928~2007)는 이렇게 회고했다.

> 외숙은 서울에 있는 가까운 수상手上(친척 어른)들을 우리 사랑에 모아놓고 현재의 외숙모(김향안-인용자)를 데려다가 소개하면서 결혼할 것을 선언했다. 나의 어머니는 즉석에서 반발한 유일한 사람이었으니, 비록 자당에 대신하는 맏누이라고는 하나 소위 '추장의 딸'적인 기승이었던 셈이다. 외숙은 그때 모인 친족들을 그냥 앉혀놓고 소개한 여인을 데리고 가버렸다(이충렬, 《김환기-어디서 무엇이 되어 다시 만나랴》).

김환기는 집안의 반대에도 불구, 1944년 5월 1일 동림과 결혼식을 올린다. 주례는 한국 최초의 서양화가 고희동(1886~1965), 사회는 정지용(1902 ~1950)과 길진섭(1907~1975)이었다. 근원近園 김용준金瑢俊(1903~1967)이 서울 성북동 274-1번지에 손수 지은 노시산방老柿山房에 보금자리를 꾸민 동림은 가좌도에서 올라온 시어머니와 김환기의 전처 소생인 세 딸과 함께 살림을 시작한다. 그가 김환기의 아호인 '향안鄕岸'을 필명으로 삼은 것도 이상이라는 마법에서 스스로를 풀어내려는 주문이었을 것이다. 그 자신의 진술에 따르면 본명은 변동림이고 법적으로 쓸 때는 김동림이며 김향안은 필명이다.

변동림에서 김향안으로 변신한 그는 이상에 대해 반세기 동안 침묵을 지켰다. 그의 침묵은 이상에 대한 많은 질문을 가지고 있던 한국문단의 침묵으로 이어진다. 왜 그는 반세기 동안이나 침묵했던 것일까.

모딜리아니가 카페에 앉아서 사람들의 초상을 그려주면 많은 사람들이 퇴짜를 놓았다고 한다. 자기와 같지 않다고. 그 많은 사람들은 거개가 여성이었다고 한다. 예술의 황금시대라던 파리에서 그랬다. 초상화를 그 사람하고 똑같게 그리는 화가는 예술가가 아니라는 것, 누구나 아는 얘기. 소설의 경우 모델과 꼭 같은 얘기란 흥미 없는 실화實話다. 작가의 천품에 따라서 모델은 창조된다.

이상의 소설 〈날개〉의 경우 실제의 금홍이는 소설 속의 금홍이가 아니다. 〈날개〉를 창작하기 위해서 이상이 창조한 인물이다. 〈종생기〉, 〈동해〉의 경우도 같은 얘기다. 나는 방풍림을 걸으면서, 많은 소재를 이상에게 제공했다. 사랑이라든가 질투라든가 하는 애정의 문제로 얘기했다. 그럴 땐 나는 남녀란 어디까지나 1대 1의 인간 대 인간이란, 인간의 존엄성을 들고 나왔다. 그러면 이상은 골짜기가 메아리 치는 웃음을 터뜨렸다. 연거퍼 웃었다. 그러나 이상은 나의 진보적인 발언을 긴부힌 얘기를 수미는 수식修飾으로 이용했다. 그는 나를 배신한 거다.

〈종생기〉, 〈동해〉를 잡문이라고 일소一笑에 붙였을 때는 얘기가 다르지만, 유고로서 작품집에 들었을 땐 생각이 달라진다. 그 글들은 1937년 《조광》 5월호에 실려질 수도 없다. 내가 1년 이상 가지고 있었으니까. 내가 가지고 있었으면, 이런 글은 유고로 발표하지 않았음이 분명하다. 다만 작가의 연구자료로서 제공했을 것이다. 글 속에 나오는 통속성, 유치한 연극, 이것은 이상의 잡문 속에 나오는 상례常例인 엄살(여성에 대한)이다.

나는 이러한 이상의 글을 싫어한다. 뿐만 아니라 사람들(독자)은 아내였던 변동림을 의심했다. 오늘까지도 이상 연구자들은 삼각관계가 있었다고 생각한다. 그러나 삼각관계는 부재不在라는 것은 시일을 따져 봐도 증명되지 않는가?

나는 오랫동안 상을 용서할 수 없었다. 그러한 이상의 작품이 나에게 불쾌한 유산으로 남겨짐으로써, 나의 남편이었던 이상에 대한 반세기의 무관심이 지속된 것인지도 모른다(김향안, 〈이상이 남긴 유산들〉).

그는 "이상이 나를 배신"했기 때문에 "오랫동안 상을 용서할 수 없었다"라고 항변했다. 그리고 "이상의 작품이 나에게 불쾌한 유산으로 남겨짐으로써, 나의 남편이었던 이상에 대한 반세기의 무관심이 지속되었다"고 진술했다. 한마디로 "나 변동림은 이상의 소설 주인공이 아니다"라고 선언한 것이다. 이 선언은 이상 문학에 대한 항변이며 자신에 대한 변론에 해당한다.

반세기만의 항변은 때늦은 감이 없지 않았지만 그의 한마디는 이상의 아내이자 '이상 시대'를 살아온 최후의 증언자로서의 권위와 힘을 내포하고 있었다. 그리하여 이상에 대한 그의 회고는 언어로 지은 난공불락의 성채가 되고 만다.

이제 〈동해〉, 〈실화〉, 〈종생기〉에 대한 김향안의 소회를 짚어볼 차례이다. 그는 "〈종생기〉, 〈실화〉를 잡문이라고 일소에 부쳤을 때는 얘기가 다르지만, 유고로서 작품집에 들었을 땐 생각이 달라진다"면서 "그 글들은 1937년《조광》5월호에 실려질 수도 없다. 내가 1년 이상 가지고 있었으니까. 내가 가지고 있었으면, 이런 글은 유고로 발표하지 않았을 거다"라고 강변하고 있다. 그 시절 무슨 일이 있었던 것일까.

짐작컨대 이상은 경성에서 집필을 시작했다가 동경에서 탈고한 〈동해〉, 〈실화〉, 〈종생기〉를 변동림에게 보냈고, 변동림은 이들 원고를 김기림, 정지용, 정인택 등으로 추정되는 이상의 문우들에게 보여줬는데 이게 자신의 뜻과는 달리《조광》에 발표됨으로써 결과적으로 작품 속 주인공을 자신으로 오인하는 곡해가 시작되었다고 후회하고 있는 것이다.

그렇기에 그는 〈종생기〉나 〈실화〉 등을 잡문이라고 단정했고 이들 원고가 '불쾌한 유산'으로 남겨짐으로써, "남편이었던 이상에 대한 반세기의 무관심이 지속된 것인지도 모른다"고 썼다. 그에게 있어 이 작품들은 불쾌한 유산, 그 이상도 이하도 아니었다. 그는 이로 인해 반세기 동안 모독당한 채 살아왔다고 항변했던 것이다.

　김향안의 진술이 사실이라면 이상은 아내도, 평단도, 독자도 무참히 속인 것이 된다. 객혈을 하는 빈털터리 이상과의 결혼은 이화여전을 나온 모던 걸 동림에게 크나큰 모험이었다. 동림은 비록 짧은 결혼생활이었을지언정 자신의 힘으로 이상을 문학적 천재로 재생시키고자 했다. 이를 위해 그는 바에 나가 생활비를 벌어야 하는 궁지에 몰린다. 바로 이 시기에 이상은 아내의 옛 연애담을 소설로 쓰고 있었던 것이다. 정조 관념이 없는 모던 걸을 주인공으로 한 소설은 문단 안팎에서 자전적 내용이라고 오해받을 만한 빌미를 제공하기에 충분했다.

　〈동해〉는《조광》1937년 2월호에, 〈종생기〉역시《조광》1937년 5월호에 각각 실렸다. 그러니까 〈동해〉는 이상 생존 시에, 〈종생기〉는 이상 사후에 발표된 것이다.

　알다시피 〈동해〉의 줄거리는 이야기인 연애의 후일남이다. 1인칭 화자 '나'는 윤에게 버림받고 나를 찾아온 '임姙이'(윤의 전 부인이었던)와 결혼한다. 그러나 '나'는 윤과 임이의 관계가 완전히 정리된 것인지 확신하지 못하고, 윤 말고도 있었을 다른 남자들에 대해서도 영 신경이 쓰인다. '나'는 임이를 데리고 윤을 찾아가지만, 임이를 사이에 둔 윤과의 논쟁에서 완벽하게 패배한다. 결국 윤과 임이는 함께 극장으로 가버리고 '나'는 T를 만나러 간다. 그리고 자살과 도망이라는 선택을 앞에 두고 절망한다.

　그런데 이상의 누이 김옥희는 변동림을 '임姙이 언니'라고 불렀을 만큼 '임이'는 누가 봐도 자신을 지칭한다는 것을 빤히 알고 있던 변동림으로서는 이런 위악적인 줄거리의 〈동해〉를 어떤 문예지에도 발표하고 싶지 않았을 것이다.

　〈종생기〉역시 위악적이고 그로테스크하기는 마찬가지다. 이상李箱이라는 작가 자신이 실명으로 등장하는 〈종생기〉에도 부정不貞과 배신을 일삼는 스무 살 여성 정희貞姬가 등장한다. 청년 이상은 어느 날 바람둥이 소녀

정희로부터 R과 S와 모두 헤어졌으니 3월 3일 오후 2시에 만나자는 속달 편지를 받는다. 편지에는 하루라도 빨리 이상의 전용專用이 되고 싶다는 내용도 적혀 있다. 그날 그 시각에 만난 두 사람은 흥천사로 간다.

정희는 14세에 이미 매춘을 시작한 여자이고, 이상은 14세 미만에 수채화를 그린 재주꾼이다. 흥천사 구석방에서 이상은 정희와 정사를 시도하나 실패한다. 패배감에 빠진 이상은 구토하는 등, 두 사람이 실랑이를 벌이던 와중에 정희 스커트에서 S에게서 온 편지가 떨어진다.

S의 편지엔 하루라도 바삐 S 혼자만의 것으로 만들어달라고 한 정희의 말을 잊지 않았으며, 같은 날(3월 3일) 오후 8시에 만나자는 사연이 적혀 있다. 배신감에 이상은 혼절한다. 다시 깨어났을 때 오후 8시가 지나고 있었고 정희는 S를 만나러 가고 없다. 마침내 〈종생기〉는 "만 26세와 3개월을 맞이하는 이상李箱 선생님이여! 허수아비여! 자네는 노옹老翁일세. 무릎이 귀를 넘는 해골일세. 아니, 아니. 자네는 자네의 먼 조상일세. 이상以上"이라는 문장으로 대미를 상식한다.

그런데 소설 속 이상과 정희의 나이 차이는 실제 이상과 변동림처럼 여섯 살 차이다. 게다가 정희의 편지는 누가 봐도 변동림과의 연애 시절이라고 곡해할 만한 디테일이 숨어 있다. 이에 대해 김향안(변동림)은 "글 속에 나오는 통속성, 유치한 연극, 이것은 이상의 잡문 속에 나오는 상례常例인 엄살(여성에 대한)"이라면서 두 작품을 '불쾌한 유산'이라고 규정한다.

그 시절 이상은 신혼의 단꿈은커녕 소설을 붙든 채 변동림의 분신으로 오인할 수 있는 '임이' 혹은 '정희'의 옛 남성 편력에 대한 의혹을 소설로 써내려갔던 것이다. 〈종생기〉의 '정희'에 대한 묘사를 읽어보자.

내부乃夫가 있는 불의不義. 내부가 없는 불의. 불의는 즐겁다. 불의의 주가낙락酒價落落한 풍미를 족하는 아시나이까. 윗니는 좀 잇새가 벌고 아랫니만이 고운

이 한경漢鏡같이 결함의 미를 갖춘 깜찍스럽게 시치미를 뗄 줄 아는 얼굴을 보라. 칠 세까지 옥잠화 속에 감춰 두었던 장분만을 바르고 그 후 분을 바른 일도 세수를 한 일도 없는 것이 유일의 자랑거리. 정희는 사팔뜨기다. 이것은 무엇으로도 대항하기 어렵다. 정희는 근시近視 육도다. 이것은 무엇으로도 대항할 수 없는 선천적 훈장이다. 좌난시左亂視 우색맹右色盲 아-이는 실로 완벽이 아니면 무엇이랴.

이 가운데 "정희는 사팔뜨기"라느니 "정희는 근시近視 육도"라느니 "선천적 좌난시左亂視 우색맹右色盲"이라는 대목은 늘 도수 높은 안경을 썼던 김향안의 이미지를 연상시킨다. 하지만 어찌된 일인지 김향안은 〈종생기〉에 대해서는 따로 언급하지 않은 대신 〈실화〉에 대해서는 이렇게 언급한다.

구식 말로 하면 병적인 의처증, 요새 말로는 피해망상 같은 거. 이 병적인 것이 이상 문학의 성격이다. 상식적인 추리, 상상을 뛰어넘어서 심연을 파헤쳐서 스스로 부상하는 것을 향락하는, 어쩌면 결핵균이 만드는 고열의 상태가 만든 작희作戱였을지도.
작품 중 가상, 소녀의 과거를 고문하고 동이 틀 무렵 얻는-아, 그 장구한 시간!-이것이 이 작가의 엑스터시의 극치이다. 병적인 환상의 향락(김향안,《월하의 마음》).

나아가 그는 〈동해〉의 '임妊이'와 〈종생기〉의 '정희'에 대해 좀 더 구체적으로 항변한다.

나는 이상 이전에 결혼한 일이 없다. 내가 어렸을 때부터 집안에 드나들던 오빠 같은, 보호자 같은 존재가 하나 있었는데 그것을 이상은 과대망상해서 일착이니 이착이니 하는 치졸한 이야기를 엮었다. 나는 그것이 우리 얘기를 쓴 거라고 세상 사람들이 생각할 줄은 생각지도 않았다. 그 줄거리는 터무니없는 거짓말이기 때문에. 엊그제 처음으로 만난 평론가가 〈동해〉의 줄거리를 실제로 있었던 얘기라고 지금껏 생각하고 있어서 나는 어이가 없어서 할 말이 없었다.

"〈종생기〉의 모델이 선생님이 아니시라는 실례를 들어주세요. 더러 문학 평론하는 친구들도 사실이라고 해석해요."

〈종생기〉는 이상의 창작이다. 그 내용과 같은 사실이 없다. 사실이 있었으면 내가 왜 그 원고를 없애지 않았을까. 첫째 그 허두의 편지, 나는 그런 유치한 편지를 쓴 일이 없다. 치마폭에서 S의 편지 운운한 그 유치한 멜로드라마를 평론한다는 사람들이 곧이듣다니. 나는 절간, 요정에서 이상과 대좌한 일이 없다.

나는 후천적 근시일 뿐 난시도 색맹도 아니다. 어려서 살결이 까매서 하얘지라고 어머니가 옥잠화 꽃잎 속에 장분을 묻었다가 아침마다 분 세수를 시켜주셔서 희다 못해 파아랗다는 얘기를 이상은 매춘하면서 자라난 살결 운운으로 수식했다. 나를 만나기 이전부터 이상의 문학에는 창부와 소녀가 대조적으로 등장한다. 창녀에게 매저키즘, 소녀에겐 새디즘으로. 〈종생기〉는 고대 이집트의 풍습이던 잔인한 생매장生埋葬 같은 거다. 주인공이 종생하기 위해서 무고한 소녀를 생매장한 거다.

우리 문학은 반세기가 지나도 여전히 평론 이전에 서서 작품의 분석은 도외시하고 작품을 그대로 작가의 비오그래피로 해석해서 〈슬픈 이상(86)〉이네가 아직도 나오고 있다. 〈종생기〉를 평생의 걸작인 양 쓰고 있다고 한 사신私信은 이상의 해학이며 농弄이다. 이상은 〈종생기〉나 〈실화失花〉를 쓰러 동경에 가지 않았다. 본격적인 작품을 못 쓰고 미완성으로 타계한 거다(김향안, 《월하의 마음》).

이 단상의 소제목은 〈동해〉이지만 이 내용은 《문학사상》에 연재한 다섯 차례에 걸친 단상에는 없는 대목으로, 훗날 에세이집을 준비하면서 추가한 것이다. 그는 에세이집 《월하의 마음》을 묶으면서 《문학사상》 연재분을 그대로 가져오지 않았다. 소제목을 다시 붙이고 첨삭을 해 나름대로 편집을 했던 것이다. 그러므로 《문학사상》 연재분과 에세이집에 수록된 이상과 관련된 단상은 차이가 있다. 김향안은 이상 시대에 남자들이 갖고 있던 여성관에 대해서도 이렇게 설파했다.

> 이상 시대는 여성의 가치관이란 중세기에 머물러 있던 때라 사랑한다는 것은 소유한다는 것 외에 별 의미를 갖지 않았던 모양으로, 여성의 자유사상은 곧 방종으로 해석되고 순수한 언행은 의심을 자아냈고 그래서 불안하고, 불행하고, 고독하고, 그랬던 것이 아닐까.
> 사랑이란 믿음이다. 믿기 않으면 사람은 서로 사랑할 수 없다. 믿는다는 것은 서로의 인격을 존중하는 거다. 곧 지성知性이다(위와 같음).

이 역시 《문학사상》 연재분엔 없던 대목이다. 김향안은 《문학사상》 연재를 통해 이상에 대한 배신감을 다소 격정적으로 토해낸 뒤 비로소 이상을 용서하기에 이른다. 그 용서의 매개체는 사랑과 지성이었다. 김향안의 이러한 항변과 궤를 같이 하는 한 평문이 눈길을 끈다.

> 어쩌면 이상은 그저 일본의 모더니스트 류탄지 유龍膽寺雄가 그린 마코魔子 같은 파격적인 모던 걸의 한국형을 형상화해보고 싶었던 것인지도 모른다. 변동림은 이상이 사귄 첫 모던 걸이다. 이상은 그녀를 연모해서 그 앞에서는 입도 뻥긋하지 못할 정도로 경직되어 있었다고 한다. 처음 만나던 날, 씻지 않은 손으로 설탕통의 각설탕을 자꾸 꺼내 새까매지도록 만지작거려서 여급에게 핀잔을 들었다는 일화가 전해진다. 시골 술집의 작부와 놀 때에는 여자의 정조에 대하여 초

탈해보였는데, 그의 성적 결벽증을 일깨운 것은, 상대방에 대한 콤플렉스였을까? 아니면 잠재해 있던 가부장적 관념의 부활이었을까? 19세기와 20세기가 동거하는 그의 난해한 여성관 이중성의 연장선상에 이상의 문학 세계가 있다. 은장도도 쓰기 나름이라는 말이 생각난다. 환기는 결혼경력까지 있는 김향안을 아내로 업그레이드시켰는데, 이상은 그녀가 죽도록 노여움을 풀 수 없는 상처만 주고 갔으니, 남편으로서의 이상은 내가 보기에도 평점이 아주 낮다(강인숙, 〈2010 이상의 방〉).

변동림은 처녀 시절, 동경으로 건너가 '아카데미 프랑세즈'에서 불어를 공부한 재원이다. 그의 꿈은 세계 전위예술의 중심지라 할 파리로 진출하는 것이었다. 이상이 동경으로 가기 직전, 친구들이나 주변 사람들에게 "다섯 개 국어쯤 습득할 요량"이라고 말하고 다닌 데는 '민족문학의 범주에서 세계문학의 범주로 나아가려는 포부가 있었고 그 포부를 이루기 위해서는 외국어 습득이 관건'이라는 변동림 식 조언이 있었을 개연성이 있다. 그녀는 자신의 꿈이자 로망이었던 파리 유학을 이상에게도 권했을 것이다. 이는 김기림이 《이상 선집》 서문 〈이상의 모습과 예술〉에 쓴 "좀 더 형편이 되었다면 물론 나와의 약속대로 파리로 갔을 것이다"라는 내용과

서울시 송파구 보성고교 교정에 건립된 이상 문학비.

도 상통한다. 만약 이상이 파리 유학을 가기로 마음먹었다면 불어 습득은 단지 시간 문제였을 것이다.

문종혁에 따르면 이상은 이미 경성고공 시절, 상당한 정도의 미술용어를 불어로 말할 정도였다. 이상은 영어로 시를 발표한 적이 있고 불어 역시 입문 이상의 수준은 됐을 것이고 여기에 보태 동경 하숙방에서 발견된 러시아어 서적으로 미뤄 그는 러시아어까지 공부하고 있었다.

그러나 이상은 파리에 닿지 못했다. 파리에 닿은 것은 김향안이었다. 그는 자신이 동경에서 수습한 유고에 대해서는 더 이상 언급하지 않았다. 그의 안목에 이상의 일어 습작노트는 저급한 퇴적물에 불과했을지도 모를 일이다.

반세기라는 긴 침묵의 시간 끝에 김향안은 자신에게 상처를 주고 모욕감을 안긴 이상을 용서한다. 그 증거가 1990년 5월 서울 방이동 보성고교 교정에 세워진 높이 3m 50cm의 이상 문학비이다. 1926년 보성고등보통학교 제17회 졸업생인 이상을 기리기 위한 문학비는 시인의 천재성과 파격성을 강조하는 의미에서 추상조각으로 만들어졌고, 이상의 얼굴 그림과 연보, 대표시 〈오감도〉를 새긴 시비는 따로 건립됐다. 문학비 건립 경위가 흥미롭다. 김향안은 이어령에게 보낸 1987년 11월 14일자 편지에 이렇게 썼다.

이어령 선생. 동봉하는 사진들 보시면 한용진 조각가의 작품을 짐작하실 줄 압니다. 그리고 에스키스를 보시면 문학비가 어떻게 조형될 것을 짐작하실 줄 믿습니다. 대석 사면 중 전면에 '문학비', 후면 또는 양 측면에 선생의 생각하시는 '이상' 글들을 넣어주십시오. 가벼운 마음으로 떠납니다.

편지는 김향안이 이어령에게 이상 문학비 건립을 부탁하면서 쓴 것이지만 편지 내용에서도 드러나듯 그는 디자인과 레이아웃에 대한 것까지 직접 챙겼다. 문학비는 이상과 변동림을 잇는 일종의 오마주였다. 한편으로 김환기의 아내로서의 자리도 깔끔하게 지키면서 일을 마무리했던 것이다. 박제가 되어버린 천재 이상에 대한 추억은 김향안에 의해 이렇게 마무리 된다.

이상李箱은 가장 천재적인 황홀한 일생을 마쳤다. 그가 살다간 27년은 천재가 완성되어 소멸되는 충분한 시간이다. 인간이 팔구십 년 걸려서 깨닫는 진리를, 4 분의 1의 시간에 깨달아버릴 수 있는 경우, 사람들은 이것을 가리켜 천재라고 한다. 천재는 또 미완성未完成이다. 사람들은 더 기대하기 때문에(김향안, 〈이젠 이상의 진실을 알리고 싶다〉).

반세기 동안 파리와 뉴욕에서 현대미술의 숱한 이매지나시옹想像에 접했 던 김향안은 이상의 광적인 내면 풍경마저 자신만의 심미안으로 보게 되 었을 때 비로소 이상을 용서할 수 있었다. 김향안의 가역반응은 이상을 용 서한 것 그 자체였다.

글을 마치며

─다시 찾은 감나무 집

2017년 8월 9일, 다시 감나무 집을 방문했다. 감나무 집에 처음 발을 들인 게 2015년 2월 20일이었으니 2년 6개월 만의 일이다. 전날 문유성 씨와 통화했을 때 "개인 요하 이무 때니 긴니오다"는 그의 목소리엔 예전의 긴장감이 훨씬 누그러져 있었고 반가움 같은 게 묻어났다.

그와는 서로 얼굴을 익힌 지 얼마 되지는 않았지만 '이상'이라는 닫힌 문 앞에서 그 안으로 들어가기 위해 서성거리는 모종의 동료의식을 공유하고 있었고 그 작업에 동참한다는 묵계가 형성되어 있었다. 그 묵계는 내가 《문학사상》에 15회에 걸쳐 연재한 '이상 바깥의 이상'을 그가 매월 사서 읽는 동안 이상의 인간과 문학에 대해 새롭게 눈뜬 데 기인할 터였다. 그에게도, 나에게도 '이상'은 하나의 묵은 과제였다. 이상 유가족의 행적을 탐사한다는 명분이 내게 있었다면 그에게는 외삼촌 이상의 맨 얼굴을 보고 싶다는 일종의 숙원 같은 게 있었던 듯하다. 다만 그동안 몇 차례에 걸쳐 만난 문유성 씨에게서 이상을 외삼촌이라고 불러본 적이 없는 어떤 방외인 같은 거리감이 느껴졌고 그 거리감의 정체가 나로서는 궁금했다.

다시 찾은 감나무 집은 유난히 폭염주의보가 많이 발효된 맹하猛夏의 더위 속에서도 굳건해 보였다. 점심시간이 끝난 오후 3시 무렵, 문유성 씨 부부는 늦은 점심을 들고 있었다. 현관문 옆으로 나 있는 큰 창문을 통해 내실이 들여다보였다. 나는 가벼운 목례로 도착했다는 신호를 대신하면서 "식사를 끝내시면 들어갈 테니 천천히 드시라"고 말한 뒤 마당에 앉아 더위를 식혔다. 눈길을 끄는 게 있었다. 정원 초입에 커다란 두꺼비 조각상 세 개가 놓여 있었다. 전에는 보이지 않던 게 보인다는 사실에 미소가 지어졌다.

요즘도 여느 집 대문 앞이나 빌딩 앞에 수호석이라 하여 어미 두꺼비 등 위에 새끼 두꺼비를 올려놓은 조각상을 볼 수 있다. 예부터 두꺼비는 액막이이자 재복의 상징이었다. 두꺼비는 우리 민담인 〈지네장터 설화〉와 〈오공장蜈蚣場터 설화〉 그리고 〈콩쥐팥쥐 설화〉 등에도 등장한다.

〈지네장터 설화〉는 다 죽어가는 두꺼비를 구해준 소녀가 마을사람들에 의해 지네의 제물로 바쳐지게 되자 두꺼비가 지네 굴로 가서 지네를 죽이고 은혜를 갚는다는 내용이다. 〈콩쥐팥쥐 설화〉의 두꺼비는 자신을 구해준 콩쥐를 위해 계모가 밑이 깨진 항아리에 물을 받아놓으라고 시켰을 때 항아리의 깨진 틈을 막아 물을 채우도록 해준 보은의 동물로 등장한다. 두꺼비는 이처럼 설화 속에서 인간을 돕는 존재로 묘사될 정도로 친근한 동물이다. 그렇기에 옛 사람들은 두꺼비가 복을 가져다준다고 믿었다.

〈오공장터 설화〉에서 두꺼비는 파란 불을 쏘고, 지네는 빨간 불을 쏘며 대결하는 장소가 곡식을 저장하는 창고(청주 근처 오공창蜈蚣倉의 경우)라는 점에서 두꺼비와 지네는 물과 불, 또는 풍년과 흉년의 자연 대립으로 비유되기도 한다. 두꺼비는 피부로 부포톡신이라는 독성 물질을 내뿜는다. 이 때문에 양서류 가운데서는 천적이 거의 없고 뱀조차 이 독성을 피한다고 알려져 있다.

감나무 집 정원에 놓인 두꺼비 조각상을 보면서 나는 문유성 씨 집안의 액막이를 떠올렸다. 과연 무엇으로부터의 액막이일까, 생각하던 차 "안으로 들어오라"는 목소리가 들렸다.

예전에 커피 잔을 사이에 두고 마주 앉았던 그 자리였다. 하지만 문유성 부부의 시선은 좀 더 여유롭고 자연스러워 예전과 같은 서먹한 감흥은 들지 않았다. 가족사의 내밀한 이야기를 타인에게 쉽사리 털어놓기는 쉬운 일은 아니다. 안은 바깥보다 완강하다. 완강함을 넘어 내밀을 넘어 그렇게 마주 앉은 게 신기하기만 했다.

이상이라는 한 문학적 천재와 광기에 대한 직접성의 대화는 이제 문유성 씨가 유일하지만 그 직접성이란 게 좀 걸리긴 했다. 그 역시 외삼촌 이상을 만나본 적이 없을뿐더러, 집안에서 신화 비슷하게 전해 내려온 구전口傳을 되풀이하는 정도이기 때문이다. 그렇더라도 문유성이라는 존재는 김옥희의 아들이자 이상의 생질이라는 사실만큼은 불변한다.

변하지 않는 것과 변해버린 것은 무엇인가. 변하지 않는 것은 이상이 남겨 놓은 문학적 텍스트일 테고 변해버린 것은 죽음이다. 살아있음에서 죽음으로의 이행. 그건 화학적 변화를 능가하는 일종의 초월이고 다른 차원으로의 진입을 의미한다. 육체의 소멸은 지상에서의 차이를 무화無化시킨다. 그만큼 육체는 한계 그 자체이지만 삶의 습득은 그 고유한 한계 속에서의 습득이다. 이 한계 속을 살아가는 은유로부터 육체성의 난해가 나온다.

2년 6개월이라는 시간이 흐르는 동안 외삼촌 이상에 대한 그의 상념에 어떤 변화가 있는지 궁금했다. 이를테면 외조모인 박세창, 어머니 옥희 그리고 형제들에 대한 이야기를 더 듣고 싶었다. 그러자니 질문이 먼저 있어야 했다.

―문유성 선생에게 외삼촌 이상은 어떤 존재였습니까.

그는 깊게 패인 눈동자만 깜박일 뿐 쉽게 대답하지 못했다. 예전의 방문에서 그는 아내인 박영분보다 말이 없었다. 그녀는 박세창과 김옥희를 각각 시할머니와 시어머니로 모시고 살아온 며느리의 입장에서 할 말이 많앞던 데 비해 문유성 씨는 되도록 말수를 아꼈던 것이다. 나는 그가 아낀 말수가 궁금했다.

　-대한무역협회에 오랫동안 근무하셨다는데 직장에서 이상의 조카라는 사실을 알고 있었나요.

　"아니요. 전혀 몰랐지요. 내가 그런 말을 한 적이 없으니까요."

　-왜 말을 하지 않았나요.

　"어머니가 싫어하셨어요. 함구령을 내린 것이지요. 어머니의 말씀은 지엄했다고나 할까요, 적어도 오빠 이상에 관한 부분에 대해서는 어머니의 말이 법이나 마찬가지였어요. 어디 가서 이상이 외삼촌이라는 말을 절대 하지 말라고 하셨거든요.

　-왜 그러셨는지요.

감나무 집 정원에 있는 두꺼비 조각상.

"어머니는 오빠에게 부채의식이 있었어요. 죄의식 같은 거 말이죠. 오빠의 무덤 하나 만들어주지 못했다는 죄의식이지요. 무덤이 어디 있는지조차 알지 못하는 처지에 이상의 혈육이라고 내세울 게 없다고 하셨지요."

—《신동아》에 실린 김옥희의 〈오빠 이상〉은 아주 빼어난 글이지요. 산문이나 수필로 쳐도 말이죠. 그 안에 담긴 정보라든가, 개인적인 추억이라든가, 변동림을 '임이 언니'로 지칭하는 친근함 등이 돋보이는 전무후무한 글이지요. 마지막 대목을 오빠의 무덤에 대한 소회로 채우고 있지요. '5월에 돌아온 유해는 다시 한 달 쯤 뒤에 미아리 공동묘지에 묻혔고 그 뒤 어머니께서 이따금 다니며 술도 한 잔씩 부어놓곤 했던 것이 지금은 온통 집이 들어서버렸으니, 한줌 뼈나마 안주할 곳 없는 형편이 되었습니다'라는 대목이 기억나는군요.

"그새 평생 마음의 빚으로 남으셨지요. 어머니도 벌세상 임녀너글 보시

2017년 8월 다시 찾아간 문유성·박영분 부부.

고 6·25전쟁 전에는 한두 번쯤 미아리 공동묘지에 가본 걸로 알고 있어요. 하지만 전쟁 때 공동묘지가 완전히 파괴되어 그 후에 갔을 때는 도저히 찾을 길이 없다고 하셨어요."

―어머니가 생전에 변동림, 그러니까 김환기와 재혼한 김향안 씨를 만난 적이 있다고 하던가요.

"아마도 1980년 초일 겁니다. 김향안 씨가 파리에서 일시 귀국하는 길에 만나자고 해서 김포공항에서 만났다고 하더군요. 어떻게 연락이 됐는지는 제가 잘 모르지만 어머니가 공항으로 나가셨지요. 무슨 말을 주고받았는지는 몰라도 그게 끝이었죠."

―이상도 〈동생 옥희 보아라〉에서 동생 옥희를 '이 오빠의 단 하나의 이해자'라고 표현할 만큼 옥희를 각별한 존재로 인식하고 있었던 것 같아요. 유일하게 오빠를 이해해줄 혈육이라고 말이지요.

"어머니는 배화여고보를 나왔으니 당시로서는 공부를 많이 하신 분이지요. 머리도 비상하셨고 말 한마디에 누구도 범접하지 못할 권위가 있었지요. 어머니가 돌아가셨을 때 화장해서 유골을 도봉산에 있는 한 절간의 뒤에 뿌렸는데 생전의 어머니가 자주 찾아가신 절이지요. 사찰 주인, 그러니까 주지 스님은 아니고 사찰을 지을 때 시주한 여자 분이 어머니의 친구였는데, 어머니는 딱히 불교 신자는 아니었지만 그 절에 자주 찾아가셨고 해서 유골을 도봉산의 그 사찰, 절 이름은 잊어버렸지만, 그곳에 뿌린 기억이 납니다."

―도봉산이면 감나무 집에서 가까운 곳이지요. 그리고 보니 감나무 집이야말로 이상 사후의 유가족을 이야기할 때 빼놓을 수 없는 장소군요. 박세창 할머니와 김옥희 여사가 사셨고 문유성 씨 형제분들도 다 이 집을 거쳐서 시집 장가를 갔으니까요.

"그런 셈입니다. 이 집에 살기 시작한 게 1973년부터니까, 벌써 45년이나 됐군요. 막국수 집을 하느라고 증축을 하기 전에는 현관 옆 문간방이 있었는데 거기에 박세창 할머니도, 나중엔 막내인 내성이도 거처했지요. 박세창 할머니는 참으로 말이 없으신 분이었는데, 하루 종일《수호지》나《삼국지》같은 책을 읽으셨어요. 안경도 쓰지 않은 채 깨알 같은 글을 다 읽어내셨는데, 제 기억에도 할머니가 이상이나 김해경이라는 이름을 입 밖에 낸 적이 없어요. 철저하게 함구하셨지요. 심지어는 이상의 남동생인 김운경에 대해서도 아무 말이 없으셨어요. 그만큼 자의식이 강한 분이고 책을 좋아하시던 분이죠. 큰아들, 작은아들이 죽고 시집 간 딸에게 얹혀사는 걸 부담스러워 했고 가끔 제 부친(문병준)에게 구박을 받았지만 꼭 그렇지도 않아요. 부친이 박세창 할머니 생신만큼은 꼭 차려드렸거든요."

이 대목에서 전과 달리 말없이 지켜보던 박영분 씨가 초롱초롱한 눈을 깜박이며 입을 열었다. 눈은 예신의 눈이 아니었나. 만흥 부드럽다고나 할까, 여유를 찾았다고나 할까. 바라본다는 목적이 지워진 어떤 풍경을 보는 눈이었다.

"정말 아쉬운 건 이상의 유고가 집안에 단 한 점도 없다는 점이지요. 제가 시집오기 전에는 큰 보따리 하나 가득 유고가 있었다고 하는데, 그게 없는 거예요. 혹시나 해서 박세창 할머니가 읽던 책갈피를 다 뒤져보았지만 어디에서도 유고 한 점 나오지 않는 거예요. 남편은 제가 시집온 뒤에도 이 집 장롱 위에 유고 보따리가 있었다고 하는데 저는 전혀 기억에 없어요."

문유성씨는 옆에 있는 의자를 쳐다보며 몇 마디 거들었다.

"이 의자 위로 쌓아놓으면 한 오십 센티미터는 될 성 싶은 분량의 유고를 내가 똑똑히 봤지요. 거의 대부분이 일어로 된 유고였는데 어떤 것은 노트에, 어떤 것은 낱장에 적혀 있었지요. 이상이 직접 그린 자화상도 있었는데 한 쪽이 접혀 있어서 내가 기억하고 있어요. 이 집에서 봤는지, 아니면 제기동 집에서 봤는지, 확실치는 않아도 유고 뭉치가 있었던 건 사실이지요.

그걸 아버지가 임종국 씨에게 내주었는데, 아버지는 술을 무척 좋아하셔서 나중엔 임종국 씨와 대작을 하기도 했지요. 술을 자시면 뭐든 내주시는 성격이라 아마도 임종국 씨에게 유고 보따리 전부를 건넸을 수도 있어요. 아버지가 임종국 씨와 함께 있는 걸 저도 몇 번 보았는데 그분이 고려대 출신이라서 혹시 동아일보사에 그 유고를 전해줬을 가능성에 대해서도 생각을 해보았지만 주변에선 동아일보사에 유고가 있으면 진즉 공개했을 텐데, 아직까지 그런 일이 없는 걸 보면 잘못된 추측이라고 말하더군요."

"시아버지가 술주정이 심해서 그 보따리를 내다버렸을 수도 있어요. 어머니와 자주 말다툼을 하시고 말년엔 사이가 나쁘셨지요. 술을 워낙 좋아하셨어요. 그런 꼴이 보기 싫다면서 시어머니가 집을 나가 신반포와 압구정동을 거쳐 잠원동에 살 때 작고하셨어요. 사실상 시아버지와는 말년에 별거를 하셨어요. 시아버지에게 여자가 있었거든요. 제가 이 집을 지키지 않았으면 아마도 그 여자 분이 이 집에 들어와 여주인 행세를 했을 거예요. 개성댁이라고 불리던 여자였는데, 이 집에 아예 눌러앉으려다가 여의치 않으니까 여기서 그리 멀지 않은 곳에 집을 얻어서 살았지요. 제 생각에 시아버지와 시어머니 사이가 좋았다면 유고가 없어지지 않았을 거예요. 시댁이 이 집을 얻어 들어온 게 1969년이니까, 이 집에서 유고를 봤다는 남편 말을 믿는다고 해도 그때부터 내가 시집온 1973년 사이에 이 집에서 없어진 것이죠. 시어머니에게 들은 얘기인데 한번은 시아버지가 휘발유 통을 들고 와 유고 뭉치를 태워버리겠다고 윽박지르기도 했다고 하더군요. 우여곡절이 없는 집안이 어디 있겠나 싶다가도 이상문학관을 하려면 유고라도 몇 점 남아 있어야 하는데, 그게 없어진 마당에 한 다리 건넌 며느리 입장에서 무슨 명분으로 문학관을 할 수 있을까, 한숨이 저절로 나오더군요."

"개성댁이라니? 당신은 별 걸 다 기억하고 있군."

"당신과도 맞닥뜨린 적이 있지 않아요? 당신이 한번은 회사에서 일찍 귀가했을 때 아버님과 개성댁이 함께 있는 걸 보고 창문을 넘어 거실로 들어와 둘을 떼어놓으려고 신발을 신은 채 들어왔잖아요. 난리도 그런 난리가 없었는데. 아버님이 개성댁을 빼돌려 밖으로 내보내고 나서야 끝났지만 그런 일이 없었다면 유고도 없어지지 않았을 거예요. 저 문간방에는 막내 시동생인 내성 씨가 살았는데, 2012년에 작고했지요. 그런데 내성 씨가 이상을 쏙 빼닮았어요. 외모도 쏙 빼닮았고 광기가 번뜩이는 게 이상이 살아온 것 같다는 말을 많이 들었지요."

　－광기라니요. 광기는 어떤 발작을 동반하기 마련인데, 내성 씨에게도 발작 증세가 있었나요.

　"제가 무척이나 아낀 시동생이지요. 책을 좋아했고 뭐랄까 문학적인 기질이 있었다고나 할까요. 인생이 참 불쌍했어요. 중학교만 겨우 졸업하고 이 집에 얹혀 있었지요. 스무 살이 넘어 제가 어디 공장 같은 데 취직을 시켜도 며칠 만에 그만두고 또 그만두고 했지요. 저와도 많이 싸웠어요. 술을 마시면 이박삼일 동안 마시고 주정을 해대니 시어머니도 감당하기 어려웠지요. 그만큼 집중력이랄까, 광기랄까, 그런 게 있는 시동생이었는데 시어머니가 이 집을 나가면서 막내 시동생만큼은 데리고 나갔지요. 시어머니가 잠원동 집에서 숨을 거두기 직전엔 치매에 걸려 보호자가 필요했는데 막내 시동생이 똥오줌을 받아내며 시어머니 곁을 지켰지요. 시어머니가 돌아가신 뒤 혼자 남은 시동생은 제가 얻어준 영등포구 가양동에 있는 임대주택에서 혼자 살다가 작고하고 말았지요. 그때도 동네에서 나쁜 사람들이 술에 의탁해 혼자 살아가는 시동생 집에 함부로 찾아와서 폭력을 행사하는 등 못살게 굴었다고 하더군요."

　박영분 씨는 잠깐 보여줄 게 있다면서 내실로 들어갔다. 잠시 뒤 모습을 드러낸 그의 손에는 수첩과 작은 이어폰이 들려 있었다. 수첩엔 내성 씨가 마지막 순간까지 끼적이던 일기가 적혀 있었다. 작은 이어폰은 박영분 씨가 시동생이 적적할 때마다 들으라고 사준 것으로 라디오 수신용이었다. 수첩의 맨 앞 장엔 뜻밖에도 외삼촌 이상의 생몰연대와 내성 씨 형제들의 주민등록번호가 적혀 있었다.

어느 책에서 베꼈는지, 이상이 태어난 생년월일이 1910년 9월 27일로 적혀 있었다. 이상의 출생일은 9월 23일(음력 8월 20일)로 호적에 올라 있으니 내성 씨가 쓴 일자는 잘못된 것이지만 과거 이상의 연보를 잘못 쓴 책들이 유통됐을 가능성을 염두에 두면 하필 그걸 베낀 것으로 추정되었다.

그는 외삼촌 이상의 생몰연대를 기억하고 싶었던 것이다. 문유성 씨는 이상의 조카라는 사실을 입 밖에 내지 말라는 어머니의 함구령을 철저하게 지킨 반면 내성 씨는 적어도 이상의 조카라는 자의식을 숨기지 않고 살았다는 것을 이 메모로 유추할 수 있었다. '엄마'라는 단어가 수십 개 적혀 있는 일기도 있었다. 내성 씨는 과도한 음주로 인해 간이 나빠질 대로 나빠졌고 정신마저 혼미한 위급 상황에서도 외삼촌 이상에 대한 자의식을 있는 그대로 드러냈던 것이다. 어머니의 대한 그리움을 쏟아낸 일기도 있었다.

소의 눈물

오늘 TV프로그램에서 본 소의 눈물

소의 짙은 모성애, 눈물을 보며 어머님 모습이 떠오른다. 가신 지 벌써 2주기가 다가온다. 지금도 낯선 별나라에서 어떠신지. 혼자 있게 된 지 꽤 오래되셨는데 쓰다보면 눈물이 자꾸 난다. 나도 빨리 어머니 곁으로 가고 싶은 때가 자꾸자꾸 (2010년 10월 10일(일)).

아니, 대부분이 어머니의 대한 그리움이었다. 어머니에게 큰 빚을 지고 살았고 그 부채를 갚을 길 없다는 내용이었다.

오늘도 어머님이 떠오른다. 아무것도 모르고 누워 계시던 어머님. 사탕을 드리면 아~아 하시며 입을 벌리시던 우리 어머님. 그런 어머님에게 안약을 들고 가도 아~아 하시던 어머님. 그 어머님이 고생하시는 창성이 형님을 보시며 얼마나 마음 아프셨을까? 오늘도 가까이 있으시라 믿으며 어머님. 안녕하시길. 다음 만나는 시간까지 편안하소서(2010년 10월 10일(금)).

요즘 어머님이 왜 이리 보고 싶을까. 잠원동에서 어머님의 치매행동이 자꾸 떠오른다. 싱크대 하수구에 즐겨 드시던 치즈를 드시고 난 비닐껍질이 싱크대 하수구를 막아 싱크대 넘어 물이 넘어 방바닥에 가득 찼던 저녁. 다행히 계속 나는 물소리에 나가보니 모두 물. 어머님은 수돗물을 잠그는 것을 몰라 침대에 올라 나는 아니라고 손을 내어젓던 어머님의 모습이 자꾸 떠오른다(2010년 10월 13일(수)).

나는 아직도 어머님이 가신지 느끼지 못하는 경우가 많다. 용인 하나애 요양병원에서 뵌 것이 마지막. 나를 몰라 보시던 어머님. 나는 돌아와 많이 울었다. 그리고 누님 덕분에 병원에 가 다리를 절단하고 이렇게 못나게 연명하고 있다. 이제 나도 그만(2010년 10월 22일(금)).

일기를 읽다 말고 나는 가슴이 답답해졌다. 초등학생 글씨처럼 또박또박 네모반듯하게 쓴 내성 씨의 필체엔 그러나 어떤 허위도 없었다. 그저 느낀 그대로를 간략히 메모했을 뿐인데도, 가슴이 저려왔던 건 '절단'이라는 단어 때문일지도 모른다.

　－내성 씨가 다리를 절단했나요.

　"다리 절단 수술을 받았어요. 가양동 임대주택에 혼자 살 때 긴급 연락을 받고 달려가 보니, 다리가 썩어 들어갔더군요. 다리를 절단할 수밖에 없었어요. 시동생은 뿐만 아니라 뇌수술도 받았어요. 말년에는 전동 휠체어에 의탁해 겨우 연명을 했지요. 시동생이 너무 불쌍해요. 그래도 나하고는 말이 잘 통해서 곧잘 따르곤 했는데 결국 호스피스 병상에 있다가 숨을 거뒀지요."

일기를 더 읽어보았다. 중졸이라는 학력은 문제가 되지 않았다. 그는 조카들 가운데 이상을 가장 쏙 빼닮은 조카였고 광기라는 측면에서도 자신의 몸을 학대하며 생을 재촉한 그런 조카였다. 대학을 졸업하고 좋은 직장을 갖고 결혼해서 자식을 낳아 키우는 생존의 질서에서 한참이나 비껴 있는 게 내성 씨였다. 외롭고 쓸쓸했던 어머니의 곁을 마지막까지 지킨, 더 외롭고 더 쓸쓸한 자식이 내성 씨였다.

내가 지은 죄가 많은가. 나 혼자 외로움은 괜찮다. 그것보다 더 안타까움은 우리 집안에 너무 웃음이 없다. 혼자 웃을 수는 없는 일. 우리 집은 친척이 너무 없다. 그리고 웃음과 정이 없는 것 같다. 내가 혼자 생활이 많았기 때문이지만 모이는 경우도 드물지만 정이 너무 없다. 개개인 너무도 마음 여리고 정이 많은 식구다. 그런데 왜 이리 모인 적이 없는가. 그저 부모 형제분들에 감사할 뿐이다(2010년 10월 12일).

이상의 조카 문내성 씨의 일기 가운데 '김해경님 李箱'이라고 쓴 부분.

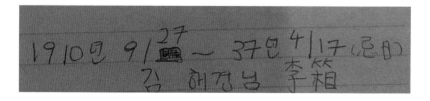

사랑, 사채와 같다. 자꾸 불어난다. 형님 누나의 사랑, 자꾸 불어난다. 어찌 갚을
꼬. 어찌 갚을꼬(2011년 1월 6일).

갚을 길이 너무 길다. 어찌하면 짧아질까. 내가 지금 살면 무엇할까. 내가 엄마
곁에 가는 길이 짧았으면 좋겠다. 너무도 갚아야만 하는 그 길. 너무도 길다. 안

—
문내성 씨가 수첩에 습작한 '소의 눈물'

타깝다(2011년 1월 15일).

수첩에 적힌 일기 비슷한 메모는 스무 장 남짓. 내성 씨가 작고하기 1년 전인 2011년 초까지 적혀 있었다.

"한번은 내성이가 창신동 친구네 집에 얹혀산다고 해서 가보았는데. 하꼬방 집이 얼마나 따닥따닥 붙어 있는지 주소를 갖고 가서도 찾지 못한 적이 있어요. 집에 돌아오니 친구 집에서 쓰러져 중앙의료원에서 뇌수술을 했다고 하더군요. 내성이를 데리고 살 수도, 어느 요양시설에 보낼 수도 없는 난처한 처지가 계속되었지요. 제가 돌보지 못하자 두 동생인 창성이와 미성이가 애를 많이 썼어요. 제 집안도 친척이 거의 없어서 가족들이 모일 일이 거의 없었지요. 내성이를 어디 보내고 싶어도 보낼 데가 없었어요." (문유성)

"제 딸이 미국으로 들어가던 날 내성이 시동생의 사망 소식을 들었지요. 그래서 딸을 전철역까지만 배웅하고 아무 말도 하지 않았어요. 어차피 비행기를 타야 했으므로 장례식에 갈 수 없을 바에야 삼촌이 사망했다는 걸 알리지 않은 것이죠."(박영분)

수첩 한 귀퉁이에 어머니의 기일이 여러 번 반복해 기입되어 있었다.

2008년 12월 9일 9시 화요일 어머님 사망
어머님 주민등록번호 161128-2030510

그건 숫자로 된 어머니였다. 어머니를 잊지 않기 위한 숫자들. 하지만 그것을 적어 넣었던 내성 씨도 이제는 이 세상 사람이 아니었다. 생몰연대야 숫자로 적힌다지만 한 사람이 살다간 흔적은 숫자가 대신할 수 없다. 그래서 문유성 씨에게 다시 묻고 싶었다. 어디 가서 '내가 이상의 조카다'라고 말 한 적이 한 번도 없다는 문유성 씨 아니던가.

　─이상은 문유성 선생에게 어떤 존재였습니까.

　그는 즉답을 하지 않았다. 몇 차례의 만남을 통해 그의 신중한 말투나 어디에 치우치지 않는 중용적인 어투를 어느 정도 알고 있었다. 박영분 씨가 많은 말을 했지만 그 말의 팩트를 수정하고 결론을 내린 것은 언제나 문유성 씨였다. 창과 방패의 조화라고나 할까. 박영분 씨도 옆에서 남편의 입이 열리기를 가만히 지켜보았다.

　"이상은 나의 자부심이지요."

　순간, 나는 귀를 의심했다. 그건 내가 듣고 싶은 말이기도 했지만 그의

문내성 씨의 수첩에 적힌 일기.
작고한 어머니 김옥희에 대한 절절한 그리움이 묻어나 있다.

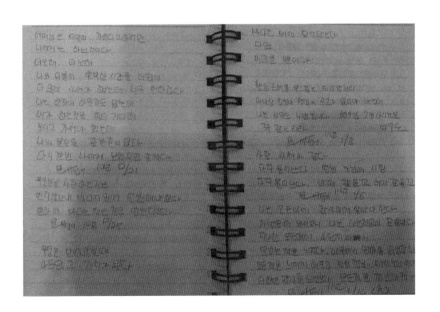

입에서 '자부심'이라는 단어가 튀어나온 순간, 그 말은 처음 듣는 말이었다. 그래서 더 신뢰가 갔다. 허투루 내뱉은 말이 아니었다. 그동안 누구에게도 털어놓지 못했지만 그 말은 사실이었다.

　―과연 그랬군요.

　"한 번도 뵌 적은 없지만 외삼촌이 천재 문학가라는 사실은 제게 어마어마한 자부심을 준 게 사실입니다. 그건 회피한다고 해서 피할 수 있는 것도 아니지요."

　어쩌면 이 한 마디 말을 듣는 데 2년 6개월이라는 시간이 걸렸는지도 모른다. 그건 2년 6개월 동안 내린 비와 마찬가지였다. 이 집안에 손창섭을 흠모해 흑석동 자택으로 스스럼없이 찾아가 가정부를 자청했던 젊은 문청 文靑 박영분 씨가 며느리로 들어온 건 사필귀정일 거라는 생각이 들었다.

　―마지막으로 하실 말씀은 없는지요.

　"언젠가 어머니가 그러시더군요, 영화 '금홍이'를 보고 와서 하신 말씀인데, 영화에서 이상을 너무 호색가로 그려놓았다고 하시더군요. '오빠 이상은 여자관계가 복잡하지 않았는데, 그렇게 희화화시킨 게 영 마음에 들지 않는다'고요. 어머니는 그러면서 '신당동에 살던 처녀 때 종로의 '제비'다방으로 가서 오빠의 옷을 가져다가 빨래를 해서 갖다 주곤 했는데 그때 옷을 보아도 여자 냄새 같은 게 묻어 있지 않았다면서 여자관계가 복잡했다면 내가 이미 눈치를 챘을 텐데, 오빠 옷에는 그런 기미가 전혀 없었다'고 하셨지요. 저 역시 그 말을 믿지요."

　오빠 이상을 지극히 사랑했던 누이 옥희. 그녀는 이상이라는 문학적 천재의 존립을 위해 만들어진 신화의 또 다른 희생자인지도 모른다. 이상의 조카라고 말하지 말라는 김옥희 여사의 함구령이 떨어진 집안에 이상을 보편화시키고 일반화시킨 장본인은 박영분 씨였다. 그가 감나무 집 내벽에 이상의 글귀를 붙여 놓았을 때 시어머니는 "당장 떼라"고 엄명을 내렸지만 시어머니가 돌아가신 뒤 이상의 글귀는 한동안 감나무 집 내벽에 걸려 있었다. 박영분 씨는 집안에 흐르는 폐쇄성의 유전자를 바꿔보고 싶었는지도 모른다.

"솔직히 저는 감나무 집 밖에다 걸개그림을 해서라도 이상의 조카 집이라는 사실을 알리고 싶었어요. 이 집에서 박세창 할머니와 김옥희 시어머니, 그리고 시어머니와 만주행을 결행한 문병준 시아버지를 모두 제가 모시고 살았거든요. 그런데 하도 시어머니께서 싫어하시니 차마 그렇게는 하지 못했지요. 이제는 이해할 것 같아요. 묘지조차 만들어주지 못한 주제에 무슨 이상의 핏줄 연연하느냐는 시어머니의 말씀을요. 하지만 살아 있는 동안 이상의 조카며느리라는 자부심을 지키며 살아갈 겁니다."

흔히 이상의 집안에 대해 '몰락'이라는 단어를 쓰고 있지만 그건 호사가의 말일 뿐, 운명을 감내하며 묵묵히 살아가고 있는 포끼 끈끼 성 끼가 살아 있는 한, 그 가계가 대를 이어나가는 한, 그리고 감나무 집의 메밀국수가 뽑아지는 한 '몰락'은 어불성설이다. 이상은 이들 가족의 자부심으로 영원히 살아 있고 이상의 문학은 늘 새로운 반동과 역설과 패러독스의 영감을 주며 우리 문학의 청춘으로 남아 있을 것이다. 감나무 집을 나오면서 작은 정원에 어미 두꺼비가 등에 새끼를 업은 액막이 조각상이 왜 거기 놓여 있는지 알 것 같았다.

일찍이 김기림이 이상을 추억하면서 "상은 한 번도 잉크로 시를 쓴 일은 없다. 상의 시에는 언제든지 상의 피가 임리하다. 그는 스스로 제 혈관을 짜서 시대의 혈서를 쓴 것이다"(《고 이상의 추억》)라고 일갈했을 때 이상의 혈관에 흐르던 것은 '시대의 독毒'이었다. 이상은 시대의 독을 잉크처럼 찍어 표류하던 근대의 파편에 혈서를 썼다. 이상은 움직이는 인간 텍스트 그 자체였다. 이상 문학에서 흔히 찾아볼 수 있는 절단된 신체는 거울의 파편성에 기인한 이미지들이었고 이런 파편적 이미지들은 이상이 김해경으로 돌아오지 못한다는 것을 보여주는 증좌였다.

　내성 씨의 신체 절단은 이상의 귀신도 차마 예상치 못한 일이었을 것이다. 내성 씨가 일기에 끼적인 "사랑, 사채와 같다. 자꾸 불어난다"의 '부채'와 이상의 '거울' 사이엔 친밀성이 있다. 백부의 집에 양자로 들어가 성장한 이상에게는 백부와 백모의 사랑도, 친부와 친모의 사랑도 일종의 부채였다. 그는 거울 밖의 세계와 분리된 채 완전한 타자의 세계를 구성하고 있는 거울의 세계가 존재한다고 믿었다.

　이상에게 '거울'은 절단된 신체 그 자체였다. 그가 "거울 속에는 소리가 없소 저렇게까지 조용한 세상은 참 없을 것이오"(《거울》)라거나 "디려다보아도 디려다보아도 조용한 세상이 맑기만 하고 코로는 피로한 향기가 오지 않는다"(《명경》)라고 썼던 '거울'은 김해경이라는 실체(현실)를 투영하는 동시에 실체(현실)에서 분리된 새로운 자아를 탄생시켰던 것이다.

　이상에게는 현실을 변형할 수 있는 힘이 있었고 그 힘은 언어에서 나왔다. 〈거울〉은 형식면에서는 모든 형식에 대한 부정이나 반발을 나타내듯 띄어쓰기를 무시하고 있으며, 내용면에서는 이미지들을 충격적으로 변질시키면서 그것을 다시 지워나가고 있다. 그러나 이상의 '거울'은 재현될 수 있는 게 아니다. 이상의 '거울'은 이상만의 무의식의 메커니즘에서 나왔고 이상이 사망했을 때 그 '거울'도 닫혀버렸다. 이렇게 볼 때 이상의 '거울'은 재현될 수 없는 어떤 것이다.

　문제는 살아남은 가족들이었다. 박세창, 김옥희 그리고 다섯 명의 조카라는 그 식솔들은 이상의 '거울'을 들여다본 순간, 육친이 빚어낸 착란에 빠지고 만 것은 아닐까. 그들이 거울을 통해 목도한 것은 김해경과 이상이라는 두 자화상이자 그것 사이의 거리감이다.

　이상이 일본으로 건너가기 직전, 《조선일보》(1936. 10. 4~10. 9)에 〈위독危篤〉이라는 표제 아래 발표한 연작시 12편 가운데의 한 작품인 〈육친〉은 그가 이상과 김해경 사이를 표류하다가 마침내 김해경이라는 섬에 도착할 수밖에 없음을 암시한다.

육친肉親

크리스트에혹사酷似한남루襤褸한사나이가있으니이이는그의종생終生과운명殞命까지도내게떠맡기려는사나운마음씨다. 내시시각각時時刻刻에늘어서서한시대時代나눌변訥辯인트집으로나를위협威脅한다. 은애恩愛─나의착실着實한경영經營이늘새파랗게질린다. 나는이육중한크리스트의별신別身을암살暗殺하지않고는내문벌門閥과내음모陰謀를약탈掠奪당할까참걱정이다. 그러나내신선新鮮한도망逃亡이그끈적끈적한청각聽覺을벗어버릴수가없다《조선일보》1936. 10. 9).

이 작품엔 '나'와 '나'를 억압하는 '사나이'가 등장한다. 둘의 관계는 '위협하다', '질리다', '암살하다', '약탈당하다'와 같은 폭력적인 동사들로 서술된다. 하지만 일종의 반어적인 표현인 이 거친 동사들은 '은애恩愛'라는 하나의 단어에 의해 빛을 잃고 무화無化된다. 자신을 위해 희생한 육친의 사랑을 그는 '은애'라는 단어를 써가면서 결코 거역할 수 없다고 쓰고 있다. "내 신선한 도망이 그 끈적끈적한 청각을 벗어버릴 수가 없다"라는 마지막 구절에서 그는 김해경으로 다시 돌아온다.

감나무 집에서 내 귀에 울려온 것은 '그 끈적끈적한 청각'이었다. 신체를 절단하고도 결코 도망갈 수 없는 끈적끈적함. 이상은 애초에 동경으로의 도주가 불가능하다는 것을 알고 있었던 듯하다. 그의 귀에는 늘 이상과 김해경 사이의 이중모순의 발신음이 들려왔던 것이고 나 역시 감나무 집에 발을 들여놓자마자 그 이중모순의 발신음을 들었던 것이다.

나는 감나무 집을 나오면서 수호석으로 놓여 있는 두꺼비 조각상이 이 가문의 일족이었던 이상의 혈관을 흐르던 독을 해독하고 부디 평온을 가져다주길 염원했다. 시대의 독을 찬란한 언어의 독으로 해독한 문학, 그게 이상의 문학이었고 이상이라는 거울 속엔 김해경이 살고 있었다.

이상 연보

1910(1세) 9월 23일(음력 8월 20일) 서울 종로구 사직동에서 부 김영창과 모 박세창朴
世昌 사이의 장남으로 태어남. 본적은 백부 김연필의 집인 통인동(옛 통동)
154번지. 본명은 김해경金海卿. 본관은 강릉.

1912(2세) 젖을 떼고 밥을 먹기 시작하자 친부모의 슬하를 떠나 아들이 없던 백부 김연
필金演弼의 집으로 들어가 23세까지 성장.

1917(7세) 4월, 누상동에 있는 신명학교新明學校 제1학년에 입학. 이때부터 그림에 재
질 보임. 담배 '칼표' 껍질에 그림을 모사(베낌)하기 시작했음.

1921(11세) 3월, 신명학교 4년 졸업. 백부의 교육열에 힘입어 그해 4월, '조선불교중앙
교무원'에서 경영하는 동광학교東光學校(중학교 과정)에 입학. 줄곧 우등생
성적을 유지했다 함.

1924(14세) 동광학교가 보성고보普成高普로 병합. 동교 4학년에 편입학. 이해에 교내
미술전람회에 유화 〈풍경〉 입상. 동광학교 시절처럼 우등을 유지하지는 못
함. 이 학교 출신으로는 이헌구, 김기림, 김환태, 이강국, 임화, 유진산, 원용
석, 김상기 등이 있었으며 미술교사로 고희동이 있었음.

1926(16세) 3월 5일, 보성고보 17회 5학년 졸업. 그해 4월 동숭동에 있는 경성고등공업
학교京城高等工業學校 건축과(서울공대의 전신) 1학년에 입학. 건축과 합격
자는 12명이었으나 해경(이상)은 유일한 한국인 학생이었고('유상우'라는 한
국인 학우가 있었으나 2학년 진급 시 낙제함) 줄곧 수석을 다투는 우수한 성
적을 보임. 해경의 말만 듣고는 한국 사람인지 일본 사람인지 분간하지 못

할 정도로 유창한 일어日語 실력이었다 함. 이때부터 고공高工의 미술부에서 마음대로 그림을 습작했음. 건축과에서 주당 4시간씩 미술을 배움(당시 한국에서 미술을 할 수 있는 곳은 경성고공뿐이었다고 함). 현미빵을 교내에서 팔아 학비를 보탬(누이 김옥희의 증언).

1927(17세) 미술에 집착하며 보낸 고공 1년여 동안 경성고공 문예회람지《난파선》의 편집을 주도. 손수 표지를 그리고 글씨를 쓰고 목차도 꾸미고 자신의 글도 발표함. 이즈음부터 백지에 세필細筆(바늘 끝 같은 날카로운 만년필촉으로 쓴 활자 같은 정자)의 시와 아포리즘이 가득 채워지고 있었다 함.

1929(19세) 3월 경성고공 3학년 8회 졸업. 이때 자신이 장정·편집을 맡은 한국인 학생 17명을 위한 졸업 앨범 안에 '李箱'이란 필명이 뚜렷이 나타나 있음. 이어 조선총독부 내무국 건축과 기수로 취직 후 근무. 의주통 전매청 청사의 공사 현장 일을 맡아봄. 이때부터 장편소설《12월 12일》의 창작을 시작함. 11월에는 관방官房 회계과 영선계로 옮김. 12월에 조선 건축회지《조선과 건축》소화 5년도 표지도안 현상모집에 1등과 3등으로 당선됨.

1930(20세) 처녀작 장편소설《12월 12일》을《조선》에 이상李箱이란 필명으로 발표. 2~12월까지 9회에 걸쳐서 연재. 4회 때 〈작자의 말〉을 실어 자신의 의도를 드러냄.

1931(21세) 단편소설 〈휴업과 사정〉을《조선》4월호에 보산甫山이란 필명으로 발표. 7월에 처녀시 〈이상한 가역반응〉, 〈파편의 경치〉, 〈BOITEUX·BOITEUSE〉, 〈공복〉 등을, 8월에 일어 시《조감도》, 10월에《삼차각설계도》를 각각《조선과 건축》에 본명 김해경으로 발표. 이들 작품 말미에는 날짜가 표기되어 있음. 서양화 〈자화상〉을《선전鮮展》9회전에 출품하여 입선함. 이 무렵 꼽추 화가 구본웅具本雄을 알게 됨.

1932(22세) 《조선과 건축》회지 소화 7년도 표지도안 현상모집에서 제4석에 당선. 비구比久란 필명으로 단편소설 〈지도의 암실〉을《조선과 건축》3월호에 발표. 이해 5월 7일 백부 사망(종로구청에 보관된 제적등본, 이상의 작품 내용, 증언 등에 나타나 있음). 7월 이상李箱이란 필명으로 시 〈건축무한육면각체〉를 발표.

1933(23세) 3월, 심한 객혈로 총독부 기수직을 사임. 통인동 백부의 집과 유산을 정리하여 효자동에 방 둘에 부엌이 하나 있는 초가집 한 채를 사서 가족을 이곳으로 옮기고(백부의 집에서 옮겨온 조모와 친부모, 두 동생과 자신을 합하여

여섯 식구) 23년 만에 친부모 형제들과 함께 생활함. 백모는 계동으로 이사. 요양차 간 배천 온천에서 기생 금홍錦紅과 알게 됨. 상경한 후 유산을 처분하여 서울 종로 1가에 다방 '제비'를 개업(7월 14일). 금홍을 '제비'의 마담으로 앉히고 동거 생활 시작. 이태준, 박태원, 김기림, 정인택, 윤태영, 조용만 등이 제비에 출입하여 이상李箱의 문단 교우가 시작됨. 7월부터 국문으로 시 발표. 정지용의 소개로 〈이런 시〉, 〈꽃나무〉, 〈1933. 6. 1〉을 《카톨릭청년》 (2호, 7월)에, 〈거울〉을 《카톨릭청년》(5호, 10월)에 발표.

1934(24세) 구인회에 입회, 본격적인 문학 활동 시작. 시 〈보통기념〉을 《월간매신月刊每申》 6월호에, 수필 〈혈서삼태〉를 《신여성》 6월호에 발표. 이태준의 소개로 한글 시 〈오감도〉를 《조선중앙일보》에 발표(7월 24일~8월 8일까지 연재). 물의가 일어 15회 연재 후 중단(원래는 30편). 8월에 박태원의 신문연재소설 〈소설가 구보九甫 씨의 1일〉(《조선중앙일보》 8.1~9.19)이라는 작품에 하융河戎이라는 화명畵名으로 삽화를 그림. 단편소설 〈지팽이 역사〉(희문)를 《월간매신月刊每申》 8월호에, 시 〈소영위제〉를 《중앙》 9월호에 발표. '제비'의 경영 악화로 가족들 신당동(버티고개)의 빈민촌으로 이사함.

1935(25세) 시 〈정식 I~IV〉을 《카톨릭청년》 4월호에 발표. 시 〈지비紙婢〉를 《조선중앙일보》 9월 15일에 발표. 9월 경영난으로 다방 '제비' 파산. 폐업 즈음 금홍과 헤어지고, 부모의 집으로 돌아갔다가 다시 인사동에 있는 카페 '쓰루鶴'를 인수, 경영하다 실패. 여급 권순옥과 연애. 다시 종로 1가에 다방 '69'를 설계, 경영하다 곧 실패(권순옥은 이상의 친구 정인택과 결혼). 이어 다방 '무기麥'를 계획했다가 개업하기도 전에 타인에게 양도당함. 성천, 인천 등지로 여행. 수필 〈산촌여정〉을 《월간매신月刊每申》(9월 27일~10월 11일)에 발표.

1936(26세) 시 〈지비紙婢 1 2 3〉을 《중앙》 1월호에 발표. 연작시 〈역단〉을 《카톨릭청년》 2월호에 발표. 3월에 구본웅의 부친이 경영하던 창문사에서 구인회 동인지 《시와 소설》을 편집(이 동인지는 1집밖에 나오지 않음). 창문사 나옴. 수필 〈서망률도〉(《조광》 3월호), 〈조춘점묘〉(《매일신보每日申報》), 시 〈가외가전〉 (《시와 소설》), 〈명경〉(《여성》), 〈위독〉 연작시(《조선일보》) 발표. 〈Epigram〉, 〈매상〉 등을 발표. 단편 〈지주회시〉를 《중앙》 6월호에, 〈날개〉를 《조광》 10월호 등에 발표. 전부터 알았던 구본웅 서모의 동생인 이화여전 출신 변동림과

신흥사에서 징식 결혼 후 황금정 셋방에서 동거 생활 시작(6월 초순부터). 재기를 위하여 10월경(음력 9월 3일) 일본 동경으로 떠남. 삼사문학三四文學 동인들과 간간이 어울림. 그곳에서 〈공포의 기록〉, 〈종생기〉, 〈권태〉, 〈슬픈 이야기〉, 〈환시기〉 등을 씀. 시 〈위독〉(《조선일보》), 수필 〈행복〉(《여성》), 〈추등잡필〉(《每日申報》) 등 발표. 〈동해〉(《조광》) 등을 발표. 〈봉별기〉를 《여성》 12월호에 발표.

1937(27세)   2월 중순경 사상 불온혐의로 일본 경찰에 유치. 3월에 건강이 악화되어 보석으로 출감. 동화 〈황소와 도깨비〉를 《매일신보》(3월 5일~9일)에, 〈19세기식〉을 《삼사문학》(4월호)에, 〈공포의 기록〉을 《매일신보》(4월 15일~5월 15일), 〈종생기〉를 《조광》 5월호에 발표. 〈권태〉를 《조선일보》(5월 4일~11일)에, 〈슬픈 이야기〉를 《조광》 6월호에 발표. 4월 17일 오전 4시 동경제대 부속병원에서 객사. 향년 만 26년 7개월. 그 전날(16일) 부친과 조모 사망. 아내 변동림에 의해 유해는 화장됨. 변동림은 유골함을 가지고 5월 4일 환국. 5월 15일 경성 부민관(지금 서울시의회 의사당)에서 앞서 3월 29일 폐결핵으로 사망한 김유정과 합동추모식이 열림. 6월 10일 미아리 공동묘지에 매장.

1938   〈환시기〉《청색지》 6월호에 수록.

1939   소설 〈실화〉(《문장》, 3월), 〈단발장〉(《조선문학》, 4월), 〈김유정〉(《청색지》, 5월) 수필 〈병상이후〉(《청색지》, 5월), 〈동경〉(《문장》, 5월), 〈최저낙원〉(《조선문학》, 5월) 수록.

1949   김기림이 《이상 선집李箱選集》(백양당)을 묶음.

1956   임종국이 《이상 전집》(전3권·태성사)을 묶음.

1960   한양공대생 이연복 군에 의해 이상의 미공개 일어 노트가 헌책방 폐지 가운데서 기적적으로 발견됨. 평론가 조연현은 그 일부를 시인 김수영 번역으로 《현대문학》에 공개함.

1975   서지학자 백순재가 조선총독부에서 발행한 선전용 잡지 《조선》에 1930년 2월호부터 12월호에 걸쳐 모두 9회 연재된 이상의 최초 발표작인 장편 《12월 12일》을 발굴, 《문학사상》에 전문이 게재됨.

1976   미공개 일어 노트의 습작 메모들이 시인 유정 등의 번역으로 《문학사상》에

공개됨.

| 1986 | 미공개 일어 노트의 나머지 습작 메모들이 조연현의 미망인 최상남의 번역으로 《문학사상》에 공개됨. |
| 2015 | 이상의 생질(누이 김옥희의 아들) 문유성 씨가 이상 사후 가족비화 진술. |

참고문헌

■ 단행본

고은, 《이상 평전》, 민음사, 1974.

권영민 엮음, 《이상 전집 1·2·3·4》, 뿔, 2009.

권영민 편, 《이상 문학 연구 60년》, 문학사상사, 1998.

권영민, 《이상 문학의 비밀 13》, 민음사, 2012.

_____, 《이상 텍스트 연구―이상을 다시 묻다》, 뿔, 2009.

김경일 외, 《동아시아의 민족이산과 도시》, 역사비평사, 2004.

김기림 편, 《이상 선집》, 백양당, 1949.

김민수, 《이상 평전》, 그린비, 2012.

김소운, 《하늘 끝에 살아도》, 동화출판공사, 1968.

김승희, 《이상 시 연구》, 보고사, 1998.

_____, 《이상 평전―제13의 아해도 위독하오》, 문학세계사, 1982.

김유중·김주현 편, 《그리운 그 이름, 이상》, 지식산업사, 2004.

김윤식 편, 《이상 문학전집 4―연구논문 모음》, 문학사상사, 1995.

김윤식, 《이상 소설 연구》, 문학과지성사, 1987.

김인환·황현산 외, 《13인의 아해가 도로로 질주하오》, 수류산방, 2013.

김정동, 《문학 속 우리 도시 기행 1·2》, 푸른역사, 2005.

김주현 주해, 《이상 문학전집 1·2·3》, 소명, 2005.

김학은, 《이상의 시 괴델의 수》, 보고사, 2014.

김환기, 《어디서 무엇이 되어 다시 만나랴》, 환기미술관, 2005.

김향안, 《월하의 마음》, 환기미술관, 2005.

동국대 한국문학연구소 엮음, 《제국의 지리학, 만주라는 경계》, 동국대 출판부, 2010.

마츠다 쿄코, 《제국의 시선―박람회와 이문화 표상》, 민속원, 최석영 외 역, 2014.

미리엄 실버버그, 《에로틱 그로테스크 넌센스》, 강신석 외 역, 현실문화, 2014.

미요시 유키오, 《일본문학의 근대와 반근대》, 정선태 역, 소명, 2002.

박윤석, 《경성 모던 타임스》, 문학동네, 2014.

소영현, 《부랑청년 전성시대―근대 청년의 문화풍경》, 푸른역사, 2008.

엘리스 K. 팁튼, 존 틀락 엮음, 이상우 외 역, 《제국의 수도, 모더니티를 만나다》, 소명, 2012.

오규원 편, 《거울 속의 나는 외출 중―이상 시 전집》, 문장, 1981.

유인순, 《김유정과의 동행》, 소명출판, 2014.

윤태영·송민호, 《절망은 기교를 낳고》, 교학사, 1968.

이각규, 《한국의 근대박람회》, 커뮤니케이션북스, 2010.

이경훈 편역, 《한국 근대 일본어 수석서―1940~1944》, 역락, 2007.

이상, 《이상 소설 전집》, 민음사(세계문학전집 300, 권영민 책임편집), 2012.

이상문학회, 《이상 리뷰》, 역락, 2001.

이충렬, 《김환기·어디서 무엇이 되어 다시 만나랴》, 유리창, 2013.

이혜진 편역, 《정인택 작품집》, 현대문학, 2010.

장석주, 《이상과 모던 뽀이들―산책자 이상과 그의 명랑한 벗들》, 현암사, 2011.

조용만, 《30년대의 문화예술인들》, 범양사출판부, 1988.

_____, 《구인회 만들 무렵―조용만 창작집》, 정음사, 1984.

천정환, 《조선의 사나이거든 풋뿔을 차라》, 푸른역사, 2005.

하재연, 《근대시의 모험과 움직이는 조선어》, 소명, 2012.

손창섭, 《인간교실》, 예옥, 2008,

■연구논문·발표문·신문잡지 기사

〈경성―봉천 간 급행 열차 하루에 사왕복四往復〉, 《동아일보》 1934. 8. 7.

〈나의 길―한국유리공업 명예회장 최태섭 편〉, 《동아일보》 1992. 7. 11.

강인숙, 〈2010 이상의 방〉, 영인문학관, 2010.

구경모, 〈友人像과 女人像―구본웅 이상 나혜석의 우정과 예술〉, 《신동아》, 2001. 11.

김기림, 〈고 이상의 추억〉, 《조광》, 1937. 6.

김기림, 〈이상의 모습과 예술〉, 《이상선집》, 백양당, 1949.

김승희·김옥희 대담, 〈오빠 김해경은 천재 이상과 너무 다르다〉, 《문학사상》, 1987. 4.

김옥희, 〈오빠 이상〉, 《신동아》, 1964. 12.

김옥희, 〈오빠 이상〉, 《현대문학》, 1962. 6.

김향안, 〈'마로니에의 노래'와 인터뷰 봉변〉, 《문학사상》, 1986. 4.

김향안, 〈이상理想에서 창조된 이상李箱〉, 《문학사상》, 1986. 8.

김향안, 〈이상이 남긴 유산들〉, 《문학사상》, 1987. 1.

김향안, 〈이젠 이상의 진실을 알리고 싶다〉, 《문학사상》, 1986. 5.

김향안, 〈헤프지도 인색하지도 않았던 이상〉, 《문학사상》, 1986. 12.

문종혁, 〈몇 가지 이의異議〉, 《문학사상》, 1974. 4.

문종혁, 〈심심산천에 묻어주오〉, 《여원》, 1969. 4.

박상엽, 〈箱아 箱아〉, 《매일신보》 1937. 4. 21.

박태원, 〈이상哀詞〉, 《조선일보》 1937. 4. 22.

박태원, 〈이상의 편모〉, 《조광》 1937. 6.(오감도 작자의 말)

유정, 大隅 대담 〈李箱의 학창 시절〉, 《문학사상》 1981. 6.

유치환, 〈睿智를 잃은 슬픔〉, 《나의 文壇交友錄》, 《현대문학》, 1963. 9.

윤태영, 〈자신이 건담가健談家라던 이상〉, 《현대문학》, 1962. 12.

이봉구, 〈이상〉(실명소설), 《현대문학》, 1956. 3.

이봉구, 〈이상〉, 《현대문학》 1956. 3.

이봉구, 〈이상의 고독과 표정―그의 20주기를 맞으며〉, 《서울신문》 1957. 4. 17.

이상, 김수영 역, 〈얼마 안 되는 辨解〉, 《현대문학》 1960. 12.

이어령, 〈나르시스의 학살―이상의 시와 그 난해성〉, 《신세계》, 1956. 10, 1957. 1.

이어령, 〈묘비 없는 무덤 앞에서―추도 이상 20주기〉, 《경향신문》, 1957. 4. 17.

이어령, 〈속 나르시스의 학살―이상의 시와 그 난해성〉, 《자유문학》 1957. 7.

이어령, 〈이상론―순수의식의 뇌성과 그 파벽〉, 《문리대학보》 6, 서울대 문리대학생회, 1955. 9.

이영일, 〈부도덕의 사도행전〉, 《문학춘추》, 1965. 4.

이진순, 〈동경 시절의 이상―잊을 수 없는 사람〉, 《신동아》, 1973. 1.

一 記者, 〈미아리 공동묘지 풍경〉, 《조광》, 1937. 12.

임종국 편, 《이상 전집 1·2·3》, 태성사, 1956.

임종국, 〈'날개'에 대한 시론〉, 《고대신보》, 1954. 10. 3.

임종국, 〈술과 바꾼 법률책〉, 《임종국 선집 2》, 아세아문화사, 1995.

임종국, 〈시시했던 날의 시시한 이야기〉, 《출판과 교육에 바친 열정》, 우촌 이종익 추모문집
    간행위원회 편, 1992.

임종국, 〈遺家族의 近況〉, 《文學春秋》, 1965. 4.

임종국, 〈이상론(1)―근대적 자아의 절망과 항거〉, 《고대문화》 1, 고대문학회, 1955. 12.

임종국, 〈이상삽화―그의 21주기를 기념하여〉, 《자유신문》 1958. 5.16〜18.

임종국, 〈인간 이상의 유일한 증언자〉, 《여원》, 1969. 4.

임종국·박노평, 〈이상 편〉, 《흘러간 성좌》, 국제문화사, 1966.

정인택, 〈꿈〉, 《박문》, 1938. 11.

정인택, 〈신록삽기〉, 《문구》, 1942. 5.

정인택, 〈여수旅愁〉, 《문장》, 1941. 1.

정인택, 〈요절한 그들의 면영―불쌍한 이상〉, 《조광》, 1939. 12.

정인택, 〈우울증〉, 《조광》, 1940. 9.

정인택, 〈유미에론〉, 《박문》, 1939. 2.

정인택, 〈축방〉, 《청색지》 1939. 5.

조연현, 〈미발표 이상의 유고해설〉, 《문학사상》 1976. 7.

조용만, 〈이상 시대, 젊은 예술가들의 초상〉, 《문학사상》 1987. 5.

채만식, 〈裕貞(유정)의 궂김을 놓고〉, 《백광》 1937. 5.

최재서, 〈고 이상의 예술〉, 《조선문학》 1937. 6.

최재서, 〈고 이상의 추억〉, 《조광》 1939. 6.

황광해·김옥희 대담, 〈천재 시인 이상의 여동생이 살아있다〉, 《레이디 경향》, 1985. 11. 8.

찾아보기

오빠 이상, 누이 옥희

⊙ 2018년 1월 22일 초판 1쇄 발행
⊙ 2018년 6월 8일 초판 2쇄 발행
⊙ 글쓴이   정철훈
⊙ 펴낸이   박혜숙
⊙ 디자인   이보용
⊙ 펴낸곳   도서출판 푸른역사
 우) 03044 서울시 종로구 자하문로8길 13
 전화: 02) 720-8921(편집부) 02) 720-8920(영업부)
 팩스: 02) 720-9887
 전자우편: 2013history@naver.com
 등록: 1997년 2월 14일 제13-483호

ⓒ 정철훈, 2018

ISBN   979-11-5612-105-3   03990